Robert Dilts

Modeling mit NLP

Das Trainingshandbuch zum NLP-Modeling-Prozeß

Ausführliche Informationen zu weiteren Titeln von Robert Dilts
sowie zu jedem unserer lieferbaren und geplanten Bücher
finden Sie im Internet unter **www.junfermann.de**
– mit ausführlichem Infotainment-Angebot
zum Junfermann-Programm

Inhalt

Widmung

Dieses Buch ist mit viel Liebe und Respekt

Judith DeLozier
Todd Epstein
Gino Bonissone
Tim Hallbom
Suzi Smith
Robert McDonald
Richard Clarke
Stephen Gilligan
David Gordon
Leslie Cameron-Bandler
John Grinder
Richard Bandler

und all meinen anderen Co-Modellierern gewidmet, die geholfen haben, NLP zu einem derart fruchtbaren Aufgabenbereich zu machen.

Danksagung

Ich möchte den folgenden Personen von ganzem Herzen danken:

Judith DeLozier, die enorm zu den Abschnitten über Modeling und NLP beigetragen hat. Im Laufe der mehr als zwanzig Jahre, die wir uns kennen, ist sie eine ständige Inspiration und eine wunderbare Arbeitspartnerin gewesen.

David Gordon und dem verstorbenen Todd Epstein, zwei der engagiertesten Modellierer, die ich kenne. Sie besitzen beide eine bemerkenswerte Fähigkeit, eine Ausgewogenheit zwischen Genauigkeit und Neugier zu wahren, und aufgrund dessen stellen sie *großartige* Fragen. Sie haben mir geholfen, größere Einsicht und Klarheit in meinem Verständnis des Modelingprozesses zu entwickeln.

John Grinder und Richard Bandler dafür, daß sie die Methodik und den Ansatz erfunden haben, auf dem diese Arbeit basiert, und dafür, daß sie die unglaubliche Macht des Modeling demonstriert haben.

Gino Bonissone und Ivanna Gasperini, meine Mentoren und Forschungsassistenten in dem Projekt zum Thema Führungskunst, auf das der zweite Teil dieses Buches sich bezieht.

Gianfranco Gambigliani, der als CEO von ISVOR Fiat den Mut und die Weitsicht hatte, die Studie über Führungskunst zu sponsern, auf der ein wesentlicher Teil dieses Buches basiert.

Giovanni Testa, der die Umsetzung des Forschungsprojektes über Führungskunst anleitete und der so viele Jahre danach die Mission, die dieses Buch repräsentiert, weiter unterstützt hat.

Allen Führungskräften, die an dieser Studie teilgenommen haben. Ihre Klugheit und Fähigkeit sind auf eine Weise für mich eine Inspiration gewesen, wie sie es ihnen nie bewußt werden wird.

Ami Sattinger, die am Lektorat dieses Buches mitgewirkt hat. Sie ist für mich als Autor eine meiner wichtigsten Ressourcen gewesen.

Vorwort

Meine Leidenschaft für das Modellieren begann vor etwa fünfundzwanzig Jahren, als ich das erste Mal John Grinder und Richard Bandler begegnete. Sie hatten gerade den ersten Band ihres bahnbrechenden Werkes *The Structure of Magic Vol. I* (1975, dt.: *Metasprache und Psychotherapie. Struktur der Magie I*, 1982) beendet, in dem sie die Sprachmuster und Intuitionen von drei der weltweit erfolgreichsten Psychotherapeuten modelliert hatten. Ihr Modell erlaubte es einem Menschen wie mir, einem Studenten im dritten Jahr Politikwissenschaft an der University of California in Santa Cruz, der keine persönliche Erfahrung mit jeglicher Art von Therapie hatte, Fragen zu stellen, die ein erfahrener Therapeut stellen würde.

Ich war dadurch mit John Grinder in Kontakt gekommen, daß ich eine seiner Lehrveranstaltungen in Linguistik besucht hatte, und tatsächlich hatte ich zu dem Zeitpunkt sehr wenig Interesse an Therapie. Doch die möglichen praktischen Anwendungen des Modeling-Ansatzes erstaunten und begeisterten mich. Mir schien, daß Modeling wichtige Auswirkungen in allen Bereichen menschlichen Strebens hatte: in der Politik, den Künsten, im Management, in der Naturwissenschaft, für den Unterricht und so weiter.

Ich hielt den Modeling-Ansatz für ein perfektes Gemisch aus Theorie und Praxis und von Intuition und Verständnis. Es kam mir so vor, als könne die Methodik des Modeling in vielen Bereichen zu weitreichenden Innovationen führen und helfen, Menschen aller Art Zugang zu einer großen Menge ungenutzten Potentials zu verschaffen.

Als Student der politischen Philosophie bestand mein erstes »Modeling-Projekt« darin, die linguistischen Filter, die Grinder und Bandler in ihrer Analyse von Psychotherapeuten verwendet hatten, anzuwenden, um zu sehen, was für Muster auftauchen würden, wenn man die sokratischen Dialoge Platons untersuchte (*Plato's Use of the Dialectic in The Republic: A Linguistic Analysis*, Herbst 1975). Eine gründlichere Studie von Menschen wie Sokrates, Karl Marx, Abraham Lincoln, Mahatma Gandhi, Adolph Hitler und Jesus von Nazareth brachte mich dazu, die von mir sogenannten *Sleight of Mouth Patterns* zu formalisieren – Sprachmuster, durch die Glaubenssätze verbal eingeführt, reframt und verwandelt werden konnten.

Als nächstes wendete ich Modeling im Bereich der Pädagogik an. Zu den Projekten gehörte die Studie über erfolgreiches Buchstabieren, Tippen, Schnell-Lesen und andere Lernstrategien, welche die Grundlagen eines pädagogischen Ansatzes bildeten, den ich als *Dynamic Learning* oder »Dynamisches Lernen« bezeichnete. Zu den Ergebnissen dieser Studien gehörte Computer-Software (*Spelling Strategy, Math Strategy* und *Typing Strategy*, 1982) und ein Seminar-Paket, das in dem Buch *Dynamic Learning* (gemeinsam mit Todd Epstein 1995) beschrieben ist.

Das Rezidiv von Brustkrebs bei meiner Mutter Anfang der 80er Jahre (und ihre durch NLP-Prozesse unterstützte dramatische Genesung) führte mich dazu, Muster erfolgreicher Gesundheit und Heilung und den Einfluß von Glaubenssätzen und Glaubenssystemen sowohl auf geistige wie auf physische Gesundheit zu modellieren. Daraus entstanden Muster wie Reimprinting, die Integration widersprüchlicher Glaubenssätze, der Belief Change Cycle, die Neurologischen Ebenen und die Allergie-Technik (*Die Veränderung von Glaubenssystemen. NLP- Glaubensarbeit*, 1993, und *Identität, Glaubenssysteme und Gesundheit. NLP- Veränderungsarbeit* mit Tim Hallbom und Suzi Smith, 1993).

Zu anderen Modeling-Projekten gehörte die Erforschung von Strategien zu Kreativität und Innovation, woraus sich *Know how für Träumer – Strategien der Kreativität* (mit Todd Epstein, 1999) ergab. In der Reihe *Strategies of Genius Vols. I, II und III* (1994-1995) wendete ich die NLP-Werkzeuge an, um Denkprozesse wichtiger historischer Figuren zu modellieren wie z.B. Aristoteles, Sir Arthur Conan Doyles Sherlock Holmes, Walt Disney, Mozart, Albert Einstein, Sigmund Freud, Leonardo da Vinci und Nikola Tesla.

Wie diese Liste von Projekten nahelegt, ist Modeling der generative Kern des NLP. Und doch ist, abgesehen von einigen Anmerkungen, die ich in *Know how für Träumer, Dynamic Learning* und *Strategies of Genius* darüber gemacht habe, wie man mehr über Strategien herausfindet, eigentlich bisher in keinem NLP-Buch eine umfassende Darstellung des Modeling-Prozesses erschienen. Das Ziel des ersten Teiles dieses Buches ist es, die Hauptprinzipien, Verfahren und Strategien des NLP-Modeling-Prozesses zu beschreiben. Der zweite Teil des Buches illustriert, wie NLP-Modeling-Verfahren und Unterscheidungskriterien zur Untersuchung des komplexen Themas Führungskunst angewendet worden sind.

1988 habe ich eine umfangreiche Studie über Führungskunst begonnen, die auf den Prinzipien und Unterscheidungen des Neurolinguistischen Programmierens basierte. Die Studie umfaßte Interviews und Interaktionen mit Top-Managern in Organisationen aus Europa und den Vereinigten Staaten. *Von der Vision zur Aktion* (1998), der Ergänzungsband zu diesem Buch, beschreibt eine Reihe von Strategien und Techniken, die sich aus diesem Projekt ergaben.

Ein wesentlicher Anreiz für diese Untersuchung war meine Begegnung mit Gino Bonissone, einem Berater, der in Mailand in den Bereichen Strategieformulierung und Organisationsentwicklung arbeitete. Gino, ein Mann von bemerkenswerter Intelligenz und Energie und mehr als dreißig Jahre älter als ich, erkannte das enorme Potential von NLP im Bereich Organisationswandel. Wir fanden aneinander auch eine bemerkenswerte Kombination von gemeinsamen Interessen und sich ergänzenden Fertigkeiten. Im Laufe der Zeit sollten wir im Hinblick auf die Anwendungen von NLP auf Führung und Veränderung in Organisationen füreinander Mentoren, Schüler, Kollegen und schließlich Co-Entwickler werden. Das Buch *Skills for the Future (1993)* ist ein Produkt unserer fortwährenden Zusammenarbeit.

Eines unserer ersten gemeinsamen Projekte war eine Studie erfolgreicher Führungsfähigkeiten, die von Fiat in Italien gesponsert wurde. Dieses Projekt erwies sich als ein wesentlicher Beitrag zu meiner größeren Studie über Führungskunst. Das Projekt wurde von Gianfranco Gambigliani und Giovanni Testa bei ISVOR Fiat gesponsert; zwei Männer, die eine Brillanz, ein Engagement und eine Weitsicht besaßen, die mich bis auf den heutigen Tag begeistern. Die zweite Hälfte dieses Buches beschreibt den Prozeß ebenso wie die Ergebnisse dieses Modeling-Projektes.

Zwar stammt das Material dieser Studie aus der Untersuchung von Führungsqualitäten in Organisationen und Unternehmen, aber die beschriebenen Anwendungen der Fertigkeiten sind für viele Situationen relevant. Sie können für Menschen, die an jeglicher Arbeit mit Gruppen und Organisationen interessiert sind oder damit zu tun haben – sei es im Zusammenhang mit Management, Training, Unterricht oder Erziehung – eine Ressource von unschätzbarem Wert sein.

Modeling-Fertigkeiten und Führungskunst haben mein Leben sowohl persönlich wie beruflich verwandelt. Ich hoffe, Sie finden diese Fertigkeiten für Ihre eigene Veränderung ebenso wertvoll – in welche Richtung auch immer Sie dies wünschen.

Robert Dilts
Santa Cruz, Kalifornien, April 1998

Einleitung

Thomas Jefferson hat einmal gesagt: »Wenn zwei Individuen zusammenkommen und einen Dollar austauschen, gehen beide mit einem Dollar davon. Wenn die gleichen Menschen eine Idee austauschen, gehen beide mit *zwei* Ideen davon.« In dieser Aussage kommt in vielerlei Hinsicht das äußerst generative Potential oder die »Wirtschaftlichkeit« von Modeling zum Ausdruck.

Modeling ist im wesentlichen ein Prozeß des Ideenteilens. Die Fähigkeit, erfolgreich zu modellieren, öffnet die Tür zu vielen Möglichkeiten, die der Menschheit früher nicht verfügbar waren. Außer eine Methodik bereitzustellen, mit der Ideen expliziter und leichter kommunizierbar werden, kann Modeling die Art und Weise verändern, wie wir einander sehen und wahrnehmen.

Wenn wir beispielsweise jemanden sehen, der etwas besser macht als wir selber, können wir, statt diese Person anzusehen und uns unzureichend, eifersüchtig oder mißtrauisch zu fühlen, hingehen und modellieren, wie sie tun, was sie tun. Dann können auch wir die Fähigkeit erwerben, die die andere Person hat. Statt dieser Person etwas wegzunehmen, können sowohl wir als auch die andere Person davon profitieren: wir, indem wir eine neue Fähigkeit erwerben, und die andere Person, indem sie im Hinblick auf ihre Fertigkeiten ein besseres Verständnis und eine bewußte Kompetenz hat. Auch viele andere können dadurch profitieren, daß sie Zugang zu einer wertvollen Fähigkeit haben, die modelliert wurde.

Ein altes Sprichwort lautet: »Gibt man einem Menschen einen Fisch, ernährt man ihn für einen Tag; lehrt man aber einen Menschen, wie man fischt, ernährt man ihn für den Rest seines Lebens.« Jemandem zu helfen, einen erfolgreichen Fischer zu modellieren, wäre für ihn insofern wertvoll, als es hieße, (a) diesem Menschen zu helfen, seinen Fisch für den Tag zu bekommen und dadurch (b) den Menschen zu lehren, wie man fischt – eine Fähigkeit, die dem Menschen für den Rest seines Lebens bleibt. Somit bedeutet Modeling, zwei gleichzeitige Ziele zu erreichen – ein bestimmtes Resultat zu erzielen und zugleich genau zu lernen, wie man es tut. Dieses Merkmal macht das Modeling zu einer der überzeugendsten Formen des »Lernens zu lernen« überhaupt.

Dieses Buch handelt vom NLP-Modeling-Prozeß und seiner Anwendung auf die Untersuchung erfolgreicher Führungsfähigkeiten. Der erste Teil dieses Buches ist der Definition der Prinzipien und Werkzeuge gewidmet, die für erfolgreiches Modeling notwendig sind (der Epistemologie, der Methodik und Technologie des NLP). *Modeling* ist der Prozeß, ein komplexes Ereignis oder Phänomen zu nehmen und es in hinreichend kleine Teile oder Abschnitte – *Chunks* – zu teilen, so daß es wiederholt oder auf die eine oder andere Weise angewendet werden kann. *Verhaltensmodeling* umfaßt die Beobachtung und Aufzeichnung der erfolgreichen Prozesse, die einer außergewöhnlichen Leistung zugrunde liegen. Zweck von Verhaltensmodeling ist es, eine pragmatische Landkarte oder ein *Modell* von einem bestimmten Verhalten zu schaffen, womit von jedem, der dazu motiviert ist, irgendein Aspekt dieser Leistung reproduziert oder simuliert werden kann. Der Verhaltensmodelingprozeß soll die wesentlichen Denk- und Handlungselemente identifizieren, die erforderlich sind, um eine bestimmte erwünschte Reaktion oder ein bestimmtes erwünschtes Ergebnis zu erzielen.

Der Bereich des Neurolinguistischen Programmierens (NLP) hat sich aus dem Modeling von Verhaltensweisen und Denkprozessen außergewöhnlicher Menschen aus vielen Bereichen entwickelt. Mit NLP-Modeling-Verfahren werden die mentalen Strategien (»Neuro«), die eine Person einsetzt, identifiziert, indem man die Sprachmuster (»linguistisch«) und die nonverbalen Muster dieser Person analysiert. Die Ergebnisse dieser Analyse werden dann in Schritt-für-Schritt-Strategien oder -Verfahren (»Programmieren«) umgesetzt, mit denen die Fertigkeit anderen vermittelt und auf andere Kontexte angewendet werden kann.

NLP hat Techniken und Begriffe entwickelt, mit denen man bestimmte reproduzierbare Muster in der Sprache und im Verhalten erfolgreicher Rollenvorbilder identifizieren und beschreiben kann. Der Zweck von NLP-Modeling ist es, das Beobachtete und Beschriebene derart in die Tat umzusetzen, daß es produktiv und bereichernd ist. Der weltweite Erfolg von NLP als Technologie zur Schaffung von und zum Umgang mit Veränderung rührt tatsächlich daher, daß NLP auf dem Modeling basiert.

Der zweite Teil des Buches konzentriert sich auf die Anwendung von NLP-Modeling-Verfahren; und zwar wird veranschaulicht, wie sie bei der Untersuchung von Führungskunst gebraucht werden. Es werden Beispiele dafür angeführt, wie NLP angewendet wurde, um bestimmte kognitive, linguistische und verhaltensspezifische Fertigkeiten zu identifizieren, die von Führungspersönlichkeiten eingesetzt wurden, um herausfordernde Situationen zu meistern; dies umfaßte Problemlösung, Delegieren und Training on the Job. Die Ergebnisse bestimmen die wesentlichen kommunikativen und sozialen Fertigkeiten, die von erfolgreichen Führungspersönlichkeiten eingesetzt wurden, um in ihrer Arbeitssituation praktische Ergebnisse zu erzielen.

Ein Großteil der Beispiele stammt aus einer umfassenden Studie von Führungskunst und Kreativität, die Ende der 80er und Anfang der 90er Jahre für Fiat in Turin (Italien) durchgeführt wurde. Diese Arbeit zusammen mit der Forschungsarbeit über andere erfolgreiche Führungspersönlichkeiten aus aller Welt bildete auch die Grundlage für den Begleitband zu diesem Buch *Von der Vision zur Aktion* (1998), das die Werkzeuge und Fertigkeiten darstellt, die notwendig sind für die »Erschaffung einer Welt, der die Menschen zugehören wollen«.

Genießen Sie diese Erkundungsreise zu den Fertigkeiten, die dazu beitragen werden, unsere Zukunft zu erschaffen.

EINS

Überblick über das Neurolinguistische Programmieren

Überblick über Kapitel 1

- Neurolinguistisches Programmieren
- Prinzipien des NLP

  Die Landkarte ist nicht das Gebiet
  Leben und Geist sind systemisch
  Das Gesetz der notwendigen Vielfalt

- Tiefenstruktur und Oberflächenstruktur
- Die Epistemologie des NLP

Neurolinguistisches Programmieren

Der Prozeß des Modeling, der in diesem Buch untersucht werden soll, basiert auf den Prinzipien und Begriffen des Neurolinguistischen Programmierens. NLP ist eine Verhaltenswissenschaft, die folgendes bietet:

1. eine **Epistemologie** – ein Wissens- und Wertesystem,
2. eine **Methodologie** – Prozesse und Verfahren zur Anwendung des Wissens und der Werte,
3. eine **Technologie** – Werkzeuge, die bei der Anwendung des Wissens und der Werte hilfreich sind.

NLP umfaßt ein Set von Prinzipien und Begriffen, die sich auf einzigartige Weise eignen, um wesentliche Muster von Werten, Verhalten und Beziehungen zu analysieren und zu identifizieren, so daß sie zu pragmatischen und überprüfbaren Anwendungen werden können. Es basiert auf einer Reihe von ziemlich einfachen, formalen linguistischen, neurologischen und verhaltensspezifischen Mustern und Unterscheidungen, die auf bestimmte Art grundsätzlicher und inhaltsfreier sind als jedes andere Modell menschlichen Denkens und menschlicher Interaktion. NLP bietet eine Sichtweise, mit der man durch den Verhaltensinhalt dessen, was Menschen tun, auf die weniger sichtbaren Kräfte hinter dem Verhalten sehen kann; auf die Denkstrukturen, die einem Menschen erlauben, erfolgreich zu handeln. Der Name »Neurolinguistisches Programmieren« bedeutet die Integration von drei unterschiedlichen Wissenschaftsgebieten.

Bei der *Neuro*-Komponente geht es um das Nervensystem. Ein großer Teil von NLP hat damit zu tun, wie man die Prinzipien und Muster des Nervensystems versteht und gebraucht. Dem NLP zufolge sind Denken, Erinnern, Kreativität, die Schaffung von Visionen und alle anderen kognitiven Prozesse ein Ergebnis von Programmen, die innerhalb des menschlichen Nervensystems ausgeführt werden. Menschliche Erfahrung ist eine Kombination oder Synthese der Informationen, die wir empfangen und mit unserem Nervensystem verarbeiten. Erfahrungsgemäß hat dies mit dem sinnesspezifischen Erleben der Welt zu tun – mit Sehen, Fühlen, Hören, Riechen und Tasten.

Neurolinguistisches Programmieren bezieht sich auch auf die *Linguistik*. Aus der Sicht von NLP ist die Sprache auf bestimmte Weise ein Produkt des Nervensystems, aber die Sprache stimuliert und formt auch die Aktivität innerhalb unseres

Nervensystems. Die Sprache gehört gewiß zu den primären Möglichkeiten, mit denen ein Mensch das Nervensystem anderer Menschen aktivieren oder stimulieren kann. Also geht es bei effektiver Kommunikation und Interaktion darum, wie wir die Sprache gebrauchen, um Konzepte, Ziele und Themen, die zu einer bestimmten Aufgabe oder Situation gehören, zu vermitteln, zu stimulieren und zu verbalisieren.

Bleibt noch der Begriff des *Programmierens*. Neurolinguistisches Programmieren basiert auf der Vorstellung, daß die Prozesse des menschlichen Lernens, der Erinnerung und der Kreativität eine Funktion von Programmen sind – neurolinguistischen Programmen, die mehr oder weniger effektiv funktionieren, um bestimmte Ziele oder Ergebnisse zu erreichen. Dies heißt nun, daß wir als menschliche Wesen mit unserer Welt durch unsere innere Programmierung interagieren. Wir reagieren auf Probleme und gehen neue Vorstellungen entsprechend der mentalen Programme an, die wir etabliert haben – und nicht alle Programme sind gleich. Manche Programme oder Strategien sind effektiver, um gewisse Aktivitäten zu bewerkstelligen, als andere.

Zwischen NLP und anderen Systemen der Psychologie bestehen Überschneidungen, weil NLP sich auf die neurologischen, linguistischen und kognitiven Wissenschaften beruft. Es beruft sich auch auf Prinzipien der Computerprogrammierung und der Systemtheorie. Der Zweck von NLP ist es, eine Anzahl unterschiedlicher wissenschaftlicher Theorien und Modelle zu synthetisieren. Ein Wert von NLP liegt darin, daß es unterschiedliche Theorien in einer einzigen Struktur zusammenfaßt.

Die meisten der NLP-Techniken und -werkzeuge sind von einem Prozeß abgeleitet, der *Modeling* heißt. Der ursprüngliche Ansatz im NLP war, erfolgreiches Verhalten und die dahinter liegenden kognitiven Prozesse zu modellieren. Zum NLP-Modeling-Prozeß gehört es herauszufinden, wie das Gehirn (»Neuro-«) funktioniert, indem man die Sprachmuster (»linguistische«) und die nonverbale Kommunikation analysiert. Die Ergebnisse dieser Analyse werden in Schritt-für-Schritt-Strategien oder Programme (»Programmieren«) übersetzt, mit denen die Fertigkeit anderen Menschen und Anwendungsgebieten vermittelt werden kann.

NLP wurde ursprünglich von John Grinder und Richard Bandler (Bandler & Grinder 1975, 1976, 1979, dt. 1981, 1978, 1981) entwickelt, indem sie die gesamten kognitiven, linguistischen und verhaltensspezifischen Muster außergewöhnlicher Psychotherapeuten wie Fritz Perls (Gestalttherapie), Virginia Satir (Familientherapie) und Milton Erickson (Hypnotherapie) modellierten. Auf den ersten Blick scheint ein Modell, das auf den interaktiven Fertigkeiten erfolgreicher Therapeuten basiert, nicht für andere Bereiche wie Management, Pädagogik oder Führungskunst relevant zu sein, wenn man an das Verständnis des menschlichen Wesens, der Wahrnehmung und der Motive denkt, mit deren Hilfe es möglich ist, menschliches Verhalten therapeutisch zu beeinflussen. Und doch kann man erkennen, daß es etliche Überschneidungen zwischen den Fertigkeiten erfolgreicher Therapeuten und erfolgreicher Lehrer, Führungspersönlichkeiten und Manager gibt. Unabhängig von dem Ausmaß an Überschneidung können dieselben Modeling-Prinzipien Anwendung finden, mit denen die bedeutsamen therapeutischen Leistungen dieser außergewöhnlichen Therapeuten herauskristallisiert werden, um dadurch die verhaltensspezifischen, psychologischen und linguistischen Muster von außergewöhnlichen Führungspersönlichkeiten, Lehrern und Managern herauszufinden.

In der Tat ist NLP schon weitgehend angewendet worden, um zu untersuchen, wie die mentalen Strategien, Sprachmuster und Wertesysteme eine Vielfalt von Aktivitäten beeinflussen, die mit Pädagogik und Management zusammenhängen. Dazu gehören *Kommunikationsfertigkeiten* (Dilts et al. 1985; McMaster & Grinder 1981; Richardson 1992; Laborde 1982; Dilts 1983; Yeager 1985; Eicher 1987; Smith & Hallbom 1988) *Verkaufsfertigkeiten* (Moine 1981; Dilts 1982; Bagley & Reese 1987) *Verhandlungsgeschick* (Dilts 1980; Early 1986; LeBeau 1987) *Organisationsentwicklung und Training* (Dilts 1979; Maron 1979; Gaster 1988; Dilts 1993, 1994), der Umgang mit *Kreativität und Innovation* (Dilts, Epstein & Dilts 1994; Dilts und Bonissone 1993), *Anwerbung und Auswahl* (Bailey 1984) und *Führungskunst* (Pile 1988; Gaster 1988; Dilts 1998).

NLP bietet sowohl analytische als auch interaktive Werkzeuge, die je nach der zu analysierenden Verhaltensebene oder Beziehung variieren – »Zugangshinweise«, »Rapport«, »Wahrnehmungspositionen«, »Logische Ebenen«, »Meta-Modell-Muster«, »Submodalitäten«, »Strategien«, »Metaprogramm-Muster«, »Sleight of Mouth«-Muster, »Wohlgeformtheitsbedingungen« für Ziele usw. werden alle den Kuchen in unterschiedliche Stücke oder *Chunks* schneiden, die für unterschiedliche Interaktionen geeignet sind.

Der vielschichtige Rahmen, den NLP bietet, macht es möglich, abstrakte konzeptionelle Informationen über globale und kulturelle Muster und Tendenzen in eine Form zu verpacken, die sich mit konkreten organisatorischen Instrumenten, Trainings-Seminaren und individuellen Aktionen und Verhaltensweisen in Verbindung bringen lassen. Mit den Werkzeugen und Prozessen des NLP ist es möglich, ein pragmatisches Modell der psychologischen Elemente zu erstellen, die für Führungskunst sowie für effektives Denken und Verhalten notwendig sind.

Das Glaubenssystem des NLP besagt, daß wir zwar alle einerseits physisch unterschiedlich sind und einen unterschiedlichen Erfahrungshintergrund haben, daß wir aber auch eine Menge gemeinsamer Eigenschaften haben und auf der Prozeßebene tatsächlich von jemandem wie Albert Einstein lernen können. Er mag eine lebenslange Erfahrung gebraucht haben, um die mentalen Programme zu entwickeln, mit denen er die Relativitätstheorie formulierte; aber wenn dieses Programm erst einmal entwickelt ist, können wir seine Struktur verstehen und anwenden, ohne selber dieselbe lebenslange Erfahrung zu brauchen. Analog dazu braucht ein Computerprogrammierer viel länger, um zum ersten Mal ein Software Programm zu entwickeln, als man braucht, um das bereits geschriebene Programm auf einen anderen Computer zu übertragen.

Während es also im NLP darum geht, individuelle Unterschiede und individuelle Denkstile zu identifizieren und zu würdigen, betont es auch, daß wir von den Erfahrungen anderer Menschen lernen können, weil zwischen unseren Nervensystemen grundlegende Ähnlichkeiten bestehen. Die Programme anderer Menschen können uns bereichern.

Vielleicht ist der wichtigste Aspekt des NLP die Betonung von praktischer Anwendbarkeit. NLP-Konzepte und Trainings-Programme legen Wert auf interaktive, erfahrungsbezogene Lernkontexte, so daß die Prinzipien und Verfahrensweisen ohne weiteres aufgenommen und verstanden werden können. Da NLP-Prozesse von erfolgreichen menschlichen Modellen abgeleitet sind, werden außerdem ihr Wert und die darunterliegenden Strukturen oft von Menschen mit wenig oder ohne vorherige Erfahrung erkannt.

Trainingsprogramme, die mit NLP zusammenhängen, sind weltweit in vielen bedeutenden Unternehmen und Organisationen wie Fiat, IBM, American Express, bei der amerikanischen Armee, der Staatlichen Italienischen Eisenbahn, Apple Computer, Xerox, Merrill Lynch, Mercedes Benz, BMW und vielen anderen zum Einsatz gekommen.

Prinzipien des NLP

NLP basiert auf einem Set von Vorannahmen über den Menschen und über die Realität, die wichtige Implikationen für jegliches menschliche Streben haben.

Die Landkarte ist nicht das Gebiet

NLP geht von der Annahme aus, daß die Landkarte nicht das Gebiet ist. Als menschliche Wesen können wir niemals die Realität erkennen, denn wir erleben die Realität mit unseren Sinnen, und unsere Sinne sind begrenzt. Eine Biene, die auf diese Seite hier sieht, würde sie ganz anders wahrnehmen als wir, weil die Sinne der Biene ganz anders organisiert sind. Wir können uns Landkarten von der Wirklichkeit um uns herum nur mittels der Informationen machen, die wir durch unsere Sinne empfangen, und mittels der Verbindung dieser Information mit unseren persönlichen Erinnerungen und anderen Erfahrungen. Daher reagieren wir eigentlich nicht auf die Wirklichkeit an sich, sondern auf unsere eigenen Landkarten von der Wirklichkeit.

So gesehen gibt es keine »richtige« oder »korrekte« Landkarte von der Welt. Wir haben alle unsere eigene Weltsicht, und diese Weltsicht basiert auf der Art von neurolinguistischen Landkarten, die wir uns entwickelt haben. Diese neurolinguistischen Landkarten sind es, die darüber entscheiden werden, wie wir die Welt um uns herum interpretieren und wie wir auf sie reagieren, und welche Bedeutung wir unserem Verhalten und unseren Erfahrungen geben – und nicht so sehr die Realität an sich. Also ist es im allgemeinen nicht die äußere Wirklichkeit, die uns Grenzen setzt, uns einengt oder uns Macht verleiht, sondern vielmehr unsere Landkarte von dieser Wirklichkeit. Die grundlegende Vorstellung im NLP ist, daß man, wenn man die eigene Landkarte bereichert oder erweitert, mehr Wahlmöglichkeiten sehen wird, die einem innerhalb eben dieser Wirklichkeit zur Verfügung stehen. Die Hauptfunktion von NLP-Werkzeugen und Techniken ist es, unsere Landkarten der Welt zu erweitern, zu bereichern und ihnen neues hinzuzufügen. Die wesentliche Vorannahme des NLP lautet: Je reicher die eigene Landkarte ist, desto mehr Möglichkeiten hat man, mit jedweden Herausforderungen, welche die Wirklichkeit mit sich bringt, umzugehen.

Leben und Geist sind systemisch

Eine zweite Vorannahme des NLP lautet, daß Leben und Geist systemische Prozesse sind. Das heißt, wir sind ein System von Interaktionen, die aus vielen Subsystemen bestehen, und außerdem sind wir ein System innerhalb einer Reihe größerer Systeme. Die Interaktionen, die sich innerhalb einer Person und zwischen Menschen und ihrer Umwelt ereignen, sind systemisch und laufen nach bestimmten systemischen Prinzipien ab. Unser Körper, unsere zwischenmenschlichen Beziehungen und unsere Gesellschaft stellen eine Ökologie von Systemen und Subsystemen dar, die sich alle gegenseitig beeinflussen.

Auf einer Ebene läßt sich kein Teil eines Systems völlig vom übrigen System isolieren. Die Menschen werden von vielen Aspekten des sie umgebenden Systems beeinflußt. Es ist wichtig, nicht nur die Prozesse, die innerhalb des einzelnen ablaufen, zu berücksichtigen, sondern auch die Einflüsse, die das diesen Menschen umgebende System auf ihn ausübt. Beispielsweise kann ein Mensch oder ein Prozeß, der innerhalb eines Systems oder einer Umgebung effektiv ist, anderswo eingeengt oder behindert sein. Wir müssen das ganze System der Interaktion, das stimulierend, ermutigend und beeinflussend auf ein bestimmtes Phänomen oder auf einen bestimmten Prozeß wirkt, in Betracht ziehen.

Das Gesetz der notwendigen Vielfalt

In der Systemtheorie gibt es ein Prinzip, das als »Gesetz der notwendigen Vielfalt« bezeichnet wird. Dieses Prinzip ist im Hinblick auf jegliche Art von erfolgreichem Handeln sehr wichtig. Das Gesetz der notwendigen Vielfalt besagt, daß wir innerhalb der Operationen und Prozesse, mit denen wir Ergebnisse erzielen wollen, ständig für Abänderungen offen sein müssen. Auch Prozesse, die in der Vergangenheit effektiv waren, sind vielleicht nicht mehr länger effektiv, wenn die Umgebung oder das System um sie herum sich ändert. Mit anderen Worten, eine der Fallen oder Grenzen von Kreativität ist ehemaliger Erfolg. Man nimmt leicht an, daß etwas auch weiterhin erfolgreich sein wird, nur weil es früher erfolgreich war. Aber wenn sich in dem umgebenden System Veränderungen ergeben, funktionieren die Dinge nicht mehr wie gewohnt.

Insbesondere besagt das Gesetz der notwendigen Vielfalt, daß »ein Teil eines Systems ein bestimmtes Minimum an Flexibilität braucht, um sich erfolgreich anzupassen und zu überleben, und daß die Flexibilität proportional zu der potentiellen Veränderung oder Unbestimmtheit im übrigen System sein muß.« Mit anderen Worten, wenn jemand sich vorgenommen hat, ein bestimmtes Ziel zu erreichen, braucht er oder sie eine Anzahl von möglichen Wegen, um es zu erreichen. Wie viele Optionen erforderlich sind, um das Ziel mit Gewißheit zu erreichen, hängt von dem Ausmaß an Veränderung ab, die innerhalb des Systems möglich ist, in dem man das Ziel erreichen möchte.

Ein einfaches Beispiel wäre, daß jemand das Ziel hat, einen Sessel auf die andere Seite des Zimmers zu tragen. Wenn sich in der Umgebung nicht viel verändert, braucht die Person nicht viel Flexibilität, um dieses Ziel zu erreichen. Er oder sie hebt den Sessel hoch und trägt ihn direkt durch das Zimmer. Wenn dieselbe Person aber in Kalifornien wäre und es gäbe gerade ein Erdbeben, müßte er oder sie wegen der Veränderungen in der Umgebung über mehr Variabilität verfügen, um das Ziel zu erreichen. Die Person müßte vielleicht sogar ausweichen, wenn ein Stück Decke herunterfiele. Flexibilität ist für Anpassung und Überleben notwendig.

Wichtig ist, daß sich das Ausmaß der in einer Situation erforderlichen Flexibilität daraus ergibt, daß die Beziehungen der Systemteile zum System selber geprüft werden. Und in der Tat wird in Zeiten und Kontexten des Wandels Flexibilität unverzichtbarer.

Eine weitere Implikation des Gesetzes der notwendigen Vielfalt ist, daß der Teil des Systems, der am flexibelsten ist, auch leicht der Katalysator dieses Systems sein kann. Dies ist vor allem für Führungskräfte ein bedeutsames Prinzip. Die Fähigkeit, flexibel und für Veränderung sensibel zu sein, ist wichtig im Hinblick auf den Umgang mit dem System selber.

Eine wesentliche Frage für erfolgreiches Handeln ist, wie man den Willen zur Veränderung mit Werten wie Beständigkeit und Kongruenz im Verhalten in Einklang bringt. Die Antwort ergibt sich daraus, wo wir die Flexibilität haben wollen. Wenn jemand im Hinblick auf sein oder ihr Ziel beständig ist, wird er oder sie dahingehend flexibel sein müssen, wie er oder sie das Ziel erreicht. Die Frage hängt damit zusammen, auf welcher Ebene wir flexibel sind. Wo man flexibel sein muß, wird gewissermaßen dadurch entschieden, wo man entschieden ist, unflexibel zu sein. Wenn sich jemand beispielsweise vorgenommen hat, Menschen zu führen oder zu motivieren, dann wird er/sie eben dies konstant halten. Wo er/sie Flexibilität braucht, ist die Fähigkeit, sich den unterschiedlichen Motivationen der Menschen anzupassen, und wenn er/sie in unterschiedliche Umgebungen geht.

Als weiteres Beispiel könnte man einen Musiker nehmen, der beständig darin sein will, einen bestimmten Klang in einer bestimmten Qualität zu produzieren.

Diese Person muß fähig sein, sich den unterschiedlichen akustischen Bedingungen von Konzertsälen, unterschiedlichen Musikinstrumenten usw. anzupassen. Wenn jemand wirklich kompetent ist, muß er oder sie in gewissen Bereichen flexibel und in anderen unflexibel sein. Demnach muß der Begriff der Flexibilität im Hinblick auf das ganze System gesehen werden. Kompetenz umfaßt Konsistenz. Aber sobald man in einem Bereich konsistent ist, muß man Flexibilität in einem anderen haben, um sich dem Teil des Systems anpassen zu können, der sich nicht verändert.

Ein weiteres konkretes Beispiel sind die großen Hochhäuser in Kalifornien, die sehr stabil sein sollen. Aber um sicherzustellen, daß die großen Hochhäuser bei einem Erdbeben stabil sind, muß man ein Fundament bauen, das Bewegungen von fünf Metern nach beiden Seiten toleriert. Eines der wirklichen Geheimnisse, wie man erfolgreich mit Kreativität umgeht, ist die Frage, wo man den Punkt der Flexibilität festlegt. Dies ist letztlich eine Frage der Ökologie.

Tiefenstruktur und Oberflächenstruktur

Die NLP-Begriffe *Tiefenstruktur* und *Oberflächenstruktur* sind von Noam Chomskys *Theorien der Transformationsgrammatik* (1970, 1973) abgeleitet. Nach Chomsky stehen Gedanken, Konzepte und Vorstellungen (Tiefenstrukturen) nicht unmittelbar im Zusammenhang mit einer bestimmten Sprache, aber sie können in vielfältiger Weise linguistisch zum Ausdruck gebracht werden (Oberflächenstrukturen). Das englische Wort *house*, das deutsche Wort *Haus* und das spanische Wort *casa* beziehen sich beispielsweise auf dasselbe mentale Konzept und dieselben Erfahrungsdaten. Ganz ähnlich beziehen sich die Aussagen »Die Katze jagte die Ratte« und »Die Ratte wurde von der Katze gejagt« beide auf dasselbe Ereignis, auch wenn die Wortfolge ziemlich unterschiedlich ist. Komplexe Gedanken und Vorstellen kommen als Sprache an die Oberfläche, und zwar nachdem eine Reihe von Transformationen sie zu wohlgeformten Sätzen und Wendungen umwandelt. [»Die der wurde von gejagt Ratte Katze« verwendet dieselben Worte wie »Die Ratte wurde von der Katze gejagt.«, aber diese Wortfolge ist nicht »wohlgeformt«.] Diese Transformationen wirken als eine Art Filter für die Tiefenstrukturen unserer Erfahrung.

Wie Bandler und Grinder in *Metasprache und Psychotherapie. Struktur der Magie* (1981) ausführen, gehören zu dem Weg von der Tiefenstruktur zur Oberflächenstruktur notwendigerweise die Prozesse der Tilgung, der Generalisierung und der Verzerrung:

> Wir begegnen dem durchgängigen Paradoxon menschlichen Daseins, daß die Prozesse, die uns Überleben, Wachstum, Wandel und die Erfahrung der Freude ermöglichen, uns gleichzeitig ermöglichen, ein eingeschränktes Modell der Welt aufrechtzuerhalten: unsere Fähigkeit, Symbole zu gebrauchen, das heißt, Modelle zu schaffen. Die Prozesse, die uns erlauben, die außergewöhnlichsten und einzigartigsten menschlichen Aktivitäten zu vollbringen, sind also dieselben Prozesse, die unser weiteres Wachstum blokkieren, wenn wir den Fehler begehen, das Modell mit der Realität zu verwechseln. Wir können drei allgemeine Mechanismen unterscheiden, mittels derer wir dies tun: Generalisierung, Tilgung, Verzerrung.
>
> *Generalisierung (generalization)* ist der Prozeß, durch den Elemente oder Teile eines persönlichen Modells von der ursprünglichen Erfahrung abgelöst werden, um dann die gesamte Kategorie, von der diese Erfahrung ein Beispiel darstellt, zu verkörpern. Unsere Fähigkeit zu generalisieren ist wesentlich, um mit der Welt fertigwerden zu kön-

nen... Derselbe Prozeß der Generalisierung kann dazu führen, daß ein Mensch eine Regel aufstellt wie: »Zeige deine Gefühle nicht.«

Tilgung ist ein Prozeß, durch den wir unsere Aufmerksamkeit selektiv bestimmten Dimensionen unserer Erfahrungen zuwenden und andere ausschließen. Nehmen wir als Beispiel die Fähigkeit des Menschen, in einem Raum voller sprechender Menschen alle anderen Geräusche auszuschließen oder auszufiltern, um der Stimme einer bestimmten Person zuzuhören... Tilgung reduziert die Welt auf Ausmaße, mit denen wir meinen umgehen zu können. Die Reduktion kann in einem Kontext nützlich sein und im anderen Schmerz verursachen.

Verzerrung ist der Prozeß, der uns ermöglicht, in unserer Erfahrung sensorischer Einzelheiten eine Umgestaltung vorzunehmen. Die Phantasie zum Beispiel ermöglicht, daß wir uns auf Erfahrungen vorbereiten können, bevor sie erfolgen. ... Eben dieser Prozeß hat all jene künstlerischen Schöpfungen ermöglicht, die wir Menschen hervorgebracht haben... In ähnlicher Weise beziehen sich alle großen Romane, alle revolutionären Erkenntnisse der Wissenschaften auf die Fähigkeit, gegenwärtige Realität zu verzerren und falsch darzustellen.

Grinder und Bandler behaupten, daß bei der Transformation von der Tiefenstruktur zur Oberflächenstruktur notwendigerweise ein Teil der Information verloren geht oder verzerrt wird. In der Sprache ereignen sich diese Prozesse bei der Übersetzung von der Tiefenstruktur (den mentalen Bildern, Geräuschen, Gefühlen und anderen sinnlichen Repräsentationen, die in unserem Nervensystem gespeichert sind) in die Oberflächenstruktur (den Worten, Zeichen und Symbolen, die wir wählen, um unsere primäre sinnliche Erfahrung zu beschreiben oder zu repräsentieren).

Mit anderen Worten: Die Modelle, die wir uns mit dem Gehirn oder der Sprache von der Welt um uns herum machen, sind nicht die Welt an sich sondern deren Repräsentation. Viele wichtige Hinweise über die Tiefenstruktur kommen allerdings in der verbalen Oberflächenstruktur zum Ausdruck und werden durch sie reflektiert.

Bandler und Grinder entwickelten das Meta-Modell als ein Mittel zur Arbeit an der Oberflächenstruktur der Sprache, mit dem man anderen helfen kann, ihr Modell der Welt zu bereichern, indem sie ihre Tiefenstruktur wiederentdecken und sie mit ihrer primären Erfahrung in Verbindung bringen.

NLP hat die Begriffe Tiefenstruktur und Oberflächenstruktur in dem Sinne erweitert, daß mehr als nur linguistische Prozesse und Repräsentationen darin erfaßt sind. NLP versteht Tiefenstruktur als aus sinnlichen und emotionalen Erfahrungen zusammengesetzt – oder als *Primärerfahrung*. NLP hält Sprache für eine *Sekundärerfahrung* – das heißt, für einen Teil unseres Modells der Welt, der sich aus unserer Primärerfahrung ableitet.

Symbole, Bewegungen, Lieder, Gesichtsausdruck und andere Aspekte unseres Verhaltens sind allerdings auch Formen von »Oberflächenstrukturen«, die wir verwenden, um unsere Tiefenstruktur zum Ausdruck zu bringen (und sie unterliegen ebenfalls diversen Formen von Tilgung, Verzerrung und Generalisierung).

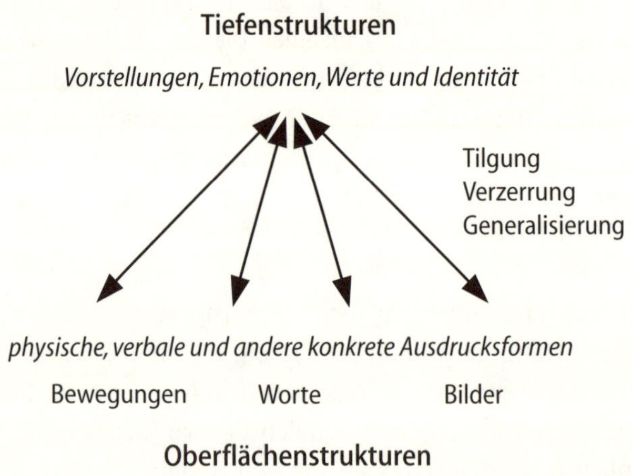

Tiefenstrukturen erreichen die Oberflächen durch eine Folge von Transformationen, die als Filter für unsere Primärerfahrung fungieren.

Als Beispiel für die Beziehung zwischen Tiefenstruktur und Oberflächenstrukturen kann man anführen, daß die meisten von uns mit der rechten oder linken Hand schreiben gelernt haben. Trotzdem kann diese Fertigkeit mit der Hand, wenn wir sie erlernt haben, unmittelbar auf andere Körperteile übertragen werden. Wir können wahrscheinlich alle mit dem linken großen Zeh einen akzeptablen Schriftzug mit unserem Namen in den Sand schreiben oder Buchstaben machen, indem wir einen Bleistift im Mund halten (natürlich ein gewisses Maß an Verzerrung unterstellt), auch wenn die physische Struktur dieser Körperteile vollkommen unterschiedlich ist. Die Tiefenstruktur, die mit der Form der Buchstaben in Verbindung steht, ist nicht an irgendeinen speziellen Körperteil gebunden. Sie läßt sich auf viele Oberflächenstrukturen generalisieren.

Demnach können unterschiedliche Oberflächenstrukturen auch Reflexionen allgemeiner Tiefenstrukturen sein.

Eine weitere wichtige Implikation der Prinzipien der Transformationsgrammatik ist, daß es viele Ebenen zunehmend tieferer Strukturen in der Struktur und Organisation des Systems gibt. Eine wichtige Konsequenz davon ist, daß alle Strukturebenen eines Systems angesprochen werden sollen, wenn man einen ökologischen Wandel erreichen möchte.

Der NLP-Begriff der logischen Ebenen (Dilts 1990, 1991, 1993, 1995, 1996) ist eine andere Art, die Beziehung zwischen Oberflächenstruktur und Tiefenstrukturen zu organisieren. Es wird angenommen, daß jede der Ebenen (Umwelt, Verhalten, Fähigkeiten, Glaubenssätze und Werte sowie Identität) eine tiefere Struktur ist als die darunterliegende. Unsere Wahrnehmungen und Interaktionen mit der Umwelt sind der Teil unserer Erfahrung, welcher der Oberfläche am nächsten liegt. Verhalten zu koordinieren und damit umzugehen erfordert die Mobilisierung der Tiefenstrukturen unserer Neurologie. Unsere Fähigkeiten organisieren und koordinieren unser Verhalten, was weniger konkrete, dafür aber tiefere Prozesse umfaßt. Glaubenssätze und Werte sind der Unterbau unserer Fähigkeiten und unseres Verhaltens. Es ist schwieriger, sie klar und spezifisch an der Oberfläche zum Ausdruck zu bringen, aber sie beeinflussen uns auf der tiefsten Ebene. Identität ist eine sehr tiefe Beziehungswelt, die sich am besten als eine Funktion beschreiben läßt – analog den Gleichungen zur Lösung eines mathematischen Bruchs.

Ähnlich wie Chomskys Vorstellungen von der Sprache erreicht die Tiefenstruktur unserer Identität die Oberfläche durch eine Folge von Transformationen, die Werte, Glaubenssätze, Fähigkeiten und schließlich die Verhaltensweisen in der Welt durchlaufen. Diese Transformationen unterliegen auch den Prozessen von Tilgung, Generalisierung und Verzerrung. Diese Tilgungen, Generalisierungen und Verzerrungen stehen im Mittelpunkt diverser NLP-Techniken und Modelle.

Eines der Ziele von NLP ist es, problematische Generalisierungen, Tilgungen und Verzerrungen durch die Analyse der Syntax oder Form der Oberflächenstruktur zu identifizieren und ein System von Werkzeugen bereitzustellen, so daß eine reichere Repräsentation der Tiefenstruktur erreicht wird.

Ein weiteres Ziel von NLP, repräsentiert durch den Modeling-Prozeß, ist es, bessere Verbindungen und Wege zwischen Oberflächenstrukturen und Tiefenstrukturen schaffen zu können.

Die Epistemologie des NLP

Epistemologie ist die Lehre von der systematischen Erforschung der Strukturen und Prozesse, die dem menschlichen Wissen zugrunde liegen. Der Begriff Epistemologie kommt von den griechischen Worten *epi* (was »über« oder »auf« bedeutet), *histanai* (was »legen« oder »setzen« bedeutet) und *logos* (was »Wort« oder »Erkenntnis« bedeutet) – d.h. »das, worauf wir unsere Erkenntnis setzen«. Eine Epistemologie ist demnach das grundlegende System von Unterscheidungen und Annahmen, auf das man alles andere Wissen gründet und was dieses hervorbringt. Wie Gregory Bateson es definiert:

> *Epistemologie ist die Geschichte des Ursprungs von Wissen; mit anderen Worten die Geschichte dessen, wie es kommt, daß man weiß, was man weiß.*

Die Epistemologie des NLP beginnt mit der Vorannahme, daß »die Landkarte nicht das Gebiet ist« – wir alle verwirklichen die Möglichkeiten in der Welt durch die Modelle oder Landkarten, die wir uns mit unserem Verstand schaffen. NLP lehrt, daß keine Landkarte wahrer oder realer ist als eine andere, daß aber die Fähigkeit, effektiv zu sein und sich weiterzuentwickeln eine Funktion davon ist, eine Landkarte zu haben, die die größte Bandbreite von Wahlmöglichkeiten zuläßt. Im Sinne des NLP ist also nicht der ein Meister, der bereits die Antworten weiß und die Lösungen hat, sondern jemand, der in der Lage ist, lohnende Fragen zu stellen und der den Prozeß des Lernens, des Problemlösens und der Kreativität derart zu lenken vermag, daß neue Landkarten von der Welt entstehen, die zu nützlichen neuen Antworten und Möglichkeiten führen.

Um Meisterschaft im NLP zu erlangen, müssen wir lernen, die Werkzeuge und Prinzipien des Modeling anzuwenden, um tiefgehende Flexibilität zu entwickeln. Epistemologie heißt, die verborgenen Vorannahmen unter den unterschiedlichen Modellen der persönlichen Organisation zu erforschen; und zwar die, die wir mit anderen gemeinsam haben ebenso wie die, die uns einzigartig machen.

Die Anwendung der Epistemologie hängt mit dem System von Unterscheidungen und Fertigkeiten zusammen, die ein Individuum oder eine Organisation anwendet, um entsprechenden Werten zu genügen und Ziele zu erreichen. Eine angewandte Epistemologie muß Fragen beantworten wie »Wie wissen wir, daß wir etwas wissen oder daß wir Verfahrenskompetenz haben?«, »Wie wissen wir, daß andere etwas wissen oder Verfahrenskompetenz haben?« und »Mit welchen Mitteln entwickeln wir Wissen und Verfahrenskompetenz?«

Bei angewandter Epistemologie geht es auch um das System von Werten und Zielen, die durch einen bestimmten Ansatz gefördert werden. Gemäß der Philosophie des NLP zum Beispiel gehört zu erfolgreichem Lernen und zu Veränderung, daß zuerst Ziele, die Evidenz und die Evidenzverfahren festgesetzt werden, mit denen ein bestimmter erwünschter Zustand erreicht wird. Sodann wird eine große Bandbreite an Strategien und Aktivitäten bereitgestellt, so daß die betreffenden Verfahren zur Erreichung der Ziele variiert werden können.

Eine weitere wichtige Frage für die angewandte Epistemologie lautet »Wie paßt das, was man gelernt oder entdeckt hat, zu dem, was man bereits weiß?« Erst wenn eine neue Vorstellung – gleichgültig wie brillant – in Einklang mit dem gebracht ist, was bereits bekannt ist, wird sie in die Tat umgesetzt werden. Eine der wichtigsten Aufgaben angewandter Epistemologie und von Modeling ist es, den Menschen zu einem Verständnis von Vorstellungen zu verhelfen, die alte Denkweisen infrage stellen und transformieren. Dies ist besonders herausfordernd, wenn diese Menschen nach wie vor auf die alte Art und Weise denken. Dem Philosophen Arthur Schopenhauer zufolge durchlaufen alle großen neuen Ideen drei Phasen. Die erste ist die Lächerlichkeit; die zweite ist heftiger Widerstand; dann werden sie angenommen als schon immer selbstverständlich.

Der Molekulargenetiker Gunther Stent (1987) behauptet, daß ein Großteil der Auseinandersetzung um die Akzeptanz von neuen Ideen und Paradigmen von einer »widersprüchlichen epistemologischen Einstellung gegenüber Ereignissen in der äußeren und inneren Welt herrührt.« Stent identifiziert diese widersprüchlichen Philosophien als Materialismus gegenüber Idealismus (oder Konstruktivismus). Der materialistische Standpunkt behauptet im wesentlichen, daß es eine reale äußere Welt gibt, die unabhängig vom Verstand existiert. Der Verstand ist eine Spiegelung dieser Realität und schafft eine unvollkommene Repräsentation dieser realen Welt. Aus der idealistischen (oder konstruktivistischen) Sicht wird die Realität durch den Verstand konstruiert. Wahrgenommene Ereignisse und Beziehungen haben keine Realität außer ihrer Existenz im menschlichen Denken. Von diesem Standpunkt aus gesehen ist die Realität eine Spiegelung des Verstandes. Die äußere Welt ist eine unvollkommene Repräsentation oder Projektion reiner Gedankenformen. Stent weist darauf hin, daß in den letzten Jahren eine dritte Alternative aufgekommen ist, die durch Chomskys Theorie der Transformationsgrammatik und die Begriffe Oberflächenstruktur und Tiefenstruktur angeregt wurde. Er nennt diese neue Epistemologie Strukturalismus. Stent erklärt:

> Sowohl der Materialismus als auch der Idealismus gehen davon aus, daß jegliche Informationen, die unsere Sinne aufnehmen, tatsächlich unseren Verstand erreichen: Im Materialismus stellt man sich vor, daß die Realität aufgrund dieser Information im Verstand gespiegelt wird, während man sich im Idealismus vorstellt, daß die Realität aufgrund dieser Information vom Verstand konstruiert wird. Der Strukturalismus hat andererseits die Einsicht geliefert, daß Wissen über die Welt nicht als rohes Datenmaterial in den Verstand gelangt, sondern in höchst abstrahierter Form, nämlich als Strukturen. In dem vorbewußten Prozeß, in dem die primären Daten unserer Erfahrung Schritt für Schritt zu Strukturen umgewandelt werden, gehen notwendigerweise Informationen verloren; denn die Schaffung von Strukturen oder die Wiedererkennung von Mustern ist nichts anderes als die selektive Zerstörung von Information. Da also der Verstand keinen Zugang zu der ganzen Datenmenge über die Welt hat, kann er die Realität weder spiegeln noch konstruieren. Statt dessen ist Realität für den Verstand eine Reihe von strukturellen Umwandlungen primärer Daten über die Welt. Dieser Transformationsprozeß ist hierarchisch, da durch selektive Zerstörung von Information aus schwächeren Strukturen stärkere Strukturen gebildet werden. Jedes Set von primären Daten wird erst sinnvoll, nachdem eine Serie solcher Operationen es derart umgewandelt hat, daß es mit einer bereits im Verstand existierenden stärkeren Struktur übereinstimmt... kanonisches Wissen ist einfach das Set bereits existierender starker Strukturen, mit denen primäre naturwissenschaftliche Daten in einem mentalen Abstraktionsprozeß kongruent gemacht werden. Demnach sind Daten, die sich nicht in eine mit dem kanonischen Wissen übereinstimmende Struktur umwandeln lassen, eine Sackgasse.

Diese fundamentalen epistemologischen Unterscheidungen kann man wie folgt charakterisieren:

Materialismus

Es gibt eine reale Außenwelt, die unabhängig vom Verstand existiert. Der Verstand ist eine Spiegelung dieser Realität und schafft eine unvollkommene Repräsentation dieser realen Welt.

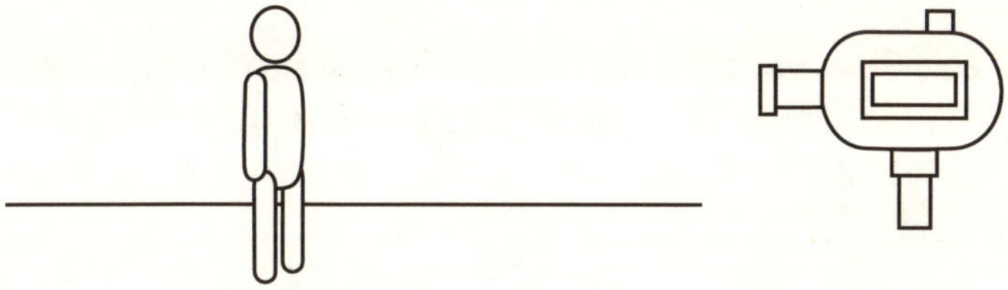

Dem Materialismus zufolge ist der Verstand wie eine Kamera, die Bilder von der »Realität« aufnimmt.

Idealismus

Wahrgenommene Ereignisse und Beziehungen haben keine Realität außer ihrer Existenz im menschlichen Denken. Realität ist eine Spiegelung des Verstandes. Die Außenwelt ist eine unvollkommene Repräsentation oder Projektion reiner Formen von Denken.

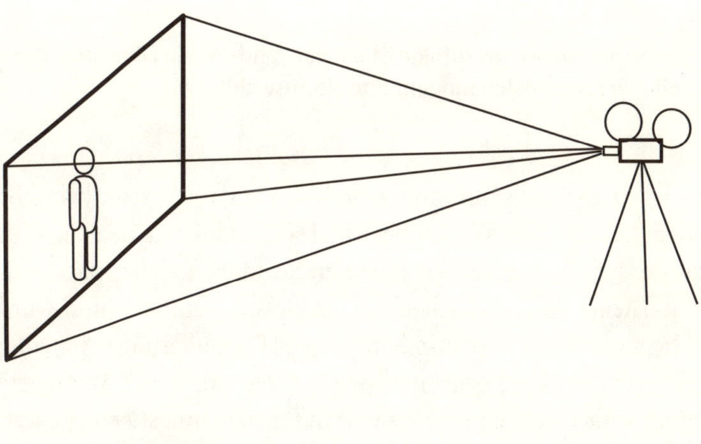

Dem Idealismus zufolge ist der Verstand wie ein Projektor, der »Realität« herstellt.

Strukturalismus

Realität ist eine Gesamtheit von strukturellen Transformationen primärer Daten, die aus der Welt stammen. Die Umwandlung primärer Daten in Strukturen umfaßt die selektive Tilgung, Verzerrung oder Generalisierung der primären Daten. Der Verstand kann die Realität weder spiegeln noch konstruieren. Stärkere Strukturen entstehen aus schwächeren Strukturen durch selektive Zerstörung von Information. Primäre Daten werden erst sinnvoll, wenn eine Reihe solcher Operationen sie derart umgewandelt hat, daß sie mit einer bereits existierenden Struktur übereinstimmen.

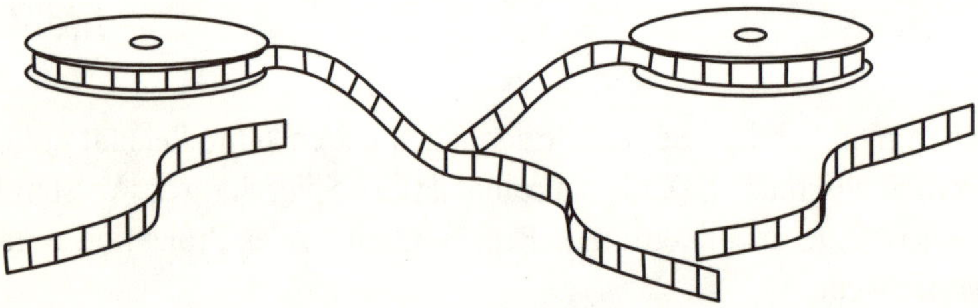

Dem Strukturalismus zufolge ist der Verstand wie ein Filmcutter, der mit den Primärdaten umgeht und sie auswählt.

Aus Sicht des Strukturalismus sind viele Ideen verfrüht, wenn keine Brücke zu bestehendem kanonischen Wissen besteht. Daher muß eine neue Idee, um Wirklichkeit zu werden, die bereits existierenden Realitätsmodelle »pacen« und dann »leaden«. Einsteins Relativitätstheorie zum Beispiel umfaßte und würdigte die gesamten Newtonschen Gesetze, indem sie neue Formulierungen hinzufügte, welche die Tür zu neuen Wirklichkeiten (wie beispielsweise der Atomenergie) aufstieß. Bis Ideen, die ihrer Zeit weit voraus sind, sich manifestieren, dauert es seine Zeit. Damit Leonardos Flugmaschinen oder Teslas Roboter verwirklicht werden konnten, mußte erst das übrige Wissen entstehen.

Stent weist darauf hin, daß Gregor Mendels Untersuchungen der genetischen Eigenschaften von Erbsen bereits 35 Jahre existierten, ehe sie Ende des 19. Jahrhunderts von Biologen wiederentdeckt wurden und zum Grundstein der modernen Genetik wurden. Stent erklärt:

> Man könnte argumentieren, daß Mendels Entdeckung keinen unmittelbaren Einfluß hatte, weil sich das Konzept einzelner Erbeinheiten nicht mit dem kanonischen Wissen der Anatomie und Physiologie Mitte des 19. Jahrhunderts verbinden ließ. Außerdem war die statistische Methode, mit deren Hilfe Mendel die Ergebnisse seiner Erbsenexperimente interpretierte, der Denkweise der Biologen jener Zeit völlig fremd. Doch nachdem gegen Ende des 19. Jahrhunderts die Chromosomen und die Chromosomenteilungsprozesse Mitose und Meiose entdeckt worden waren, wurde es möglich, Mendels Ergebnisse im Sinne von unter dem Mikroskop sichtbaren Strukturen zu erklären. Außerdem war die Statistik inzwischen zu einer allgemein gebräuchlichen Methode der Biologie geworden.

Die Epistemologie des NLP ist wahrscheinlich der des Strukturalismus und nicht etwa dem Materialismus oder Idealismus am nächsten. Anders als Materialismus oder Idealismus basiert die Epistemologie des NLP nicht auf einer grundsätzlichen Trennung zwischen Verstand und Realität. Ähnlich dem Strukturalismus erkennt das NLP die Wichtigkeit an, Verbindungen zwischen bereits vorhandenem Wissen zu schaffen und die Realität durch Pacing und Leading zu erweitern. Statt nun aber den Aktualisierungsprozeß von Realität als das Verbinden von schwächeren mit stärkeren Strukturen aufzufassen, sieht das NLP ihn als eine Funktion der Verbindung zwischen Tiefenstrukturen und Oberflächenstrukturen. Tiefenstrukturen sind latente Möglichkeiten, die infolge einer Reihe von Transformationen manifest wurden. Dieser Prozeß schließt die selektive »Konstruktion« von Daten ebenso ein wie die selektive *Destruktion* von Daten (was Stent für den Primärprozeß der Mustererkennung im Strukturalismus hält).

Sich beispielsweise das eigene »Traumhaus« zu bauen, würde eine Reihe von Transformationen erfordern, wobei jede von der vorherigen ausgeht, so daß aus dem Traum von einem Phantasiegebilde ein konkretes Gebäude werden kann. Solch ein Prozeß kann eine Folge von Transformationen umfassen:

- ein mentales Bild des Hauses aus verschiedenen Perspektiven entwickeln,
- Gespräche mit einem Architekten,
- erste Zeichnungen,
- endgültige Pläne,

- Auswahl der Materialien,
- Vorbereitung des Grundstücks,
- Grundsteinlegung,
- den Rohbau errichten,
- das Gebäude fertigstellen,
- Wände und Holzbalken streichen,
- den letzten Schliff geben.

Das Maß, in dem das fertige Gebäude mit dem ursprünglichen Traum übereinstimmt, ist eine Funktion des Maßes an Generalisierung, Tilgung, Verzerrung und Hinzufügung, die sich infolge jeder weiteren Transformation ergeben.

Unterschiedliche Arten und Folgen von Transformationen wären erforderlich, um ein Konzept in einen Artikel oder in ein Buch zu verwandeln, eine Bedarfsanalyse in einer Gruppe anzufertigen, ein Gefühl in einem Gedicht zum Ausdruck zu bringen, ein physikalisches Gesetz zu erkennen, ein Computerprogramm zu schreiben, den Text eines Theaterstücks auswendig zu lernen usw.

Aus NLP-Sicht gibt es induktive Transformationen, durch die wir Muster in der Welt um uns herum wahrnehmen und uns Landkarten von ihr machen; und es gibt deduktive Transformationen, durch die wir unsere Wahrnehmungen und Modelle der Welt beschreiben und uns ihnen entsprechend verhalten. Zu induktiven Transformationen gehört der Prozeß des »Herauf-Chunkens«, um die tieferen Strukturmuster (Konzepte, Ideen, Allgemeinbegriffe usw.) in den Erfahrungssammlungen, die wir mit unseren Sinnen empfangen, herauszufinden. Deduktive Transformationen wirken so, daß sie die Tiefenstrukturen unserer Erfahrungen zu den Oberflächenstrukturen »herunterchunken«; allgemeine Vorstellungen und Konzepte in bestimmte Worte, Aktionen und andere Formen von Verhalten übertragen. (Beispielsweise gehört eine andere Reihe und Folge von Transformationen dazu, um das Vokabular einer Sprache verstehen zu lernen als eine Sprache in wohlgeformten Sätzen und mit der richtigen Aussprache fließend sprechen zu lernen – auch wenn bei beiden Prozessen manche Transformationen gleich sein mögen.)

Die Entwicklung beider Arten von Transformationsprozessen erlaubt es uns, einerseits unsere mentalen Modelle zu entwickeln und sie andererseits als Wirklichkeit zum Ausdruck zu bringen. Dem NLP zufolge ist die Qualität dieser Transformationen entscheidend für die Effektivität und Nützlichkeit unserer mentalen Operationen.

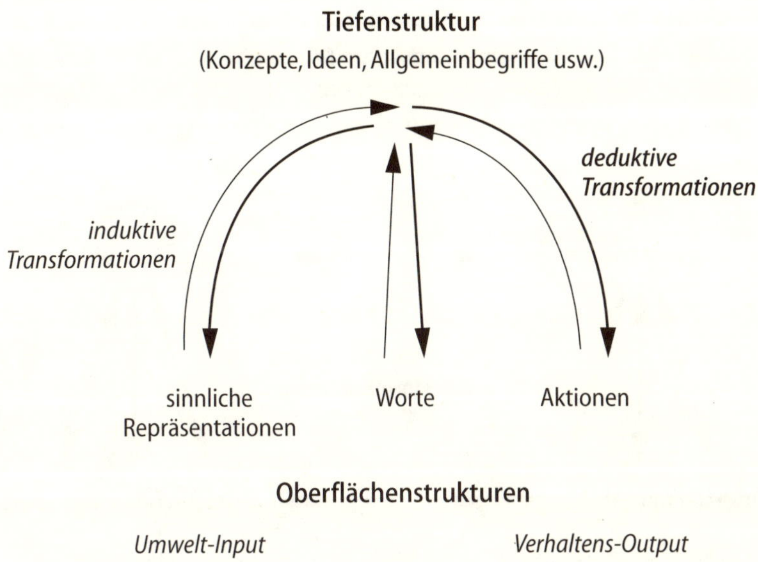

Durch induktive und deduktive Transformationen verbinden mentale Operationen die Tiefenstrukturen mit den Oberflächenstrukturen.

Es gibt auch Transformationen, die man abduktiv nennen kann, wobei Tiefenstrukturen zu anderen Tiefenstrukturen umgewandelt werden und Oberflächenstrukuren zu anderen Oberflächenstrukuren. Hierzu gehören Prozesse wie Metaphern und Analogien. Analogien wie »Das Schaffell war weiß wie Schnee« oder »Ihre Lippen waren wie eine rote Rose« basieren auf Gleichnissen, die den Bezug zwischen einer Oberflächenstruktur und einer anderen herstellen (*Isomorphismus*). Metaphern wie »Mutter Natur« oder »Raumschiff Erde« implizieren Beziehungen zwischen tieferen Strukturen (*Homomorphismus*). Solche Transformationen sind offenbar grundlegend für Lyrik und bestimmte Arten kreativer Eingebung, aber sie sind auch ein grundlegender Prozeß beim Problemlösen und Lernen im allgemeinen.

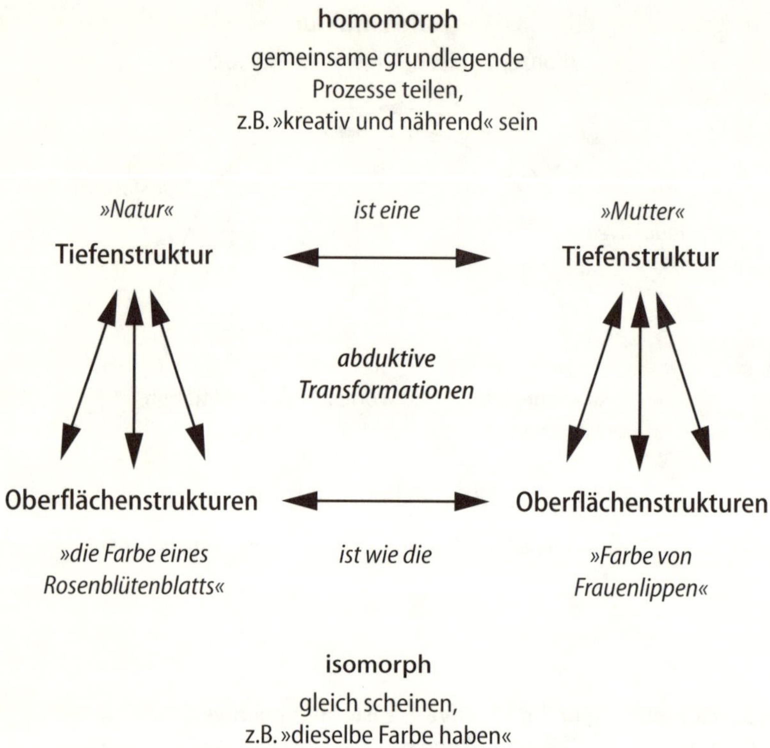

Abduktive Transformationen stellen eine Beziehung her zwischen einer Tiefenstruktur und einer anderen oder zwischen einer Oberflächenstruktur und einer anderen.

Aus NLP-Sicht ist also Realität die Beziehung und Interaktion zwischen Tiefenstrukturen und Oberflächenstrukturen. Daher gibt es viele mögliche Realitäten. Es ist nicht, als gäbe es »eine Landkarte« und »ein Gebiet«, vielmehr gibt es viele mögliche Gebiete und Landkarten, und das Gebiet ändert sich ständig, teils als Funktion dessen, wie die Menschen sich von ihren Landkarten anleiten lassen, mit diesem Gebiet zu interagieren.

Die Aspekte der Tiefenstruktur, die manifest werden, sind jene, für die hinreichend viele fehlende Glieder (Tilgungen, Generalisierungen, Verzerrungen) gefüllt worden sind. In ihnen kann das auf der Ebene der Tiefenstruktur latente Potential die erforderlichen Transformationen vollbringen, um sich in irgendeiner Form von Oberflächenstruktur zu manifestieren.

Aus eben diesen Gründen legt das NLP im Kern seiner Epistemologie Wert auf Modeling und Flexibilität. Modelle sollen nicht eine einzige objektive Realität spiegeln oder konstruieren. Vielmehr ist ihr Zweck, einen Aspekt einer möglichen Realität zu simulieren. Im NLP ist es beispielsweise nicht wichtig, ob ein Modell wahr ist oder nicht, sondern vielmehr, daß es nützlich ist. In der Tat kann man alle Modelle als symbolisch oder metaphorisch ansehen statt als Spiegelungen von Realität. Ob die jeweilige Beschreibung metaphorisch oder wörtlich ist – die Nützlichkeit eines Modells hängt von dem Grad ab, in dem es uns erlaubt, effektiver den nächsten Schritt in der Folge von Transformationen zu erreichen, die tiefere Strukturen und Oberflächenstrukturen verbinden. Statt Realität zu konstruieren, bieten Modelle ein Set von Funktionen, die als Werkzeug oder Brücke zwischen Tiefenstrukturen und Oberflächenstrukturen dienen. Die Brücke nun bildet unser Verständnis von Realität und erlaubt uns, neue Erfahrungen und Ausdrucksformen von Realität hervorzubringen.

ZWEI
Grundprinzipien des Modeling

Überblick über Kapitel 2

- Was ist Modeling?
- Überblick über Modeling im NLP
- Modeling von Tiefenstruktur und Oberflächenstruktur
- Ebenen des Modeling
- Modeling-Fähigkeiten
- Das T.O.T.E.: Minimalanforderungen zum Modellieren effektiver Fertigkeiten und Verhaltensweisen
- Ebenen der Komplexität von Fertigkeiten und Fähigkeiten

Was ist Modeling?

Der Webster, das große amerikanische Wörterbuch der englischen Sprache, definiert ein Modell als »eine vereinfachte Beschreibung einer komplexen Entität oder eines komplexen Prozesses« – so wie ein Computermodell des Kreislauf- und Atemsystems. Der Begriff kommt von der lateinischen Wurzel modus, was soviel bedeutet wie »eine Art etwas zu tun oder zu sein; eine Methode, eine Form, eine Art, eine Sitte, ein Weg oder ein Stil.« Genauer ist das Wort Modell vom lateinischen modulus abgeleitet, was letztlich eine kleine Version des ursprünglichen Modus bedeutet. Zum Beispiel ist ein Modell eines Gegenstandes normalerweise eine Miniaturversion oder -Repräsenation dieses Gegenstandes. Ein Arbeitsmodell (wie z.B. für eine Maschine) ist etwas, das im kleinen Maßstab das leisten kann, was die eigentliche Maschine tut oder tun soll.

Der Begriff Modell bedeutet inzwischen auch »eine Beschreibung oder Analogie, die gebraucht wird, um etwas zu visualisieren (wie ein Atom), das nicht direkt beobachtbar ist.« Er kann auch gebraucht werden, um »ein System von Postulaten, Daten und Folgerungen, das als formale Beschreibung einer Entität oder eines Zustands präsentiert wird«, zu benennen.

Demnach sind eine Miniatureisenbahn, eine Karte mit den Standorten der wichtigsten Bahnhöfe oder ein Zugfahrplan Beispiele unterschiedlicher möglicher Modelle eines Eisenbahnsystems. Ihr Zweck ist es, einen bestimmten Aspekt des tatsächlichen Eisenbahnsystems hervorzuheben und nützliche Informationen zu bieten, damit die Interaktionen mit diesem System besser gelingen. Eine Miniatureisenbahn beispielsweise kann gebraucht werden, um zu testen, wie ein Zug unter bestimmten physischen Bedingungen funktioniert; eine Karte mit den Standorten der wichtigsten Bahnhöfe kann helfen, die beste Reiseroute zu einer bestimmten Stadt zu planen; mit einem Zugfahrplan kann man feststellen, wie viel Zeit man für eine bestimmte Reise braucht. So gesehen liegt der grundlegende Wert eines jeden Modells in seiner Nützlichkeit.

Überblick über Modeling im NLP

Verhaltensmodeling bedeutet, die erfolgreichen Prozesse, die einer außergewöhnlichen Leistung zugrunde liegen, zu beobachten und aufzuzeichnen. Es ist der Prozeß, ein komplexes Ereignis – oder eine Ereignisfolge – zu nehmen und es in hinreichend kleine *Chunks*, also in Bestandteile, aufzuteilen, so daß es auf irgendeine Art wiederholbar wird. Der Zweck von Verhaltensmodeling ist es, eine pragmatische Landkarte oder ein Modell dieses Verhaltens herzustellen, womit jeder Aspekt dieser Leistung von jedem, der dazu motiviert ist, wiederholt oder simuliert werden kann. Ziel des Verhaltensmodelingprozesses ist, die wesentlichen Elemente des Denkens und Handelns zu identifizieren, die erforderlich sind, um die erwünschte Reaktion oder das erwünschte Ergebnis zu produzieren. Anders als wenn man rein korrelative oder statistische Daten bietet, muß ein Modell eines bestimmten Verhaltens eine Beschreibung dessen bieten, was notwendig ist, um tatsächlich ein ähnliches Ergebnis zu erzielen.

Der Bereich des Neurolinguistischen Programmierens hat sich aus dem Modellieren menschlicher Verhaltens- und Denkprozesse entwickelt. Mit NLP-Modeling-Verfahren findet man heraus, wie das Gehirn (»Neuro-«) funktioniert, indem man Sprachmuster (»linguistisch«) und nonverbale Kommunikation analysiert. Die Ergebnisse dieser Analyse werden dann zu Strategien oder Programmen (»Programmieren«) umgearbeitet, mit denen die Fertigkeiten anderer Personen und Inhalte schrittweise vermittelbar werden.

NLP ist entstanden, als Richard Bandler und John Grinder Sprach- und Verhaltensmuster der Arbeit von Fritz Perls (dem Gründer der Gestalttherapie), Virginia Satir (Begründerin der Famlientherapie und der Systemischen Therapie) und Milton H. Erickson (dem Gründer der *American Society of Clinical Hypnosis*) modellierten. Die ersten NLP-Techniken waren von wesentlichen sprachlichen und nonverbalen Mustern abgeleitet, die Grinder und Bandler im Verhalten dieser außergewöhnlichen Therapeuten beobachtet hatten. Der Titel ihres ersten Buches, *The Structure of Magic* (1975, dt.: *Metasprache und Psychotherapie. Struktur der Magie*, 1981), verwies darauf, daß das, was oft magisch und unerklärlich wirkt, eine tiefere Struktur hat, die, wenn man sie erhellte, auch für Menschen, die nicht zu den wenigen außergewöhnlichen Genies mit magischen Verhaltensweisen zählten, verständlich, kommunizierbar und praktikabel sein konnten. NLP ist der Prozeß, mit dessen Hilfe die relevanten Verhaltensbestandteile jener kommunikativ besonders außergewöhnlich begabten Menschen entdeckt und zu einem Arbeitsmodell organisiert wurden.

NLP hat Techniken und Unterscheidungskriterien entwickelt, mit denen Muster verbalen und nonverbalen Verhaltens identifiziert und beschrieben werden – das heißt, wesentliche Aspekte dessen, was die betreffenden Menschen sagen und tun. NLP will im wesentlichen besondere oder außergewöhnliche Fähigkeiten modellieren und helfen, sie für andere vermittelbar zu machen. Der Zweck dieser Art von Modeling ist es, das Beobachtete und Beschriebene so in die Tat umzusetzen, daß es produktiv und bereichernd wird.

Die Modeling-Werkzeuge des NLP erlauben uns, besondere, wiederholbare Muster in der Sprache und im Verhalten erfolgreicher Rollenvorbilder zu identifizieren. Während die NLP-Analyse im wesentlichen durch tatsächliches Beobachten und Anhören des Rollenvorbilds in Aktion geschieht, kann man auch durch schriftliche Aufzeichnungen wertvolle Informationen erhalten.

Das Ziel des NLP-Modeling-Prozesses ist nicht, daß die eine richtige oder wahre Beschreibung des Denkprozesses einer bestimmten Person herauskommt, sondern vielmehr eine *instrumentelle Landkarte anzufertigen, die uns erlaubt, die modellierten Strategien auf irgendeine nützliche Art und Weise anzuwenden.* Eine »instrumentelle« Landkarte erlaubt uns, effektiver zu handeln – die Genauigkeit oder Realität der Landkarte ist weniger wichtig als ihre Nützlichkeit. Demnach bedeutet die instrumentelle Anwendung der verhaltensspezifischen oder kognitiven Strategien, die von einem bestimmen Individuum oder von einer Gruppe von Individuen modelliert sind, sie in Strukturen zu bringen, die uns erlauben, sie für einen praktischen Zweck zu gebrauchen. Dieser Zweck kann ähnlich sein, wie das Modell ihn ursprünglich angewendet hat, oder auch anders.

Einige allgemein bekannte Modeling-Anwendungen sind:

1. Etwas besser verstehen, indem man eine bessere Meta-Kognition über die darunterliegenden Prozesse entwickelt – um sie beispielsweise lehren oder als eine Art Maßstab nutzen zu können.

2. Eine Leistung wiederholen oder verfeinern (so wie eine Sportart oder eine geschäftliche Situation), indem man die Schritte spezifiziert, die Experten unternehmen oder die bei optimalen Beispielen gelten.

3. Ein bestimmtes Ergebnis erreichen (so wie richtiges Buchstabieren oder die Behandlung von Phobien oder Allergien). Statt ein einzelnes Individuum zu modellieren, wird dies oftmals erreicht, indem Techniken entwickelt werden, die auf dem Modeling unterschiedlicher erfolgreicher Beispiele oder Fälle beruhen.

4. Einen Prozeß herausarbeiten bzw. formalisieren, um ihn auf einen anderen Inhalt oder Kontext anzuwenden. So kann man beispielsweise eine effektive Strategie zur Leitung eines Sportteams auf das Führen eines Unternehmens anwenden und umgekehrt. Im Grunde ist die naturwissenschaftliche Methode, in der die für einen Untersuchungsbereich (z.B. Physik) entwickelten Beobachtungs- und Analysestrategien in anderen Bereichen (z.B. Biologie) Anwendung finden, durch diese Vorgehensweise entstanden.

5. Sich durch etwas anregen lassen, das in etwa auf dem aktuellen Prozeß des Modells beruht. Ein gutes Beispiel dafür ist Sir Arthur Conan Doyles Darstellung von Sherlock Holmes, die auf den diagnostische Methoden seines Medizinprofessors Joseph Bell beruhte.

Modeling von Tiefenstruktur und Oberflächenstruktur

NLP bezieht viele seiner Prinzipien und Unterscheidungskriterien aus dem Bereich der Transformationsgrammatik (Chomsky 1970, 1973) als Mittel zur Schaffung von Modellen des verbalen Verhaltens von Menschen. Eines der wichtigsten Prinzipien der Transformationsgrammatik ist, daß greifbare Verhaltensweisen, Ausdrucksformen und Reaktionen *Oberflächenstrukturen* sind, die die Folge davon sind, daß *Tiefenstrukturen* Wirklichkeit werden.

Mit anderen Worten, die Modelle, die wir mit unserem Gehirn und unserer Sprache von der Welt um uns machen, sind nicht die Welt an sich, sondern deren Repräsentationen. Eine wichtige Implikation der Prinzipien der Transformationsgrammatik ist, daß es vielfältige Ebenen zunehmend tiefer Strukturen in der Struktur und Organisation eines jeden Kodierungssystems gibt. Im Hinblick auf das Modeling folgt daraus, daß es notwendig sein kann, verschiedene Ebenen der Tiefenstruktur hinter einer bestimmten Leistung zu erkunden, um ein effektives Modell davon zu bekommen. Außerdem können unterschiedliche Oberflächenstrukturen Spiegelungen allgemeiner Tiefenstrukturen sein. Für effektives Modeling ist es oft wichtig, viele Beispiele von Oberflächenstrukturen zu untersuchen, um die Tiefenstruktur, aus der sie entstehen, besser zu verstehen oder zu erkennen.

Man kann die Beziehung zwischen Tiefenstruktur und Oberflächenstruktur auch im Sinne der Unterscheidung zwischen Prozeß und Produkt verstehen. Produkte sind die oberflächlichen Ausdrucksformen der tieferen und weniger greifbaren generativen Prozesse, die ihr Ursprung sind. Demnach sind *Tiefenstrukuren* latente Potentiale, die sich infolge einer Reihe von Transformationen in konkreten *Oberflächenstrukturen* manifestieren. Dieser Prozeß schließt sowohl selektive Destruktion wie auch selektive Konstruktion ein.

In dieser Hinsicht ergeben sich die grundsätzlichen Herausforderungen beim Modeling aus der Tatsache, daß die Bewegung zwischen Tiefenstruktur und Oberflächenstruktur den Prozessen der Generalisierung, der Tilgung und der Verzerrung unterliegen. Das heißt, ein Teil der Information geht bei der Transformation von der Tiefenstruktur zur Oberflächenstruktur notwendigerweise verloren oder wird verzerrt. In der Sprache ereignen sich diese Prozesse zum Beispiel bei der Übersetzung von der Tiefenstruktur (den mentalen Bildern, Geräuschen, Gefühlen und den anderen sinnlichen Repräsentationen, die in unserem Nervensystem gespeichert sind) in die Oberflächenstruktur (den Worten, Zeichen und Symbolen, die wir wählen, um unsere primäre sinnliche Erfahrung zu beschreiben oder zu repräsentieren). Keine verbale Beschreibung vermag die Idee, die sie zum Ausdruck bringen soll, vollkommen oder genau zu repräsentieren.

Die Aspekte der Tiefenstruktur, die sich manifestieren, sind jene, für die genug fehlende Glieder (Tilgungen, Generalisierungen, Verzerrungen) eingesetzt worden sind. Nur so kann das latente Potential auf der Ebene der Tiefenstruktur die Transformationen durchlaufen und sich als Oberflächenstruktur manifestieren. Eines der Ziele des Modelingprozesses ist es, eine hinreichend vollständige Folge von Transformationen zu identifizieren, so daß eine angemessene und nützliche Ausdrucksform der Tiefenstruktur entsteht.

Ebenen des Modeling

Ein effektvolles Modell eines bestimmten Verhaltens oder einer bestimmten Leistung zu erstellen heißt mehr als bloße Nachahmung. Je nach dem betreffenden Zweck des Modeling können diverse unterschiedliche Informationsebenen erforderlich sein, um die gewünschte Leistung oder Anwendung zu erreichen. Beim Modeling eines Individuums können wir zum Beispiel eine Reihe unterschiedlicher Aspekte oder Ebenen der diversen Systeme und Subsysteme, auf denen eine Person funktioniert, untersuchen.

Auf einer Ebene kann man beispielsweise die soziale und geographische *Umgebung* anschauen, die einen Menschen beeinflußt – d.h. *wann* und *wo* handelt die Person, wann und wo tritt die Person auf. Das heißt, man kann den äußeren Kontext betrachten; so wie den Zustand des Marktes, der natürlichen Umgebung, des Arbeitsplatzes usw. Außerdem kann man sowohl die Makroumwelten als auch die Mikroumwelten untersuchen. Mikroumwelten wären spezielle Standorte wie zum Beispiel ein Büro, ein bestimmtes Gebäude, ein Klassenzimmer oder eine Firma usw. Makroumwelten wären allgemeine Standorte, soziale Kontexte, öffentliche Ereignisse usw. Außer dem Einfluß, den diese Umgebungen auf den einzelnen haben können, der modelliert werden soll, kann man den Einfluß untersuchen, den der einzelne auf die Umgebung hat oder haben kann.

Auf einer anderen Ebene kann man die spezifischen *Verhaltensweisen* und Aktionen untersuchen, die eine Person bei ihrem Auftreten zeigt – d.h. *was* genau tut die Person in der Umgebung. Was sind die besonderen Muster der Arbeit, der Interaktion oder Kommunkation, die mit den Mitarbeitern, Problemen oder Zielen zusammenhängen? Wie bei der Umweltebene kann man sich entweder für die Mikro- oder für die Makroverhaltensmuster interessieren. Makroverhalten wären die allgemeinen Muster von Kommunikation, Arbeit, Stil usw. Mikroverhaltensmuster wären detailliertere und speziellere Aktionen wie besondere Verhaltensweisen bei Aufgaben, einzelnen Arbeitsroutinen, Arbeitsgewohnheiten usw.

Man kann sich auch die intellektuellen und kognitiven Strategien und *Fähigkeiten* ansehen, die für das Verhalten in der jeweiligen Umgebung erforderlich sind – die Art, *wie* eine Person die Verhaltensweisen in diesem Kontext anwendet. Auf der Makroebene würden zu Fähigkeiten allgemeine Strategien und Fertigkeiten so wie Lernen, Erinnerung, Motivation, Entscheidungen und Kreativität gehören. Auf der Mikorebene würde eine Untersuchung der mentalen Fähigkeiten eines Menschen beinhalten, daß im einzelnen aufgezeigt würde, wie die betreffende Person bei einem bestimmten Verhalten oder beim Ausführen einer bestimmten

Aufgabe kognitive Mikromuster wie Visualisierung, inneren Dialog oder Selbstgespräch oder ihre Sinne gebraucht.

Weiterhin würde man die *Glaubenssätze und Werte* explorieren, welche motivierend und gestaltend auf die Denkstrategien und -fähigkeiten wirken, die notwendig sind, um die Verhaltensziele in der Umgebung zu erreichen – d.h. *warum* eine Person zu einer bestimmten Zeit und an einem bestimmten Ort etwas tut. Auf einer Makroebene beziehen sich Grundglaubenssätze darauf, welche Bedeutung, welches Ursache-Wirkungsverhältnis und welche Grenzen ein Mensch Ereignissen in der Umgebung beimessen oder wahrnehmen würde. Auf einer Mikroebene können sich die Glaubenssätze und Werte einer Person auf Prozesse auf anderen Ebenen beziehen. Das heißt, eine Person kann Glaubenssätze im Hinblick auf ihre Umwelt, ihr Verhalten, ihre Fähigkeiten, ihre Identität, das Arbeitssystem, den Beruf, die Gemeinde usw. haben. Jemand kann sogar Glaubenssätze die eigenen Glaubenssätze betreffend haben und sie als gut, schlecht, progressiv, widersprüchlich usw. beurteilen.

Man könnte sogar noch genauer hinschauen, um die Wahrnehmung der Rolle oder *Identität*, die ein Mensch in bezug zu seinen Glaubenssätzen, Fähigkeiten und Aktionen innerhalb einer bestimmten Umgebung hat, zu untersuchen – d.h. das Wer hinter dem Warum, Wie, Was, Wo und Wann. Dies würde mögliche Fragen implizieren, die sich auf die Rollendefinition, auf die Charaktereigenschaften, auf die Persönlichkeit usw. beziehen. Ein wesentliches Element beim Entstehen einer bestimmten Rolle oder Identität ist es, ein Gefühl von Mission zu definieren, die ein Mensch innerhalb des größeren Systems hat, in dem er oder sie handelt.

Man könnte auch untersuchen wollen, in welcher Weise eine bestimmte Person innerhalb des Beziehungskontextes von Familie, Kollegen, sozialer Klasse oder Kultur handelt – d.h. wer die Person ist oder sein wird in Beziehung zu *wem und was sonst*. Mit anderen Worten, welche *Vision* hat der einzelne im Hinblick auf den Sinn und Zweck seiner Verhaltensweisen, Fähigkeiten, Glaubenssätze, Werte und Identität innerhalb der größeren Systeme, zu denen er gehört? Oft ist es diese Vision, die letztlich allen anderen Ebenen ihre Bedeutung verleiht.

Die Beziehungen zwischen diesen Elementen lassen sich als ein Netzwerk generativer Systeme visualisieren, die sich auf die Identität des Individuums als Kern des Modeling-Prozesses konzentrieren oder um sie zusammenlaufen.

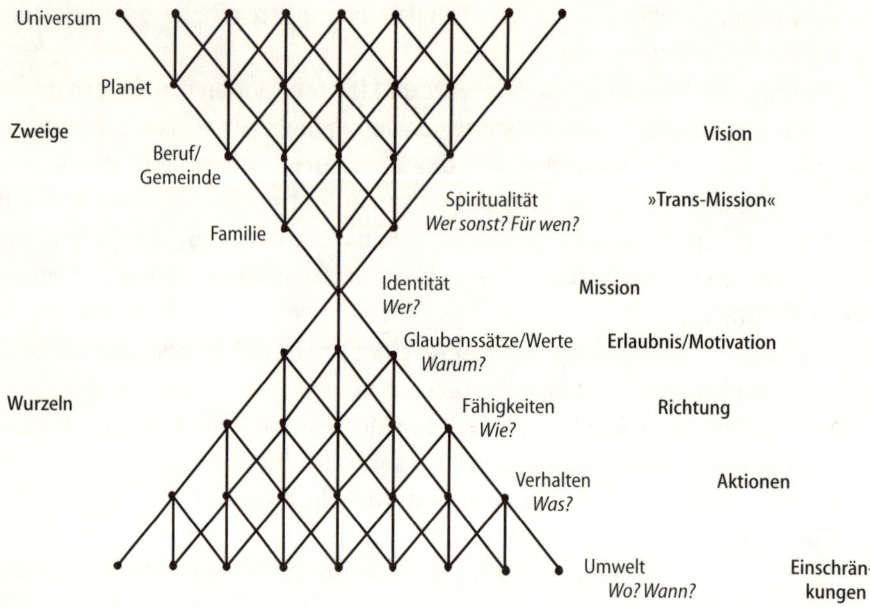

Netzwerk logischer Ebenen

Zusammenfassend läßt sich sagen, daß Modeling die Interaktionen unterschiedlicher Erfahrungsebenen beinhalten kann:

Spiritueller Aspekt		Vision und Zweck	
A. *Wer bin ich*	–	Identität	Mission
B. *Mein Glaubenssystem*	–	Werte, Erwartungen	Erlaubnis & Motivation
C. *Meine Fähigkeiten*	–	Zustände, Strategien	Richtung
D. *Was ich tue*	–	einzelne Verhaltensweisen	Aktionen
E. *Meine Umwelt*	–	äußerer Kontext	Reaktionen

- Die Umgebung bestimmt die äußeren Möglichkeiten oder Einschränkungen, auf die ein Mensch reagieren muß. Sie umfaßt das *Wo* und *Wann* einer bestimmten Fertigkeit oder Fähigkeit.

- Verhaltensweisen sind die besonderen Aktionen oder Reaktionen einer Person innerhalb der Umwelt. Sie umfassen das *Was* einer bestimmten Fertigkeit oder Fähigkeit.

- Fähigkeiten führen und geben dem Verhalten durch eine mentale Landkarte, einen mentalen Plan oder eine mentale Strategie Richtung. Sie umfassen das *Wie* einer bestimmten Fertigkeit oder Fähigkeit.

- Glaubenssätze und Werte stellen die Verstärkung (Motivation und Erlaubnis) dar, die Fähigkeiten fördert oder behindert. Sie umfassen das *Warum* einer bestimmten Fertigkeit oder Fähigkeit.

- Identität bezieht sich auf die Rolle, Mission beziehungsweise das Selbstgefühl einer Person. Sie umfaßt das *Wer* einer bestimmten Fertigkeit oder Fähigkeit.

Modeling-Fähigkeiten

Der Schwerpunkt der meisten NLP-Modeling-Prozesse liegt auf der Ebene der Fähigkeiten, der Wie-Ebene. Fähigkeiten verbinden Glaubenssätze und Werte mit bestimmten Verhaltensweisen. Zu wissen, was man tun soll und gar warum, ist ohne das *Wie* größtenteils wirkungslos. Fähigkeiten und Fertigkeiten stellen die Verbindungen und die Hebelkraft dar, damit sich unsere Vision, unsere Identität, Werte und Glaubenssätze als Aktionen in einer bestimmten Umwelt manifestieren.

Die Tatsache, daß tendenziell Fähigkeiten im Mittelpunkt von NLP-Modeling-Verfahren stehen, heißt allerdings nicht, daß nur diese Informationsebene in Betracht gezogen wird. Oft ist eine ganze Gestalt von Glaubenssätzen, Werten, Selbstgefühl und bestimmten Verhaltensweisen wesentlich, um die erwünschte Fähigkeit zu entwickeln. NLP behauptet, daß die praktischsten und nützlichsten Kombinationen von Tiefenstruktur und Oberflächenstruktur entstehen, wenn man sich auf die Fähigkeiten konzentriert.

Es ist wichtig, sich darüber klar zu sein, daß Fähigkeiten eine tiefere Struktur als bestimmte Aufgaben oder Verfahren sind. Verfahren sind normalerweise eine Folge von Aktionen oder Schritten, die zum Erfüllen einer bestimmten Aufgabe führen. Fertigkeiten und Fähigkeiten sind allerdings häufig in ihrer Anwendung nicht-linear. Eine bestimmte Fertigkeit oder Fähigkeit (so wie die Fähigkeit »kreativ zu denken« oder »gelungen zu kommunizieren«) kann zur Unterstützung vieler unterschiedlicher Aufgaben, Situationen und Kontexte dienen. Auf Fähigkeiten muß man willentlich zugreifen können, indem der einzelne in der Lage sein muß, bei einer bestimmten Aufgabe, in einer bestimmten Situation oder in einem bestimmten Kontext zu unterschiedlichen Zeitpunkten unterschiedliche Fertigkeiten abzurufen. Anstelle einer linearen Schrittfolge sind Fertigkeiten demnach um ein T.O.T.E. organisiert – einer Feedback-Schleife zwischen (a) Zielen, (b) der Wahl der Mittel, die eingesetzt werden, um diese Ziele zu erreichen, und (c) der Evidenz, die den Fortschritt auf die Ziele hin mißt.

Das T.O.T.E.: Minimalanforderungen zum Modeling effektiver Fertigkeiten und Verhaltensweisen

»Das Verfolgen zukünftiger Ziele und die Wahl der Mittel zu ihrem Erreichen sind Merkmal und Kriterium für die Präsenz von Geisteskraft in einem Phänomen.«
William James, Prinzipien der Psychologie

Der wesentliche Modeling-Rahmen, der im NLP angewandt wird, ist die zielorientierte Feedback-Schleife, die vom T.O.T.E. beschrieben wird (Miller, Gallanter & Pribram 1960). Die Buchstaben T.O.T.E. stehen für Test-Operate-Test-Exit. Das T.O.T.E.-Konzept besagt, daß alle mentalen Programme und alle Verhaltensprogramme auf der Existenz eines festgelegten Zieles und variabler Mittel zum Erreichen dieses Zieles basieren.

Dieses Modell verweist darauf, daß wir uns beim Denken im Geiste (bewußt oder unbewußt) Ziele setzen und einen TEST dafür entwickeln, wenn das Ziel erreicht ist. Wenn dieses Ziel nicht erreicht ist, handeln wir (OPERATE), um etwas zu verändern oder etwas zu tun, um unserem Ziel näher zu kommen. Wenn unsere TEST-Kriterien erfüllt sind, verlassen wir das Programm (EXIT). Die Funktion eines jeden Teils eines Verhaltensprogramms könnte es sein, mit den Sinnen Information zu testen, um den Fortschritt auf das Ziel hin zu überprüfen oder zu handeln, um einen Teil der aktuellen Erfahrung so zu ändern, daß sie den TEST besteht und man zum nächsten Programmteil übergehen kann.

Ein TEST für Führungskunst könnte zum Beispiel die Rentabilität eines Projekts sein. Wenn das Projekt nicht gewinnbringend genug ist, wird die Führungskraft handeln oder bestimmte Verfahren anwenden müssen (OPERATE), um das Projekt rentabler zu machen oder sich ein geeigneteres Projekt einfallen zu lassen.

Oftmals läßt sich etwas wie »Rentabilität« auf der Grundlage von unterschiedlichen Landkarten und Annahmen darüber, was es heißt, rentabel zu sein, testen. Zum Beispiel kann Rentabilität bestimmt werden auf der Basis von:

a. physischem Besitz von Bargeld oder anderen Vermögenswerten,
b. Vergleichen mit anderen Projekten,
c. dem, was für langfristige Vorteile des Projektes gehalten wird,
d. zusätzlichen Möglichkeiten, die infolge des Projektes entstehen.

Diese unterschiedlichen Evidenzverfahren oder Beweisführungen können sich signifikant dahingehend auswirken, welche Ergebnisse durch das Projekt erzielt werden und welche Menschen sich davon angezogen fühlen werden. Diese Art von manchmal feinen Unterschieden bei Tests und Handlungen können entscheidend dafür sein, ob eine Leistung effektiv ist oder nicht.

Dem NLP zufolge müssen wir demnach jedes Schlüsselelement des T.O.T.E., das mit einer Fertigkeit oder Leistung im Zusammenhang steht, identifizieren, damit das Modellieren gelingt:

1. Das Ziel des Handelnden.
2. Die Evidenz und die Evidenzverfahren des/der Handelnden, die den Fortschritt auf das Ziel hin anzeigen.
3. Die Wahlmöglichkeiten des/der Handelnden, die zum Ziel und den jeweiligen Verhaltensweisen zur Realisierung dieser Wahlmöglichkeiten führen sollen.
4. Die Art und Weise, wie der/die Handelnden reagiert/reagieren, wenn das Ziel nicht unverzüglich erreicht wird.

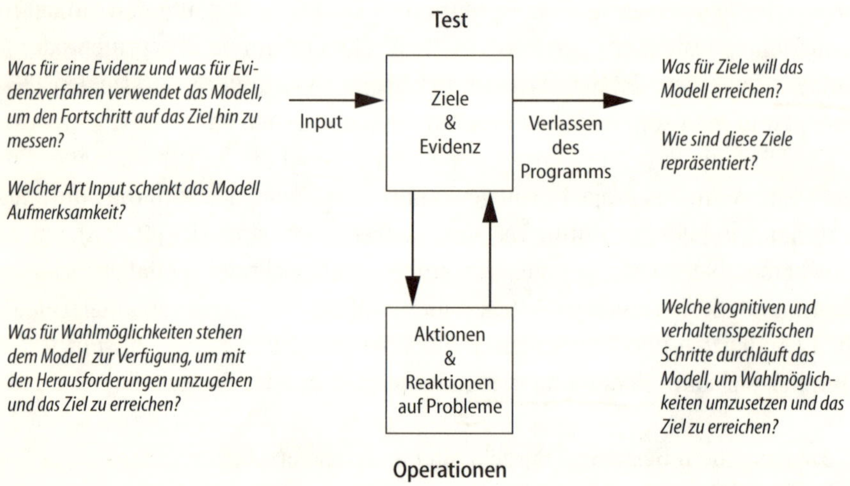

Beim Modeling werden die diversen Elemente des T.O.T.E. definiert.

Ebenen der Komplexität von Fertigkeiten und Fähigkeiten

Man sollte sich darüber klar sein, daß Fähigkeiten an sich unterschiedlich geartet sind und sich durch unterschiedliche Komplexitätsebenen auszeichnen. Beim Versuch, die Ziele, Evidenzen, Operationen und Reaktionen auf Probleme (die T.O.T.E.-Elemente) außergewöhnlicher Menschen zu modellieren, ist es wichtig, in Betracht zu ziehen, auf welche Ebenen sie sich beziehen. Ein Ziel kann im Sinne bestimmter Verhaltensweisen zum Ausdruck kommen, z.B. »bis Freitag zwanzig Einheiten produzieren«. Es kann auch im Sinne einer Fähigkeit definiert werden, z.B. « unsere Fähigkeit zur Problemlösung zu verbessern«. Ein Ziel auf der Ebene von Glaubenssätzen und Werten wäre etwas wie »Qualität mehr in den Mittelpunkt stellen«. Ein Ziel auf der Identitätsebene könnte etwas sein wie »Vorreiter auf unserem Gebiet sein«. Ein Ziel im Sinne einer Vision wäre etwas wie »die Art, wie die Leute miteinander kommunizieren« verändern.

Es ist klar, daß diese unterschiedlichen Ebenen von Zielen auch unterschiedliche Ebenen von Evidenzen und Operationen verlangen und unterschiedliche Problemebenen betreffen. Die Weisheit und Fähigkeit, mit den verflochtenen Beziehungen zwischen diesen unterschiedlichen Prozeßebenen umzugehen, gehören wohl zu den größten Herausforderungen einer jeden Art von Höchstleistung.

Manche Fertigkeiten und Fähigkeiten setzen sich aus anderen Fertigkeiten und Fähigkeiten zusammen. Zu der Fähigkeit, ein Buch zu schreiben, gehören die Fähigkeiten, die mit dem Vokabular, der Grammatik und der Rechtschreibung in der Sprache, in der man schreibt, zusammenhängen, ebenso wie Kenntnisse über den Gegenstand, über den man das Buch schreibt. Diese werden oft als »eingebettete T.O.T.E.s« , als »Unterschleifen« oder »Unterfertigkeiten« bezeichnet, weil sie sich auf kleinere Chunks oder Bestandteile beziehen, aus denen anspruchsvollere oder komplexere Fertigkeiten entstehen. Führungsfähigkeit zum Beispiel setzt sich aus vielen Unterfertigkeiten zusammen wie erfolgreicher Kommunikation, Rapport, Problemlösen, systemisches Denken und so fort.

Demnach kann sich der Modeling-Prozeß auf bestimmte Fertigkeiten und Fähigkeiten auf unterschiedliche Komplexitätsebenen beziehen.

1. ***Einfache Verhaltensfertigkeiten*** umfassen spezifische, konkrete, genau beobachtbare Aktionen, die innerhalb kurzer Zeitspannen (Sekunden bis Minuten) stattfinden. Einfache Verhaltensfertigkeiten sind beispielsweise: eine bestimmte Tanzbewegung ausführen, sich in einen bestimmten Zustand versetzen, einen Ball ins Netz bringen, mit einem Gewehr zielen usw.

2. ***Einfache kognitive Fertigkeiten*** sind spezifische, leicht identifizierbare und testbare mentale Prozesse, die innerhalb einer kurzen Zeitspanne ablaufen (Sekunden bis Minuten). Beispiele für einfache kognitive Fertigkeiten sind: Namen behalten, Buchstabieren, sich ein einfaches Vokabular aneignen, sich ein mentales Bild machen usw. Aus solchem Denkvermögen entstehen leicht beobachtbare Verhaltensergebnisse, die sich messen lassen und unmittelbares Feedback bieten.

3. ***Einfache linguistische Fertigkeiten*** sind das Erkennen und der Gebrauch bestimmter Schlüsselworte, Phrasen und Fragen, wie zum Beispiel: bestimmte Fragen stellen, Schlüsselworte erkennen und darauf antworten, Schlüsselwendungen wiederholen, usw. Das Ausführen dieser Fertigkeiten ist wiederum leicht beobachtbar und leicht meßbar.

4. ***Komplexe Verhaltens- (oder interaktive) Fertigkeiten*** umfassen die Konstruktion und Koordination von Folgen oder Kombinationen einfacher Verhaltensweisen. Fähigkeiten wie Jonglieren, eine Kampfkunst lernen, ein Spiel in einer bestimmten Sportart gewinnen, einen Vortrag halten, eine Rolle in einem Film oder Theaterstück spielen usw. wären Beispiele für komplexe Verhaltensfertigkeiten.

5. ***Komplexe kognitive Fertigkeiten*** sind solche, die eine Synthese oder Folge anderer einfacher Denkvermögen erfordern. Eine Geschichte erfinden, ein Problem diagnostizieren, ein Algebraproblem lösen, ein Lied komponieren, ein Modeling-Projekt planen usw. sind Beispiele für komplexe kognitive Fertigkeiten.

6. ***Komplexe linguistische Fertigkeiten*** umfassen den interaktiven Gebrauch der Sprache in hochdynamischen (und oftmals spontanen) Situationen. Fähigkeiten wie Überzeugen, Verhandeln, verbales Reframen, Einsetzen von Humor, Geschichtenerzählen, eine hypnotische Induktion durchführen, usw. sind Beispiele komplexer linguistischer Fertigkeiten.

Natürlich muß jede Fertigkeitsebene die Fähigkeiten oder T.O.T.E.s der vorhergehenden Ebenen einschließen und integrieren. Daher ist es in aller Regel schwieriger und komplizierter, komplexe Fertigkeiten zu modellieren als einfach; und es ist leichter, Modeling zu lernen, indem man mit einfachen Verhaltens- und kognitiven Fertigkeiten beginnt, ehe man zu komplexen Aufgaben übergeht. Oft können komplexe Fertigkeiten aber auch zu einer Gruppe oder Folge einfacher Fertigkeiten »heruntergechunkt« werden.

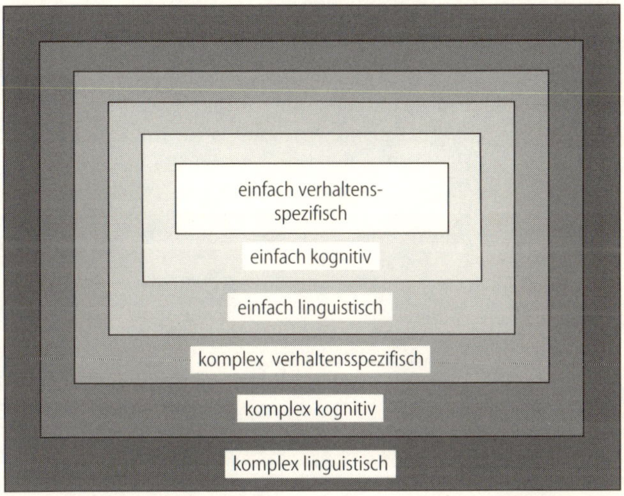

Fertigkeiten bilden mehrere Ebenen von Komplexität

Demnach ist beim Modeling ganz wesentlich festzulegen, auf welche Ebene – oder *Chunk-Größe* – von Fertigkeiten man sich konzentrieren will. Die Unterscheidungskriterien und Verfahren, die für das Modeling auf einer Fertigkeitsebene erfolgreich sind, müssen dies nicht notwendigerweise beim Modeling auf einer anderen Ebene sein. Einfache Nachahmung oder *Spiegeln* kann zum Beispiel eine erfolgreiche Strategie sein, um einfache Verhaltensfertigkeiten zu modellieren, aber ineffektiv, um komplexe kognitive oder linguistische Fertigkeiten zu modellieren. Ebenso kann ein einfacher Fragebogen oder ein mündliches Interview genug sein, um eine einfache kognitive Fertigkeit zu modellieren, aber ungeeignet, um ein effektives Modell für eine komplexe oder selbst für eine einfache Verhaltensfertigkeit herzustellen.

DREI
Modeling-Methodik

Überblick über Kapitel 3

- Drei Grundperspektiven beim Modeling
- Implizites und explizites Modeling
- Grundphasen des Modeling
- Zusammenfassung der Schritte im Modeling-Prozeß
- Einige Anfängerübungen zum Modeling
- Relevante Muster finden

  Ermitteln von Merkmalen
  Erkennen von Mustern
  Mills Methoden

- Definieren eines Modeling-Projektes
- Ziele für den Modeling-Prozeß

Einer der zentralen Teile des Modeling-Prozesses ist die Methodik, die man zum Sammeln von Informationen und zum Identifizieren relevanter Merkmale und Muster im Zusammenhang mit den zu modellierenden Personen einsetzt. Dies ist im NLP als Elizitieren (Hervorlocken) bekannt. Während Standardverfahren zum Sammeln von Informationen wie Fragebogen und Interviews ein gewisses Maß an Information zugänglich machen, fehlt oft das Erkennen des unbewußten oder intuitiven Handelns eines Experten. Sie nehmen oftmals wichtige Informationen bezüglich des Kontextes an oder lassen sie weg.

Außer Fragebogen und Interviews ist es oft nützlich und notwendig, aktivere Methoden zum Informationssammeln einzubeziehen wie Rollenspiele, Simulationen und die »Feldstudie« des Experten in seinem realen Kontext. Zwar verwendet man bei der NLP-Modeling-Methodik auch Interviews und Fragebogen, doch die bevorzugte Form des NLP-Modeling geschieht so, daß man den/die einzelnen, der/die modelliert werden soll/sollen, in vielfältige Beispiele der zu untersuchenden Fertigkeit oder Leistung involviert. Diese bietet Informationen von höchster Qualität und stellt die beste Gelegenheit dar, die wichtigsten Muster »zu erfassen« (genauso wie es für einen Künstler im allgemeinen wünschenswerter ist, nach einem lebenden Modell zu arbeiten als nach einer verbalen Beschreibung).

Die am häufigsten angewandten NLP-Elizitierungsmethoden umfassen entweder (1) das Erinnern und nochmalige Erleben einer spezifischen Erfahrung oder (2) das Durchführen einer Aufgabe, die eine spezielle Fähigkeit, Strategie, Ressource oder einen Problemzustand voraussetzt oder auslöst. Wenn eine Person beispielsweise ein ausgezeichneter Redner ist, könnte man sie (a) bitten, an eine Gelegenheit zu denken, als er oder sie eine Rede hielt, oder (b) bitten, sich vor eine Gruppe hinzustellen und zu reden. Ganz ähnlich könnte man, um jemandem zu entlocken, was bei einem kreativen Prozeß vorgeht, diese Person bitten, (a) sich an einen Zeitpunkt zu erinnern und ihn nochmals zu erleben, als er oder sie besonders kreativ war, oder (b) aus dem Stand oder im selben Moment etwas Kreatives zu tun.

Die erste Methode, die Erinnerung zu aktivieren, hat insofern Vorteile, als der einzelne sich leichter von der Erfahrung distanzieren kann, um über die Struktur der Erfahrung »nachzudenken« oder zu »reflektieren«. Hinzu kommt, daß es für die betreffende Person leichter sein kann, sich von der Erfahrung zu dissoziieren oder sie hinter sich zu lassen, wenn Aspekte dieser Erfahrung unangenehm sind. Die Nachteile sind, daß die Person möglicherweise unreine oder vermischte Zeichen gibt, weil sie andauernd durch den Erinnerungsprozeß zu gehen hat. Er oder sie geht möglicherweise in den erinnerten Zustand oder die Erfahrung hinein und wieder hinaus und schafft für einen unerfahrenen Beobachter dabei Verwirrung. Außerdem neigen die Menschen dazu, ein beträchtliches Ausmaß an Information herauszufiltern (Tilgung, Verzerrung und Generalisierung), während sie sich entscheiden, was sie in Erinnerung rufen und anderen darstellen sollen.

Der Vorteil der zweiten Methode ist, daß sie unmittelbarere, qualitativ bessere Informationen über die Erfahrungen oder Zustände, die untersucht und utilisiert werden sollen, liefert. Die Erfahrung wird weniger bewußt gefiltert, und deshalb sind mehr spontane, unbewußte Hinweise verfügbar. Ein Nachteil dieses Ansatzes ist, daß die Leute sich möglicherweise im Inhalt der Erfahrung verfangen und nicht in der Lage sind, diesen Prozeß zu reflektieren oder ein hinreichendes »Meta-Bewußtsein« zu entwickeln. Außerdem kann ein Problem entstehen, wenn die Leute beim Durchführen der Aufgabe oder Leistung zu befangen werden, wodurch ihnen dann entweder ihre Erfahrung unangenehm ist oder sie sich davon dissoziieren.

Eine weitere gängige und überzeugende Form des Elizitierens ist das »so tun als ob«. Der Prozeß des »so tun als ob« erlaubt den Betreffenden, ihr derzeitiges Gefühl von den realen Einschränkungen fallen zu lassen und ihre Phantasie mehr einzusetzen. Er nutzt die angeborene Fähigkeit des Menschen, die Phantasie spielen zu lassen und so zu tun als ob, um Reaktionen hervorzubringen. Zu tun »als ob« gehört zu den grundlegenden Möglichkeiten, Ressourcen zu mobilisieren. Wenn jemand beispielsweise festgefahren oder verwirrt ist, kann man ihn oder sie bitten, »zu tun als ob er oder sie zuversichtlich und sich über alles im klaren sei.« Dies hilft oft, schlummernde, nicht genutzte Potentiale zugänglich zu machen.

Drei Grundperspektiven beim Modeling

Modeling erfordert oftmals, daß wir von dem Prozeß oder Phänomen, das wir nachbilden wollen, eine »doppelte« oder »dreifache« Beschreibung geben. NLP beschreibt drei fundamentale Wahrnehmungspositionen, aus denen man Informationen bekommen und interpretieren kann: die erste Position (mit der eigenen Perspektive assoziiert), die zweite Position (die Situation vom Standpunkt eines anderen wahrnehmend) und die dritte Position (die Situation als unbeteiligter Zuschauer betrachtend). Alle drei Perspektiven sind für gelungenes Verhaltensmodeling wesentlich.

1. Position	**2. Position**	**3. Position**
eigene Perspektive	Perspektive des anderen	Außenperspektive

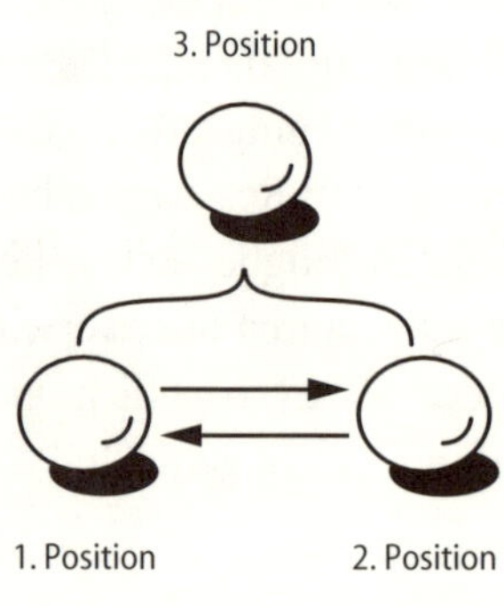

Beim gelungenen Modeling wird ein bestimmtes Phänomen oder Auftreten aus mehreren Perspektiven angeschaut.

Es gibt auch eine vierte Wahrnehmungsposition, bei der eine Situation aus der Perspektive des ganzen Systems oder des »Beziehungsfeldes«, das zu der Situation gehört, wahrgenommen wird.

Weil NLP davon ausgeht, daß »die Landkarte nicht das Gebiet ist«, daß »jeder sich seine eigene Landkarte von einer Situation gestaltet«, und daß es keine alleinige »richtige« Landkarte einer bestimmten Erfahrung oder eines Ereignisses gibt, ist es eine wesentliche Fertigkeit, mehrere Sichtweisen einnehmen zu können, um eine bestimmte Leistung oder Aktivität effektiv zu modellieren. Eine Situation oder Erfahrung aus unterschiedlichen Perspektiven wahrzunehmen erlaubt es dem Betreffenden, umfassend Einsicht und Verständnis für das Ereignis zu gewinnen.

Modeling aus der *ersten Position* heißt, etwas selber ausprobieren und dem nachzugehen, auf welche Art und Weise »wir« etwas tun. Wir sehen, hören und fühlen aus unserer eigenen Perspektive. Modeling aus der *zweiten Position* bedeutet, »in den Schuhen« der Person zu stehen, die modelliert wird, und zu versuchen, so weit wie möglich zu denken und zu handeln wie diese andere Person. Dies kann wichtige intuitive Einsichten über bedeutsame aber unbewußte Aspekte des Denkens und Handelns der modellierten Person vermitteln. Modeling aus der *dritten Position* würde heißen, daß man zurücktritt und als unbeteiligter Zeuge beobachtet, wie die zu modellierende Person mit anderen (einschließlich uns selber) interagiert. In der dritten Position setzen wir unser persönliches Urteil außer Kraft und achten nur auf das, was unsere Sinne wahrnehmen, wie ein Naturwissenschaftler ein bestimmtes Phänomen durch ein Teleskop oder durch ein Mikroskop untersuchen würde. Die »vierte Position« würde eine Art intuitiver Synthese all dieser Perspektiven meinen, um ein Gefühl für die ganze »Gestalt« zu bekommen.

Implizites und explizites Modeling

Gekonntes Auftreten läßt sich als eine Funktion zweier grundlegender Dimensionen beschreiben: *Bewußtsein* (wissen) und *Kompetenz* (handeln). Es ist möglich, daß man eine Aktivität kennt oder versteht, aber unfähig ist, sie durchzuführen (bewußte Inkompetenz). Es ist auch möglich, daß man zu einer Aktivität gut in der Lage ist, aber nicht weiß, wie man sie tut (unbewußte Kompetenz). Meisterschaft einer Fertigkeit bedeutet, sowohl die Fähigkeit, zu »tun, was man weiß«, als auch, zu »wissen, was man tut«.

Eine der größte Herausforderungen beim Modeling von Experten entsteht aus der Tatsache, daß viele der kritischen Verhaltens- und psychologischen Elemente, die ihnen erlauben, sich hervorzutun, intuitiv und ihnen weitgehend unbewußt sind. Folglich vermögen sie nicht, eine unmittelbare Beschreibung der für ihre eigenen außergewöhnlichen Fähigkeiten verantwortlichen Prozesse zu geben. Tatsächlich vermeiden viele Experten bewußt, darüber nachzudenken, was sie tun und wie sie es tun, aus Angst, daß dies womöglich mit ihrer Intuition in Konflikt geraten könnte. Dies ist ein weiterer Grund dafür, daß es wichtig ist, aus unterschiedlichen Wahrnehmungspositionen modellieren zu können.

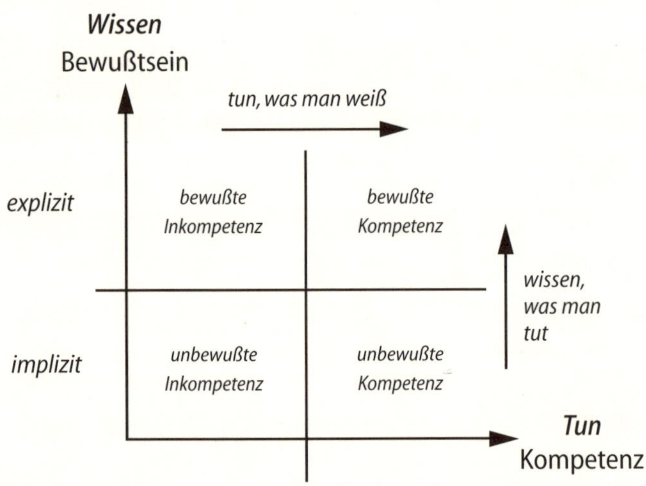

Modeling soll unter anderem den Menschen helfen, zu »tun, was sie wissen«, und zu »wissen, was sie tun«.

Eines der Ziele des Modeling ist es, die *unbewußten Kompetenzen* der Betreffenden zu elizitieren und zu identifizieren und sie ins Bewußtsein zu bringen, damit sie besser verstanden, erweitert und weitergegeben werden können. Beispielsweise kann die unbewußte Strategie oder das T.O.T.E. eines Menschen, zu »wissen, welche Frage gestellt werden soll«, »kreative Vorschläge zu machen« oder »die non-verbalen Aspekte des eigenen Führungsstils anzupassen«, modelliert und dann als eine bewußte Fertigkeit oder Kompetenz vermittelt werden.

Kognitive und verhaltensspezifische Kompetenzen können entweder *implizit* oder *explizit* modelliert werden. *Implizites Modeling* heißt, primär in die *zweite Position* mit der Person zu gehen, die modelliert werden soll, um persönlich ein intuitives Gefühl dafür zu bekommen, was für eine subjektive Erfahrung sie macht. *Explizites Modeling* heißt, in eine *dritte Position* zu gehen, um die explizite Struktur der Erfahrung des Rollenvorbilds zu beschreiben, so daß sie auf andere übertragbar wird. Die folgende Tafel listet einige der wichtigsten Unterschiede zwischen diesen beiden Modeling-Verfahren auf:

implizit:	**explizit:**
Erfahrung → Intuition → Selbstanwendung (subjektive Erfahrung aus der *zweiten Position* nachvollziehbar machen)	Intuition → Struktur → Transfer auf andere (die Struktur der subjektiven Erfahrung aus der *dritten Position* definieren)

IMPLIZIT	**EXPLIZIT**
unbewußt	bewußt
»rechte Gehirnhälfte«	»linke Gehirnhälfte«
allgemein – das Ganze	speziell – Teile
synthetisch	sequentiell
Zustand	Strategie
assoziiert	dissoziiert
induktiv	deduktiv
intuitiv	kognitiv
analog	digital
Kind	Erwachsener
äußerlich → innerlich	innerlich → äußerlich
Gebiet	Landkarte

Vergleich von implizitem und explizitem Modeling

Implizites Modeling ist primär ein induktiver Prozeß, durch den wir Muster in der Welt um uns herum aufnehmen und wahrnehmen. Explizites Modeling ist im wesentlichen ein deduktiver Prozeß, durch den wir diese Wahrnehmungen beschreiben und in die Tat umsetzen. Beide Prozesse sind für effektives Modeling notwendig. Ohne die »implizite« Phase entsteht keine wirksame intuitive Basis, von der aus sich ein »explizites« Modell entwickeln läßt. Wie der NLP-Mitbegründer John Grinder betonte: »Es ist unmöglich, eine Beschreibung der Grammatik einer Sprache zu geben, von der man nicht intuitiv etwas weiß.« Andererseits läßt sich die Information, die sich aus dem Modeling ergibt, ohne die »explizite« Phase nicht in Techniken oder Werkzeuge einbauen und anderen vermitteln. Implizites Modeling an sich wird helfen, daß jemand persönliche, unbewußte Kompetenz in dem erwünschten Verhalten erwirbt (wie kleine Kinder normalerweise lernen). Eine Technik, ein Verfahren oder ein Fertigkeitsset, das anderen über einen selbst hinaus gelehrt oder vermittelt werden kann, erfordert allerdings ein gewisses Maß an explizitem Modeling. Zum Beispiel ist es eine Sache, für sich selber korrekte Rechtschreibung oder einen guten Golfschlag zu lernen; eine ganz andere Sache ist es, anderen beizubringen, wie sie das tun sollen, was man selber gelernt hat.

NLP ist aus dem Zusammenspiel von implizitem und explizitem Modeling entstanden. Richard Bandler hatte mit Hilfe von Videobändern und durch unmittelbares Erleben die linguistischen Fertigkeiten von Fritz Perls und Virginia Satir intuitiv »implizit« modelliert. Bandler konnte viele der therapeutischen Erfolge von Perls und Satir reproduzieren, indem er in ähnlicher Weise wie die beiden Fragen stellte und die Sprache einsetzte. Grinder, der Linguist war, beobachtete Bandler eines Tages bei der Arbeit und war beeindruckt von Bandlers Fähigkeit, andere mit seinem Sprachgebrauch zu beeinflussen. Grinder konnte spüren, daß Bandler etwas Systematisches tat, aber er vermochte nicht explizit zu definieren, was es war. Ebenso vermochte Bandler nicht explizit zu beschreiben oder genau zu erklären, was er tat und wie er es tat. Er wußte nur so viel, daß er irgendwie etwas von Perls und Satir »modelliert« hatte. Die beiden Männer waren fasziniert und neugierig darauf, ein expliziteres Verständnis für diese Fähigkeiten, die Bandler von diesen außergewöhnlichen Therapeuten implizit modelliert hatte, zu bekommen – ein Verständnis, das ihnen erlauben würde, es anderen als eine *bewußte Kompetenz* zu vermitteln. An diesem Punkt machte Grinder Bandler das Angebot: »Wenn du mir beibringst, was du tust, dann werde ich dir sagen, was du tust.«

Grinders historische Aufforderung markiert auf eine ganz reale Weise den Anfang von NLP. Grinders Worte enthalten im Keim das Wesen des NLP-Modeling-Prozesses: »Wenn du mir sagst, was du tust« (wenn du mir hilfst, die impliziten

Intuitionen oder die *unbewußte Kompetenz* zu entwickeln, die du besitzt, so daß auch ich ähnliche Ergebnisse erreiche), »dann werde ich dir sagen, was du tust« (dann kann ich eine explizite Beschreibung von den Mustern und Prozessen machen, die wir beide gebrauchen). Beachten Sie, daß Grinder *nicht* sagte: »Wenn du mich objektiv beobachten und statistisch analysieren läßt, was du tust, dann werde ich dir sagen, was du tust.« Grinder sagte: »Bring *mir* bei zu *tun*, was du tust.« Modeling ergibt sich aus den praktischen und pragmatischen Intuitionen, die entstehen, wenn jemand einen Führungsstil hat, der aus der Erfahrung kommt.

Grinder und Bandler vermochten zusammenzuarbeiten, um das Meta-Modell (1981) zu entwickeln, indem sie (a) ihrer beider Intuitionen über die verbalen Fähigkeiten von Perls und Satir, (b) unmittelbare Beobachtungen (entweder im Leben oder durch Videos) von Perls und Satir bei der Arbeit und (c) Grinders explizite Kenntnisse in Linguistik (insbesondere die Transformationsgrammatik) synthetisierten.

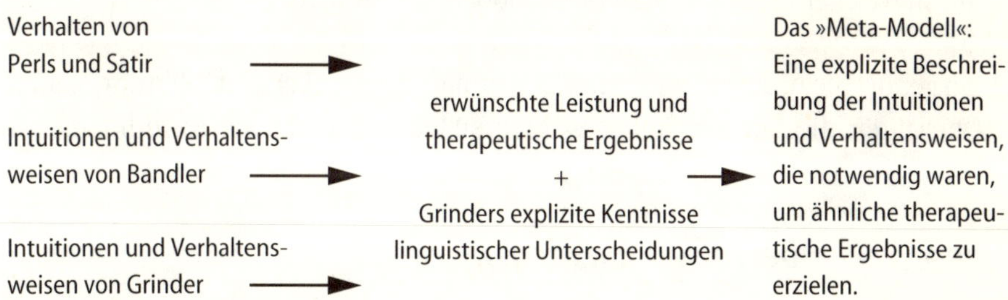

Das Meta-Modell entstand aus der Kombination von Bandlers und Grinders Intuitionen, dem beobachtbaren Verhalten von Perls und Satir sowie Grinders expliziten Kenntnissen in Linguistik.

Bandler und Grinder arbeiteten als nächstes daran, einen ähnlichen Prozeß anzuwenden, um einige der hypnotischen Sprachmuster von Milton H. Erickson zu modellieren; diesmal beteiligte sich Grinder auch an dem anfänglichen »impliziten« Modeling von Ericksons Verhalten. Sie und andere NLP-Entwickler haben diesen Modeling-Prozeß seither angewendet, um unzählige Strategien, Techniken und Verfahren in praktisch jedem Bereich menschlicher Kompetenz zu modellieren.

Grundphasen des Modeling

Die folgenden Grundphasen des typischen NLP-Modeling-Prozesses spiegeln den Weg vom impliziten zum expliziten Modeling, das im Keim in Grinders ursprünglichem Vorschlag an Bandler angelegt war:

Vorbereitung

Zur Vorbereitung des Modeling gehört (1) die Auswahl einer Person, die die Fähigkeit hat, die man modellieren will, und (2) folgendes festzulegen:

a. den Kontext, in dem das Modeling stattfinden soll,
b. wo und wann man Zugang zu der zu modellierenden Person haben wird,
c. welche Beziehung man mit der zu modellierenden Person haben möchte,
d. in welchem Zustand man beim Modeling sein wird.

Auch gehört dazu, die entsprechenden Bedingungen, Anker und »Rettungsleinen« einzurichten, die einem erlauben werden, sich dem Projekt voll zu widmen.

Phase 1 – Unbewußter Einstieg

In der ersten Phase des Modeling-Prozesses involvieren Sie die Person, die modelliert werden soll, innerhalb eines entsprechenden Kontextes in ein Beispiel der gewünschten Leistung oder Fähigkeit. Sie beginnen das »Modeling«, indem Sie in die *zweite Position* gehen, um intuitiv ein Gefühl für die Fertigkeiten zu bekommen, welche die Person zeigt. Dies geschieht, ohne daß nach irgendwelchen speziellen Mustern geschaut wird. Vielmehr nehmen Sie einfach die Haltung und Physiologie des Modells ein und versuchen, sich innerlich mit ihm oder ihr zu identifizieren. Manchmal ist es besser, die Mikro-Muskelbewegungen des Betreffenden zu übernehmen statt die offensichtlichen Aktionen der Person zu spiegeln. Das offensichtliche Verhalten des Modells ist die *Oberflächenstruktur*. Mikro-Muskelbewegungen und Änderungen in der zweiten Position wird es Ihnen ermöglichen, zu der darunter liegenden Tiefenstruktur vorzudringen. (Außerdem kann offensichtliches Spiegeln den Menschen, den man modellieren möchte, manchmal ablenken.)

Dies ist die Phase des »unbewußten Einstiegs«. Versuchen Sie (noch) nicht, bewußt zu verstehen, was das Modell tut. Filter aufzubauen kann dazu führen, daß Sie wichtige Informationen verlieren. Sie wissen noch nicht, was wichtig ist und was nicht. In dieser Phase ist es oftmals nützlich, von einem Zustand des »noch-nicht-Wissens« auszugehen. Dies ist ein Zustand, in dem alle bisherigen mentalen Landkarten und Vorannahmen im Bezug zum eigenen aktuellen Erleben beiseite gelegt werden. (Darauf wird manchmal humorvoll als ein »Nerk-Nerk«-Zustand angespielt, nach einem fiktiven Alien aus dem Weltraum benannt, den der NLP-Trainer und -Entwickler Todd Epstein erfunden hat. »Nerk-Nerk« kann alles sehen, hören und fühlen wie wir, aber hat keine unserer Vorannahmen oder Interpretationen über sein Erleben.) Wenn jemand sich in einen Zustand des »Nicht-Wissens« versetzt, versucht er oder sie, alle bisherigen Vorannahmen fallenzulassen und sich eine frische und unvoreingenommene Meinung von einer bestimmten Situation oder Erfahrung zu bilden.

Wenn Sie merken, daß Sie in der *zweiten Position* ein gutes intuitives Gespür für die Person, die Sie modellieren, entwickelt haben, bringen Sie sich in einen Kontext, in dem Sie die untersuchte Fertigkeit anwenden können. Beginnen Sie, die Fertigkeit innerhalb dieses Kontextes auszuprobieren, »als ob« Sie die Person wären, die Sie modelliert haben. Versuchen Sie anschließend, dieselben Ergebnisse zu erreichen, indem Sie »Sie selbst« sind. Dies wird Ihnen eine sogenannte »doppelte Beschreibung« der betreffenden Fertigkeit vermitteln, die Sie modellieren. Wenn Sie in etwa dieselben Reaktionen hervorrufen wie das Modell, ist die erste Modeling-Phase abgeschlossen.

Phase 2 – Der Subtraktions-Prozeß

Der nächste Schritt im Modeling-Prozeß ist das Aussortieren dessen, was für das Verhalten des Modells wesentlich ist, von dem, was irrelevant ist. (Man muß beispielsweise nicht unbedingt in einem Rollstuhl sitzen und einen lila Pyjama tragen wie Milton Erickson, um mit Hypnose ähnliche therapeutische Ergebnisse zu erreichen wie er.) In dieser Phase beginnen Sie, die Strategien und Verhaltensweisen, die Sie modelliert haben, explizit zu formulieren. Da Sie in der Lage sind, ähnliche Reaktionen hervorzurufen wie die Person, die Sie modelliert haben, werden Sie auch Ihr eigenes Verhalten in der *ersten Position* als Bezugspunkt gebrauchen wollen. (Das heißt, die Fertigkeit als »man selbst« auszuspielen statt »als ob« man derjenige wäre, den man modelliert.)

Ihr Ziel ist es, die speziellen kognitiven und Verhaltensschritte zu klären und zu definieren, die für die gewünschten Ergebnisse in dem/den ausgewählten Kontext/en erforderlich sind. In diesem Stadium werden Sie auch allmählich systematisch Teile von jeder der Verhaltensweisen oder Strategien, die Sie identifiziert haben, weglassen, um zu sehen, was wirklich einen Unterschied ausmacht. Alles, was Sie weglassen und was für die Reaktionen, die Sie bekommen, keinen Unterschied ausmacht, ist für das Modell nicht wesentlich. Wenn Sie etwas weglassen, das für die von Ihnen erzielten Ergebnisse einen Unterschied ausmacht, haben Sie etwas für das Modell Wesentliches herausgefunden. Diese Vorgehensweise wird »Subtraktions-Prozeß« genannt. Sein Zweck ist es, die modellierten Schritte auf ihre einfachste und eleganteste Form zu reduzieren und das Wesentliche von »Aberglauben« zu unterscheiden.

Wenn Sie diese Phase abgeschlossen haben, werden Sie Ihr aktuelles »Minimalmodell« davon haben, wie Sie die Fähigkeiten des Modells bei sich selber reproduzieren (d.h. in Ihrer *ersten Position*). Sie werden auch Ihre intuitiven Einsichten aus Ihrer *zweiten Position* über die Fähigkeiten des Modells haben, die Sie dadurch entwickelt haben, daß Sie sich in seine oder ihre Lage versetzt haben. Außerdem werden Sie eine Sichtweise aus der *dritten Position* haben, mit der Sie den Unterschied zwischen der Art erkennen können, wie Sie die Fähigkeit des Modells reproduzieren, und der ganz eigenen Art und Weise, wie diese Person die Fähigkeit zeigt. Dies wird im NLP eine »dreifache Beschreibung« genannt.

Phase 3 – Entwurf

In der Schlußphase des Modeling werden ein Kontext und ein Verfahren entworfen, durch welche auch andere Menschen die modellierten Fertigkeiten erlernen können und wodurch sie in der Lage sind, die Ergebnisse zu erreichen, die für die als Modell fungierende Person erreichbar waren. Für diesen Entwurf werden Sie die Informationen, die Sie aus allen drei Wahrnehmungspositionen erhalten haben, synthetisieren wollen. Statt beispielsweise einfach die einzelnen Schritte, welche die modellierte Person durchlief, zu imitieren, ist es im allgemeinen am effektivsten, für die Lernenden entsprechende Referenzerfahrungen zu schaffen, mit deren Hilfe sie die besondere »Schaltung« entdecken und entwickeln können, die sie brauchen, damit die Fertigkeit richtig gelingt. Um die Fertigkeit zu erwerben, ist es nicht notwendig, sie denselben Modeling-Prozeß durchlaufen zu lassen, den Sie durchlaufen haben.

Unterschiedliche Lernende werden unterschiedliche bewußte und unbewußte Kompetenzen als »Ausgangszustände« haben. Dies sollten Sie unbedingt in Ihren Entwurf einbeziehen. Wenn ein bestimmtes Verfahren, das Sie modelliert haben, zum Beispiel Visualisierung erfordert, mögen manche Lernende bereits in der Lage sein, dies recht gut zu tun, während es für andere eine völlig neue Vorstellung sein kann. Manche Lernenden werden dazu in der Lage sein, mehrere Schritte in dem Verfahren zu einem einzigen zu kombinieren, während andere einen bestimmten Schritt in kleinere Unterfertigkeiten aufteilen müssen.

Nochmals: Das Leitprinzip ist die »Nützlichkeit« Ihres Entwurfs für die Lernenden, für die das Modell gedacht ist.

Zusammenfassung der Schritte im Modeling-Prozeß

Wir können nun die Grundphasen des NLP-Modeling-Prozesses in der folgenden Schrittfolge zusammenfassen:

1. Legen Sie fest, welche Experten und welche Kontexte, in denen diese die zu modellierende Fähigkeit anwenden, Sie modellieren wollen.

2. Bestimmen Sie das entsprechende Verfahren zur Informationssammlung in den entsprechenden Kontexten – aus unterschiedlichen Wahrnehmungspositionen. Gehen Sie von intuitiven Einsichten aus der *zweiten Position* aus, versuchen Sie dann, die Ergebnisse in ihrer eigenen *ersten Position* zu erreichen. Nehmen Sie eine *dritte Position* ein und achten Sie darauf, wie sich Ihre Art, ans Ziel zu kommen, von der der modellierten Person unterscheidet.

3. Filtern Sie die Ergebnisse des Informationssammelns nach relevanten kognitiven und Verhaltensmustern.
Organisieren Sie die Muster zu einer logischen, kohärenten Struktur oder zu einem »Modell«.

4. Testen Sie die Effektivität/Nützlichkeit des Modells, das Sie konstruiert haben, indem Sie es in verschiedenen Kontexten und Situationen ausprobieren, und legen Sie Wert darauf, daß Sie die erwünschten Ergebnisse bekommen.

5. Reduzieren Sie das Modell auf die einfachste und eleganteste Form, mit der noch die erwünschten Ergebnisse entstehen.

6. Finden Sie die besten Verfahren heraus, um die expliziten Fertigkeiten, die im Prozeß des Modeling identifiziert wurden, zu vermitteln oder zu »installieren«.

7. Legen Sie fest, welches die am besten geeigneten Instrumente sind, um die Ergebnisse des Modells zu messen, und finden Sie die Grenzen oder die Reichweite für die Gültigkeit des Modells heraus.

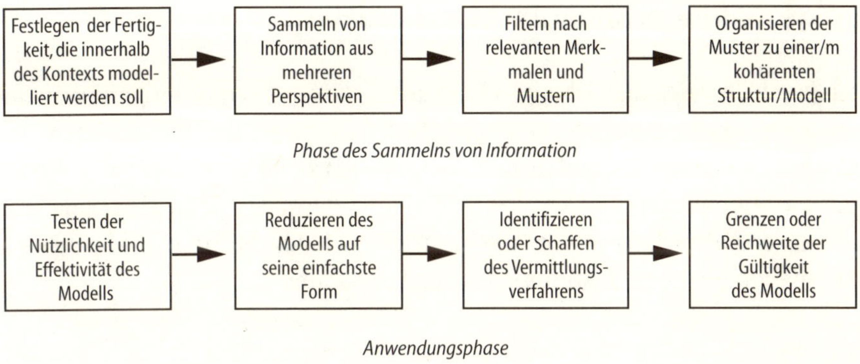

Flußdiagramm der grundlegenden Schritte des Modeling-Prozesses

Einige Anfängerübungen zum Modeling

Der Zweck der folgenden Übungen ist es, Erfahrung mit den Grundprozessen und -verfahren des Modeling zu sammeln. Ihr Schwerpunkt liegt bei der Phase des Informationssammelns, und sie umfassen eine ganze Reihe von Modeling-Fertigkeiten, wie »implizite« und »explizite« Modeling-Formate und das Anwenden verschiedener Wahrnehmungspositionen, um unterschiedliche Arten und Ebenen von Information über eine bestimmte Leistung zu sammeln.

Spiegelübung

Spiegeln ist eine Methode, bei der man intensiv eine »zweite Position« mit jemand anderem einnimmt. Es ist eine grundlegende Fertigkeit, um jemand anderen zu modellieren und um intuitive Einsichten über die innere Erfahrung des Betreffenden zu entwickeln. Probieren Sie die folgende Übung aus, um ein Gefühl für Einfluß und Wirkung des Spiegelns zu bekommen.

1. Wählen Sie einen Partner oder eine Person, mit dem/der Sie sich unterhalten können. Sagen Sie der Person anfangs nicht, daß Sie sie während des Gesprächs spiegeln wollen.
2. Beginnen Sie das Gespräch mit der Person, indem Sie sie nach ihrer Meinung zu verschiedenen Themen fragen.
3. Beginnen Sie, während Sie sich unterhalten, behutsam die Physiologie des anderen zu spiegeln (einschließlich Stimmhöhe und Tempo). (Hinweis: Dies geht am einfachsten im Kontext *aktiven Zuhörens*; das heißt, indem man die Aussagen der Person kommentierend zurückgibt: »Also, was Sie sagen ist...«, und dann sagen Sie, wie Sie die Meinung des anderen verstehen.)
4. Wenn Sie richtig spiegeln, sitzen Sie in derselben Haltung, gebrauchen die gleichen Gesten, sprechen in einer ähnlichen Geschwindigkeit und Lautstärke und mit einer ähnlichen Stimmlage wie der andere. Wenn Sie den anderen vollkommen spiegeln, atmen Sie sogar im selben Rhythmus und im selben Teil des Brustraums wie der andere. Achten Sie darauf, wie es sich anfühlt, wenn Sie dieses Maß an Rapport erreichen.
5. Eine Art zu testen, wie viel Rapport Sie haben, ist die Meinung der anderen Person zu einigen Themen, über die Sie diskutiert haben, zu »erraten«. Oft macht Ihnen das Spiegeln Informationen zugänglich, die unbewußt vermittelt und

empfangen werden, und Sie werden Informationen über den anderen aufnehmen, ohne daß Sie sich bewußt darüber klar sind wie. Daher ist das Spiegeln ein so überzeugendes Werkzeug für das Modeling.

6. Sie können, um noch mehr ein Gefühl dafür zu bekommen, wie stark der Einfluß des Spiegelns auf Ihre Interaktion ist, ausprobieren, wie es wirkt, wenn Sie sich abrupt nicht an Haltung, Gestik, Stimme und Atmen der anderen Person angleichen (*mismatching*). Es wird für Sie wie auch für Ihren Partner bestimmt ein ziemlicher Schock sein, wenn Sie dies tun, und Sie werden das Gefühl haben, daß sich die Qualität Ihres Rapports drastisch geändert hat.
7. Ehe Sie Ihr Gespräch abschließen und Ihren Partner in das einweihen, was Sie getan haben, sollten Sie sicherstellen, daß Sie den Rapport wiederhergestellt haben, indem Sie Ihren Partner wieder physisch spiegeln.

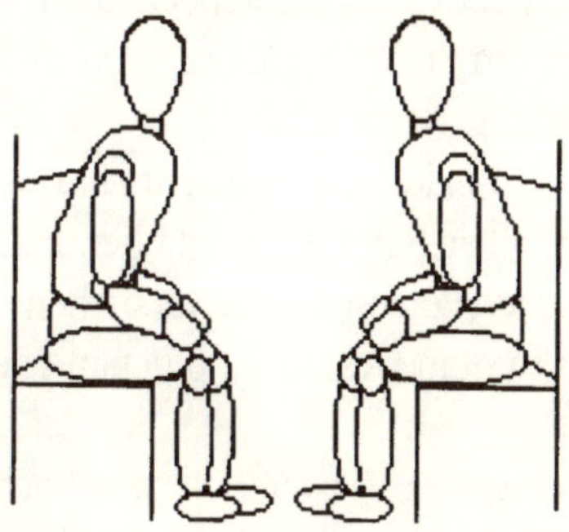

Spiegeln bedeutet, sich dem physischen Muster des anderen anzupassen.

Implizites Modeling aus der zweiten Position

Diese Übung wird mit vier Personen durchgeführt: (1) der Person, die modelliert werden soll, (2) einer Person, die mit der zu modellierenden interagiert, (3) ein Modellierer und (4) ein Beobachter.

1. Die Personen 1 und 2 führen ein Gespräch (für etwa fünf Minuten) über ein Thema, das die zu modellierende Person bestimmt. Der Modellierer modelliert die Person »implizit«, indem er mit ihr in die *zweite Position* geht und sich auf die Mikromuskelbewegungen der betreffenden Person konzentriert.
2. Der Modellierer »vertritt« die Person, die er modelliert hat – d.h. der Modellierer setzt das Gespräch mit Person 2 fort, »als ob« er oder sie Person 1 wäre.
3. Der Modellierer bekommt von der modellierten Person und vom Beobachter explizites Feedback und Coaching darüber, wie genau er oder sie wie die modellierte Person handelt. (Wenn der Modellierer Schwierigkeiten hat, wiederholen Sie die Schritte 1 und 2 nochmals.)
4. Der Modellierer wird aus dem Raum geschickt, und die beiden Personen 1 und 2 unterhalten sich über ein anderes Thema (fünf Minuten), das diesmal von Person 2 bestimmt wird.
5. Wenn der Modellierer zurückkommt, »vertritt« er oder sie wieder die modellierte Person und unterhält sich mit Person 2 über das neue Thema, »als ob« er oder sie diese Person wäre. (Person 2 sollte versuchen, die Reihenfolge der Fragen und Interaktionen in dem Gespräch so genau wie möglich zu wiederholen.)
6. Nach etwa fünf Minuten geben Person 2, der Beobachter und die Person, die modelliert wurde, dem Modellierer Feedback darüber, wie genau sein oder ihr Verhalten dem der modellierten Person entsprach.

Doppelte und dreifache Beschreibungen durch Co-Modeling

Der Prozeß des Co-Modeling bedeutet die Teilnahme von zwei Personen im Modeling-Prozeß, so daß eine »doppelte Beschreibung« und eine »dreifache Beschreibung« des zu modellierenden Prozesses entstehen können. Co-Modeling ermöglicht das unmittelbare Verflechten von sowohl expliziten wie impliziten Modeling-Prozessen. Ähnlich wie unsere beiden Augen Tiefe sehen, indem sie uns eine »doppelte Beschreibung« von der visuellen Welt geben, vermittelt uns das

Co-Modeling Tiefe für den Modeling-Prozeß, indem es vielfältige gleichzeitige Perspektiven desselben Themas bietet.

Diese Übungen werden in Gruppen zu dritt durchgeführt (A,B und C): A= Person, die modelliert wird; B und C = Modellierer.

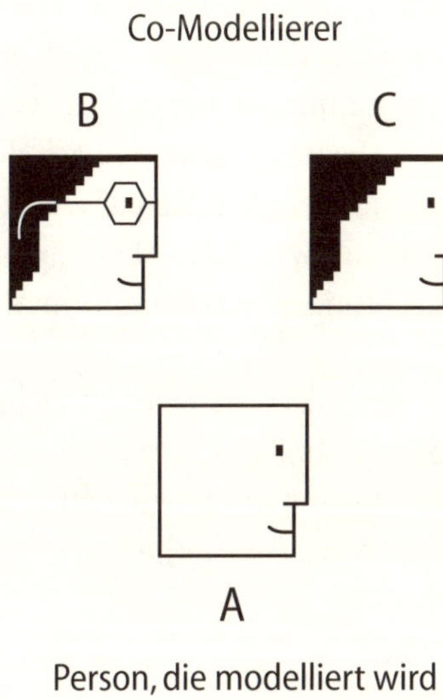

Übung 1: Intuitive Einsichten aus der zweiten Position

1. Person A führt eine einfache Verhaltensfertigkeit vor, die modelliert werden soll (z.B. ein Tanzschritt, eine kulturell bezogene Geste oder ein Gruß, sich in einen bestimmten ressourcevollen Zustand versetzen usw.).
2. Personen B und C versetzen sich in einen Zustand des »Nichtwissens« und lassen sich für einige Minuten auf eine *zweite Position* mit A ein.
3. B und C schreiben explizit auf, was ihrer Meinung nach in A vorgeht, ausgehend von ihrer impliziten Erfahrung in der *zweiten Position.*
4. B und C vergleichen ihre Modelle, indem sie Ähnlichkeiten und Unterschiede zwischen ihren beiden Beschreibungen feststellen.
5. A, B und C arbeiten dann zusammen daran, eine »dreifache Beschreibung« der Schlüsselelemente der von A gezeigten Verhaltensfertigkeiten zu entwickeln.

Übung 2: Explizites Modeling aus der dritten Position

1. Person A zeigt eine einfache Verhaltensfertigkeit, die modelliert werden soll.
2. In einer *dritten Position* oder *Beobachterposition* haben B und C zehn Minuten Zeit, um verbale Informationen und Demonstrationen von Verhaltensweisen von A hervorzulocken, um explizite Informationen über die zu modellierende Fertigkeit zu bekommen. (Achtung: B und C können Fragen nach jeder Informationsebene stellen – d.h. Physiologie, Repräsentationssysteme, Sprachmuster, T.O.T.E., Meta-Programme, Glaubenssätze usw. Sie können jede Ebene von Information erkunden, die ihrer Meinung nach die nützlichste Information über die zu modellierende Fertigkeit bietet.)
3. B und C schreiben explizit auf, was ihrer Meinung nach in A vorgeht. Dabei gehen sie von ihren Beobachtungen und der Information aus, die sie A entlockt haben.
4. B und C vergleichen ihre Modelle, indem sie Ähnlichkeiten und Unterschiede zwischen ihren beiden Beschreibungen feststellen.
5. Wieder arbeiten A, B und C zusammen, um eine dritte Beschreibung der Schlüsselelemente der von A demonstrierten Verhaltensfertigkeit zu entwickeln.

Achten Sie auf die unterschiedliche Dynamik und Qualität der Information, die sich aus den beiden Übungen ergeben.

Übung 3: Modeling von Höchstleistungen unter Einbeziehung der zweiten und dritten Position

1. Person A wählt ein Beispiel für einen persönlichen ressourcevollen Zustand oder einen »State of Excellence« aus und demonstriert dieses.
2. Person B modelliert A implizit in der zweiten Position.
3. Person C modelliert A explizit aus der dritten Position. C stellt *Warum*-Fragen, die Glaubenssätze, Werte, Meta-Programme, Meta-Ziele ansprechen, und *Warum*-Fragen, die Ziele, Evidenzen und Handlungsschritte (die T.O.T.E.-Unterscheidungen) ansprechen.
4. Person A wählt nun eine Erfahrung, die das Gegenteil des ersten Beispiels ist (d.h. einen festgefahrenen Zustand oder einem Zustand der Stagnation).
5. B und C wiederholen die Schritte 2 und 3.

6. B und C vergleichen ihre eigenen Modelle von As Beispielen für Höchstleistung und das Gegenteil davon. Stellen Sie diese Beispiele einander gegenüber und gehen Sie dem nach, was in Ihren Beschreibungen ähnlich und was unterschiedlich ist.

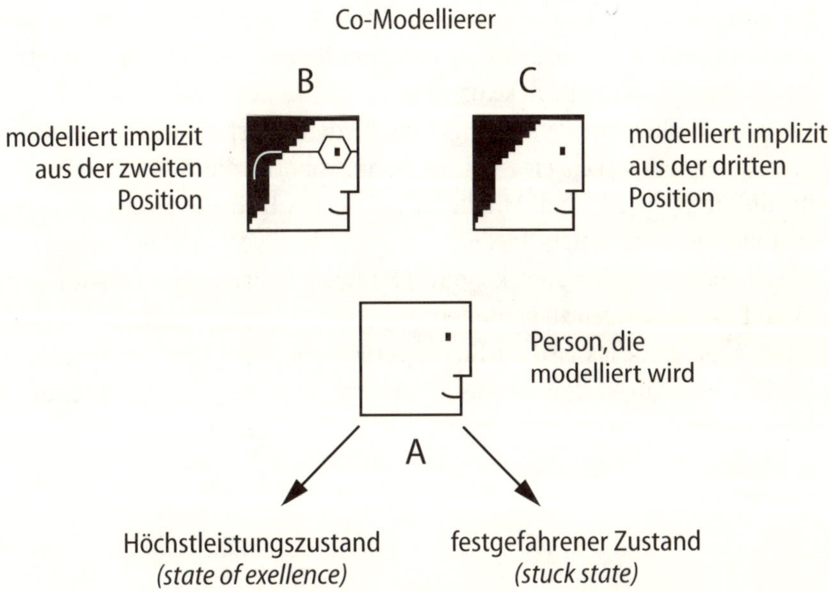

Gruppen-Modeling

Der Prozeß des Co-Modeling läßt sich für eine ganze Gruppe verallgemeinern. Die folgende Übung erlaubt einer ganzen Gruppe, sich an einem Modeling-Prozeß zu beteiligen und eine »dreifache Beschreibung« zu geben.

1. Die Gruppe wählt eine Fertigkeit eines Trainers oder einer anderen Person (von außerhalb) aus, die die Gruppe lernen oder über die sie mehr erfahren möchte.
2. Die Gruppe teilt sich in zwei Teams, A und B. Team A verwendet die zweite Position und Team B die dritte Position, um Beschreibungen der zu modellierenden Fertigkeit zu entwickeln.
3. Die zu modellierende Person zeigt verschiedene Beispiele der Fertigkeit, und beide Teams entwickeln eine Beschreibung, wobei sie die Position gebrauchen, für die sie eingeteilt sind. Mitglieder des Teams B (dritte Position) möchten sich vielleicht auf unterschiedliche Ebenen der Beobachtung konzentrieren (Physiologie, Sprachmuster, kognitive Strategien, Glaubenssätze usw.), um zu ihren Beschreibungen zu kommen.
4. Team-Abgesandte fassen dann für die übrige Gruppe das Herausgefundene und die Beschreibungen ihrer Teams zusammen, und die ganze Gruppe faßt die Beschreibungen zu einem gemeinsamen Modell zusammen.

Relevante Muster finden

Um in der Anwendungsphase des Modeling-Prozesses – in der Sie Ihr explizites Modell entwerfen, testen und verfeinern und es dann für andere vermittelbar machen – mehr in die Tiefe zu gehen, ist es hilfreich, einige zusätzliche Unterscheidungskriterien zu haben. Eine besondere Fähigkeit, unabhängig von ihrer Verfeinerung oder Komplexität, setzt sich aus mehreren Dimensionen zusammen, die mit den im T.O.T.E. definierten Funktionen zusammenhängen. Jede erfolgreiche Leistung erfordert beispielsweise die Fähigkeit, konzeptionell zu denken, zu analysieren, zu beobachten, Verfahrensweisen zu befolgen, mit anderen zu interagieren und in einem gewissen Ausmaß mit Beziehungen umzugehen.

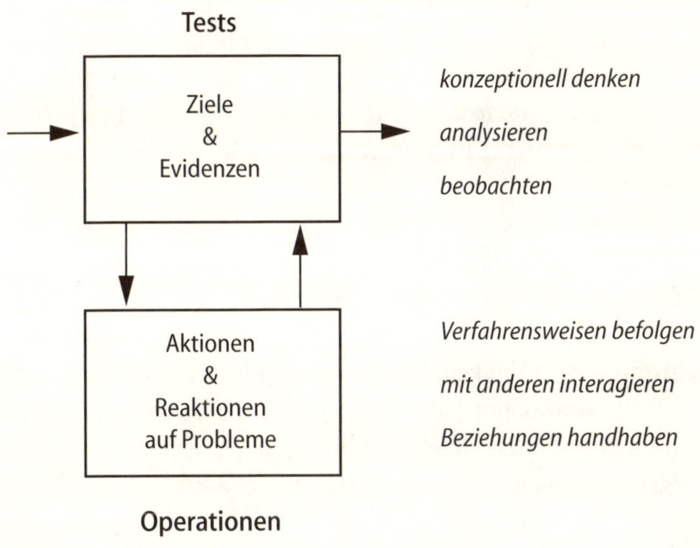

Jede Fähigkeit hat diverse Dimensionen, die sich auf die Funktionen des T.O.T.E. beziehen.

Konzeptionelles Denken, Analyse und Beobachtung sind notwendig, um aussagekräftige »Tests« zu machen. Sie beziehen sich darauf, Ziele und Evidenzverfahren festzusetzen. Befolgen von Verfahrensweisen, Interaktionen mit anderen und Umgang mit Beziehungen sind Aspekte der notwendigen »Handlungsweisen« zum effektiven Erreichen der Ziele und der Evidenzen, die die »Test«-Phase eines bestimmten T.O.T.E. ausmachen. Ein vollständiges Modell einer bestimmten Fähigkeit zu haben, würde bedeuten, all die verschiedenen Dimensionen der zu untersuchenden Fertigkeit zu definieren:

***a.* Konzeptionalisierung** – die Fähigkeit, das Ganze konzeptionell zu denken und etwas auf diesen größeren Rahmen zu beziehen oder in ihn einzupassen. Die *konzeptionelle* Dimension einer bestimmten Fertigkeit oder Fähigkeit bezieht sich auf die Beantwortung folgender Fragen:

- *Welchen Zweck hat die Fertigkeit oder Fähigkeit?*
- *Wann würden Sie sie einsetzen? Unter welchen Umständen?*
- *Wie paßt sie mit anderen Kompetenzen zusammen?*

***b.* Analyse** – die Fähigkeit, etwas in seine Anteile zu zerlegen; die betreffenden Elemente zu ordnen. Die *analytische* Dimension einer bestimmten Fertigkeit oder Fähigkeit bezieht sich auf die Beantwortung folgender Fragen:

- *Welche Unterscheidungskriterien sind am relevantesten, um die Fertigkeit erfolgreich durchzuführen?*
- *Was besagen diese Unterscheidungskriterien?*

***c.* Beobachtung** – die Fähigkeit, im »realen Leben« relevante Informationen zu sammeln (oft in Form nonverbaler Zeichen). Die *Beobachtungsdimension* einer bestimmten Fertigkeit oder Fähigkeit zu modellieren bezieht sich auf die Beantwortung folgender Fragen:

- *Welche Beobachtung ist für den Einsatz dieser Fertigkeit besonders wichtig?*
- *Was genau brauchen Sie, um beobachten zu können?*
- *Was für Hinweise (oder Muster von Hinweisen) sind am wichtigsten?*
- *Wann ist es besonders wichtig, auf diese Hinweismuster zu achten?*

***d.* Verfahrensweisen befolgen** – die Fähigkeit, eine Schrittfolge, die zu einem Ziel führt, zu erinnern und in die Tat umzusetzen. Die *Verfahrensdimension* einer bestimmten Fertigkeit oder Fähigkeit zu modellieren bezieht sich auf die Beantwortung folgender Fragen:

- *Welche Handlungssequenzen sind besonders wichtig, um diese Fertigkeit erfolgreich anzuwenden? Auf welcher Ebene oder* Chunk-Größe *sind sie? D.h. wenn Sie die Fähigkeit zu einer Schrittfolge herunterchunken würden, wie sähen dann die einzelnen Schritte aus?*
- *Wann und wo ist es wichtig, die Folge genau einzuhalten? Wann und wo ist es wichtig, flexibel zu sein?*
- *Inwieweit hängen bestimmte Schritte von spezieller Beobachtung ab?*

e. **Interaktion mit anderen** – die Fähigkeit, bei anderen die laufenden Verhaltensreaktionen systematisch hervorzulocken und darauf zu reagieren. Die *interaktive* Dimension einer bestimmten Fertigkeit oder Fähigkeit zu modellieren bezieht sich auf die Beantwortung folgender Fragen:

- *Welche möglichen Reaktionen (Ihrerseits) hängen mit Aktionen zusammen, die andere initiiert haben? Welches Ergebnis sollen diese Reaktionen hervorbringen?*
- *Welche speziellen Aktionen (Ihrerseits) sollen bei anderen bestimmte Reaktionen hervorrufen? Welches Ergebnis sollen diese Reaktionen hervorbringen?*
- *Durch welche Hinweise wissen Sie, wann es an der Zeit ist, zu handeln, zu reagieren oder zu ändern, wie Sie handeln?*

f. **Umgang mit Beziehungen** – die Fähigkeit, der Rolle, den Normen, dem Kontext usw. angemessene Verhaltensweisen zu erkennen und auszuwählen. Die *Beziehungsdimension* einer bestimmten Fertigkeit oder Fähigkeit zu modellieren bezieht sich auf die Beantwortung folgender Fragen:

- *Unter welchen Bedingungen (kontextuell, kulturell, Beziehungen betreffend, persönlich usw.) ist es wichtig, die Interaktionsmuster abzuändern?*
- *Wie beeinflußt oder ändert der innere Zustand – sei es der eigene, sei es der der anderen –, was Sie tun und wie Sie es tun? Was für ein erwünschter Zustand oder erwünschte Zustände soll/sollen das Ergebnis des Verfahrens oder der Interaktion sein?*

	Dimensionen der Fertigkeiten					
Arten von Fertigkeiten	**Konzeption** *Wann, wo und warum setzen Sie sie ein?*	**Analyse** *Was für Unterscheidungen sind wichtig?*	**Beobachtung** *Auf was für Hinweise sollte geachtet werden?*	**Verfahren** *Welche Schrittfolge muß befolgt werden?*	**Interaktion** *Was für Aktionen, Reaktionen und Ergebnisse sind am wichtigsten?*	**Beziehung** *Unter welchen Umständen sollten Sie Ihr Handeln ändern?*
einfach verhaltensspezifisch						
einfach kognitiv						
einfach linguistisch						
komplex verhaltensspezifisch						
komplex kognitiv						
komplex linguistisch						

Um ein »vollständiges« Modell einer bestimmten Fähigkeit zu entwickeln, müßte man alle diese Dimensionen definieren, die zur erfolgreichen Anwendung der Fertigkeit erforderlich sind.

Antworten auf diese Fragen zu erhalten hilft Ihnen auch, zu entscheiden, was gelehrt oder angeboten werden muß, damit anderen die Fähigkeit vermittelt werden kann, und was die Evidenz sein wird, daß dies erfolgreich geschehen ist.

Natürlich ist es nicht immer möglich, die Antworten auf diese Fragen zu bekommen, indem man einfach die modellierte Person fragt und ihre bewußte Reaktion abwartet. Normalerweise erhält man die besten Anworten, wenn man die oben beschriebenen Schritte der Modeling-Methode durchläuft (oder mit den diversen Modeling-Strategien, die im nächsten Kapitel beschrieben werden). Eine der größten Herausforderungen in diesem Prozeß bringt allerdings die Phase mit sich, in der Sie versuchen, eine explizite Beschreibung der Muster, die Sie entdeckt haben, zu geben. Relevante Muster zu finden umfaßt zwei wesentliche Prozesse: (a) Merkmalsermittlung und (b) Mustererkennung.

A. Ermitteln von Merkmalen

Merkmale sind die besonderen Qualitäten oder Eigenschaften, nach denen wir beim Modeling filtern. Im NLP wären dies Merkmale wie jemandes Repräsentationssysteme (Sehen, Hören, Fühlen usw.), leichte physische Reaktionen wie Augenbewegungen oder andere Zugangshinweise, linguistische Muster (sinnesspezifische Prädikate, Meta-Modell-Muster usw.) und so weiter.

Die Merkmale, auf die wir achten wollen, bestimmen natürlich, was für Muster wir finden werden. Demnach werden sie in einem großen Maße bestimmen, was wir entdecken und wie effektiv unser fertiges Modell sein wird. Beim Untersuchen unterschiedlicher Fähigkeitstypen können wir Merkmale und Eigenschaften in Betracht ziehen, die auf vielen verschiedenen Ebenen liegen.

Um komplexe menschliche Verhaltensmuster richtig zu modellieren, müssen wir uns darüber klar sein, daß es nicht nur wichtige Merkmale in der Umwelt und im physischen Verhalten eines Menschen gibt, sondern auch in den mentalen Landkarten, die jemand sich macht, um das eigene Verhalten in dieser Umwelt zu lenken. Diese mentalen Landkarten stellen die Basis für die kognitiven Strategien dar, mit denen wir bestimmte Verhaltensweisen wählen, auf die wir uns einlassen. Auf einer anderen Ebene verstärken unsere Glaubenssätze und Werte bestimmte geistige Fähigkeiten und wählen diese aus. Auf einer noch höheren Ebene bestätigt unsere Identität unsere Glaubenssätze zu einem Glaubenssystem. Beispielsweise werden wir aufgrund unserer kulturellen oder persönlichen Identität bestimmte Glaubenssätze und Prioritäten ausschließen.

Die wichtigsten *Merkmale* oder Unterscheidungen, auf die beim NLP-Modeling-Prozeß geachtet wird, sind:

1. Physiologie – Beobachten von Körperbau, Haltungsmuster, Gesten, Symmetrie und Art der Bewegung, Augenbewegungen und andere Zugangshinweise, etwa verbale Muster wie Stimmlage und Sprechtempo (das B.A.G.E.L.-Modell).*

2. Kognitive Strategien – Beobachten der Bevorzugung bestimmter sinnesspezifischer Repräsentationssysteme, Submodalitätenmuster und gewohnheitsmäßiger kognitiver Sequenzen (das R.O.L.E.-Modell).

* Alle hier aufgeführten Punkte werden in Anhang A noch einmal zusammengefaßt und eingehender erläutert. Anm. d. Übers.

3. Meta-Programm-Muster – Beobachten allgemeiner Organisationsmuster wie Zeitwahrnehmung und -management, Beziehungen zu Nahestehenden, Zielorientierung usw.

4. Glaubens- und Wertesysteme – Beobachten aller geäußerter Werte, Regeln, Einstellungen oder Vorannahmen über das zu modellierende Verhalten oder die betreffende Fertigkeit.

5. Meta-Muster – Beobachten der Interaktion zwischen der Person, die modelliert wird, und den anderen Personen, mit denen sie in der Situation, die Sie modellieren, zu tun hat. Achten Sie auf alle Muster in der Kommunikation und in den Beziehungen zwischen der modellierten Person und den anderen, die mit der Situation zu tun haben.

Selbstverständlich werden einige dieser Unterscheidungskriterien für das Modellieren mancher Fähigkeiten relevanter sein als andere. Einfaches Verhaltensmodeling zum Beispiel wird am ehesten einen Schwerpunkt auf bestimmte Muster in der Physiologie legen. Andererseits wird das Modeling einfacher kognitiver Fähigkeiten im allgemeinen einen Schwerpunkt auf Repräsentationssysteme und Submodalitäten legen. Das Modeling einer komplexen Verhaltensfähigkeit würde mehr Schwergewicht auf interaktiven *Meta-Mustern* verlangen und so fort. Die folgende Liste zeigt, welche NLP-Unterscheidungskategorien sich im allgemeinen auf die Fähigkeitsebene beziehen, die im Mittelpunkt eines bestimmten Modeling-Projektes steht:

a. einfach verhaltensspezifisch – Besondere physische Hinweise und Aktionen
b. einfach kognitiv – Repräsentationssysteme und Submodalitäten
c. einfach linguistisch – Meta-Modell-Muster und Prädikate
d. komplex verhaltensspezifisch – S.C.O.R.E.-Modell-Unterscheidungen und Wahrnehmungspositionen
e. komplex kognitiv – S.O.A.R.-Modell-Unterscheidungen, Meta-Programm-Muster und logische Ebenen
f. komplex linguistisch – Kommunikations-Matrix-Unterscheidungen und *Sleight of Mouth*-Muster

B. Erkennen von Mustern

Beim Modeling bezieht sich Mustererkennung auf die Prozesse oder Verfahren, mit denen die speziellen Merkmale oder Unterscheidungskriterien, die am wichtigsten zum Erreichen eines bestimmten Zieles oder Ergebnisses sind, identifiziert werden. Die gründlichste Art und Weise, dies zu erreichen, ist, eine Gruppe von Personen zu finden, die bereits die erwünschte Fähigkeit zu zeigen oder das gewünschte Ergebnis zu erreichen vermag, und die Ähnlichkeiten und Unterschiede zwischen ihnen im Hinblick auf die Merkmale oder Eigenschaften, die Sie untersuchen wollen, herauszufinden. Ziel des Modeling ist nicht, das »durchschnittliche« Verhalten dieser Modelle herauszufinden sondern zu bestimmen, was für besondere Merkmale den Prozessen der modellierten Personen gemeinsam sind. Muster zu finden ist etwas anderes, als einfach Merkmale zu identifizieren. Die Tatsache, daß eine Person zum Beispiel Augenbewegungen sehen und einordnen kann, ist nicht dasselbe wie zu bestimmen, welche dieser Augenbewegungen (wenn überhaupt) wesentlich für eine bestimmte Fertigkeit oder Fähigkeit ist. Mustererkennung bedeutet, in einer Leistung dauerhafte oder sich wiederholende Merkmale zu identifizieren, die wesentliche Elemente beim Umsetzen der speziellen Fähigkeit oder beim Erreichen eines bestimmten Ergebnisses sind. Websters Wörterbuch zufolge ist ein Muster »eine zuverlässige Auswahl von Merkmalen, Taten, Neigungen oder anderen beobachtbaren Eigenschaften einer Person, Gruppe oder Institution« oder »ein häufiges oder weitverbreitetes Vorkommen«.

Mills Methoden

John Stuart Mill, einer der einflußreichsten britischen sozialen und politischen Denker in der Mitte des viktorianischen Zeitalters, hinterließ mit seinen Neuformulierungen der Prinzipien des philosophischen Empirismus und Utilitarismus nachhaltige Spuren in der Philosophie. Als Wunderkind hatte Mill im Alter von sieben Jahren das Griechische gemeistert, und mit dreizehn studierte er Wirtschaftswissenschaften. Als ein Verteidiger der individuellen Freiheit gegenüber staatlicher Einmischung und als früher Advokat der Gleichberechtigung der Frauen ist Mills Denken noch immer von großer Wichtigkeit. Mills frühestes wichtiges philosophisches Werk, *System of Logic* (1843), enthält eine wertvolle Erörterung der epistemologischen Prinzipien, die dem Empirismus zugrunde liegen. Darin definiert Mill die fünf Hauptstrategien oder Methoden, mit denen Wissenschaftler durch »induktives« Argumentieren Muster erkennen. Diese Prozesse sind ihm zu Ehren als »Mills Methoden« bekannt.

Mills Methode der *Gemeinsamkeit* bedeutet, eine Reihe von Beispielen zu beobachten, in denen ein bestimmtes Ergebnis erreicht wurde, und herauszufinden, welche Faktoren oder Merkmale in allen Fällen dieselben sind. Zu merken, daß eine Reihe positiver Erinnerungen alle die gemeinsame Eigenschaft haben, sich in hellen und bunten Bildern zu repräsentieren, wäre ein Beispiel für »Gemeinsamkeit«.

In der Methode der *Differenz* würde man ein bestimmtes Element oder ein Merkmal suchen, daß normalerweise nicht Teil einer Situation oder eines Phänomens gewesen ist, aber plötzlich in einem Falle auftaucht, in dem ein bestimmtes Ergebnis erzielt wurde. Zu merken, daß sich in einer Reihe von Erinnerungen an kreative Leistungen das eine, das als das »kreativste« auffällt, von den anderen insofern unterscheidet, als das damit assoziierte innere Bild am meisten bewegt ist, wäre ein Beispiel für »Differenz«.

Die *vereinte Methode von Gemeinsamkeit und Differenz* (im NLP als »kontrastive Analyse« bekannt) bedeutet, darauf zu achten, welche Merkmale immer vorhanden sind, wenn ein bestimmtes Ergebnis erzielt wird, und was immer fehlt, wenn das Ergebnis nicht erzielt wird. Zum Beispiel merkt jemand vielleicht, daß, wenn es ihm oder ihr gelingt, sich in einen kreativen Zustand zu versetzen, dieser immer von zusammengesetzten visuellen Bildern und positivem inneren Dialog begleitet ist. Wenn es ihm oder ihr nicht gelingt, sich in den Zustand zu versetzen, fehlen solche Bilder und eine kritische innere Stimme meldet sich.

Mills vierte Methode ist die *Begleitvariation*. Dies bedeutet, daß Merkmale auffallen, die im direkten (oder umgekehrten) Verhältnis zum *Ausmaß* des Erfolgs variieren, mit dem das gewünschte Ergebnis erzielt wurde. Zum Beispiel zu merken, daß man sich, wenn man die Farbe bei den eigenen inneren Bildern lebhafter werden läßt, kreativer fühlt, aber sich weniger kreativ fühlt, wenn die Farben blasser werden, ist eine Anwendung der Methode der Begleitvariation.

Die letzte Methode von Mill ist die des *Restes* (auch als »Eliminierungsprozeß« bekannt). Wenn ein bestimmtes Merkmal eines komplexen Phänomens im Zusammenhang mit einem bestimmten Teil des erwünschten Ergebnisses beobachtet wird, können wir annehmen, daß die verbleibenden Teile des Ergebnisses mit den verbleibenden Merkmalen des Phänomens zusammenhängen werden. Wenn eine Person also ein farbiges, helles Bild kreativ und motivierend findet und die »Lebendigkeit der Farben« mit dem Ausmaß, in dem das Bild als »kreativ« erlebt wird, im Zusammenhang sieht, ist es wahrscheinlich, daß das verbleibende Merkmal (die »Helligkeit« des Bildes) mit dem Gefühl von Motivation assoziiert sein wird.

Gegenbeispiele zu finden ist ein gängiges Mittel, die Methode des »Restes« anzuwenden.

Zusammenfassung von Mills Methoden

1. Gemeinsamkeit – Beobachtung, welches Merkmal (welche Merkmale) in einer Folge von Beispielen vorhanden ist, in denen das erwünschte Ergebnis erzielt wurde (z.B. das »▲« unten).

Zum Beispiel:

MERKMALE		ERWÜNSCHTES ERGEBNIS
❁ ❒ ▲	——►	**vorhanden**
▲ ✖ ➜	——►	**vorhanden**
❁ ▲ ✖	——►	**vorhanden**
❒ ▲ ✖	——►	**vorhanden**

2. Differenz – Beobachtung eines bestimmten Merkmals (bestimmter Merkmale), das normalerweise nicht da war, aber in einem Fall, in dem das erwünschte Ergebnis erzielt wurde, plötzlich vorhanden ist. (z.B. das » ✔« unten).

Zum Beispiel:

MERKMALE		ERWÜNSCHTES ERGEBNIS
❁ ❒ ➜	——►	*fehlend*
✖ ➜ ✳	——►	*fehlend*
❁ ❒ ▲	——►	*fehlend*
➜ ✳ ✔	——►	**vorhanden**

3. Vereinte Methode von Gemeinsamkeit und Differenz (Kontrast) – Beobachtung, welche Merkmale immer vorliegen, wenn das erwünschte Ergebnis erreicht wurde, und immer fehlt, wenn das Ergebnis nicht erreicht wurde (etwa das »❒« im folgenden Diagramm).

Zum Beispiel:

4. Begleitvariation – Beobachtung von Merkmalen, die in direktem (oder umgekehrtem) Verhältnis zum *Ausmaß* des Erfolgs, in dem das erwünschte Ergebnis erreicht wurde, variieren.

Zum Beispiel:

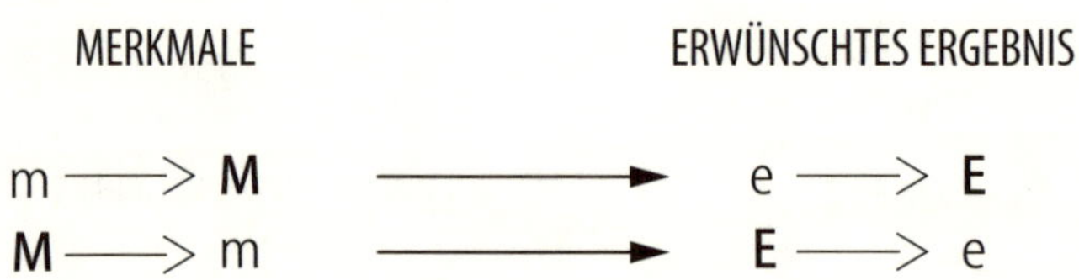

5. Reste (Prozeß der Eliminierung) – Wenn ein bestimmtes Merkmal eines komplexen Phänomens im Zusammenhang mit einem bestimmten Teil des erwünschten Ergebnisses beobachtet wird, können wir annehmen, daß die verbleibenden Teile des Ergebnisses mit den verbleibenden Merkmalen des Phänomens assoziiert sein werden.

Zum Beispiel:

MERKMALE	ERWÜNSCHTES ERGEBNIS
✽ ❐ ▲	X Y Z

Wenn ✽ ⟶ X
dann ❐ ▲ ⟶ Y Z

Modeling mit Mills Methoden

Mills Methoden stellen Grundmuster dar, um Prozesse bei NLP-Modeling-Verfahren zu finden, und sie sind der konzeptionelle Rahmen hinter NLP-Strategien und Techniken wie die Utilisation von Submodalitäten, Mapping Across und State-Management. Damit Sie ein Gefühl dafür bekommen, wie Mills Methoden beim Modeling angewendet werden, sollten Sie die folgenden einfachen Beispiele von Musterfinden ausprobieren, indem Sie die verschiedenen Methoden von Mill anwenden. (Am Ende der Übung werden einige mögliche Antworten gegeben.)

1. Gemeinsamkeit: Eine Person wird gebeten, eine Entscheidung im Hinblick auf vier unterschiedliche finanzielle Investments zu treffen. Die folgenden Zeichnungen zeigen die Haltung, welche die Person einnimmt, während sie die jeweilige Entscheidung trifft. Was ist gleich bei jeder Haltung?

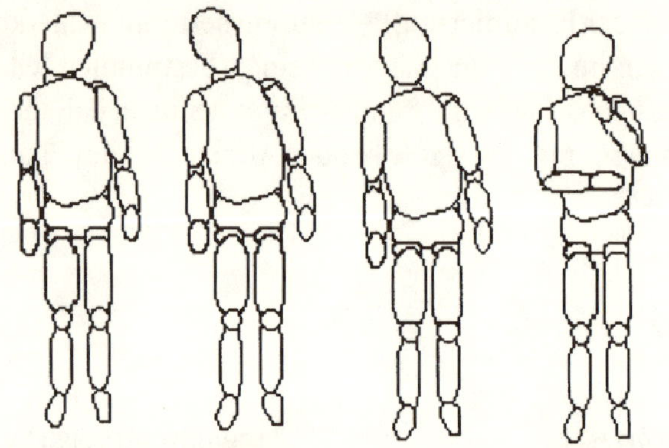

Mills Methode der Gemeinsamkeit bedeutet festzustellen, was in einer Anzahl von Beispielen ähnlich ist.

2. Differenz: Eine Person wird gebeten, sich an ein bestimmtes Detail aus einem komplizierten visuellen Muster zu erinnern. Die Person versucht mehrmals, sich zu erinnern, aber kommt nicht weiter und ist erfolglos. Schließlich gelingt es der Person beim vierten Versuch, sich an das Detail zu erinnern. Die folgenden Zeichnungen zeigen die Haltung der Person bei jedem Versuch. Was ist anders an der Haltung beim vierten Versuch?

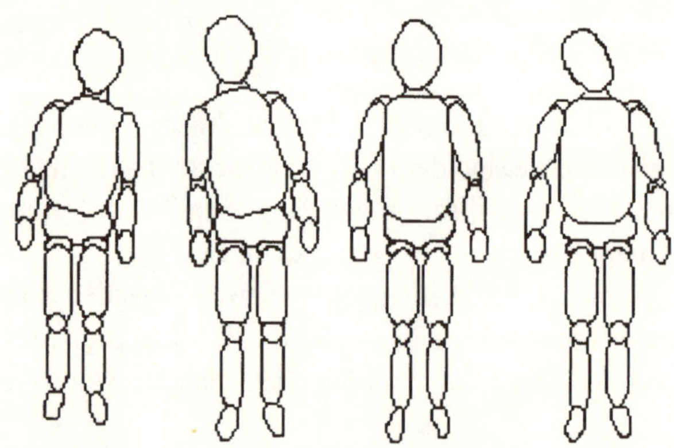

Mills Methode der Differenz bedeutet festzustellen, was an einem erfolgreichen Beispiel anders ist.

3. Vereinte Methode von Gemeinsamkeit und Differenz: Jemand wird gebeten, sich an diverse Fälle zu erinnern und diese nochmals zu erleben, in denen die Person entweder »festgefahren« oder »kreativ« war. Die folgende Darstellung zeigt die Haltung der Person, in der jeder dieser Fälle wiedererlebt wird. Was ist an den kreativen Zuständen gleich? Inwiefern unterscheidet sich die mit dem festgefahrenen Zustand zusammenhängende Physiologie von dem kreativen Zustand?

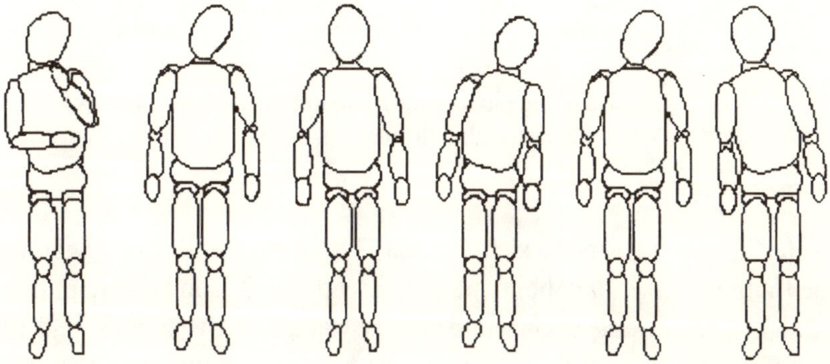

festgefahren	**kreativ**	*festgefahren*	**kreativ**	**kreativ**	*festgefahren*

Mills vereinte Methode von Gemeinsamkeit und Differenz bedeutet festzustellen, was an Beispielen mit unterschiedlichen Ergebnissen gleich und was an ihnen verschieden ist.

4. Begleitvariation: Eine Person wird gebeten, sich auf eine verbale Erinnerungsaufgabe zu konzentrieren. Es werden verschiedene Wortgruppen zum Erinnern aufgegeben, welche die Person dann wiederholen muß. Manche dieser Gruppen bestehen aus einfachen Worten, die sich aufeinander reimen; andere Gruppen bestehen aus komplizierten Worten; und wieder andere sind aus Worten einer Sprache zusammengesetzt, die der Person nicht vertraut ist. Die Person berichtet, daß es mehr Konzentration erfordert, die Worte aus der ihr fremden Sprache zu erinnern und zu wiederholen, und weniger Konzentration, die einfachen Wortsets zu erinnern. Wie die folgenden Abbildungen zeigen, kann man beobachten, daß sich die Haltung der Person ein wenig ändert, wenn er oder sie den verschiedenen Wortsets zuhört. Welches Haltungsmerkmal der Person *ändert sich* mit dem Grad der Konzentration?

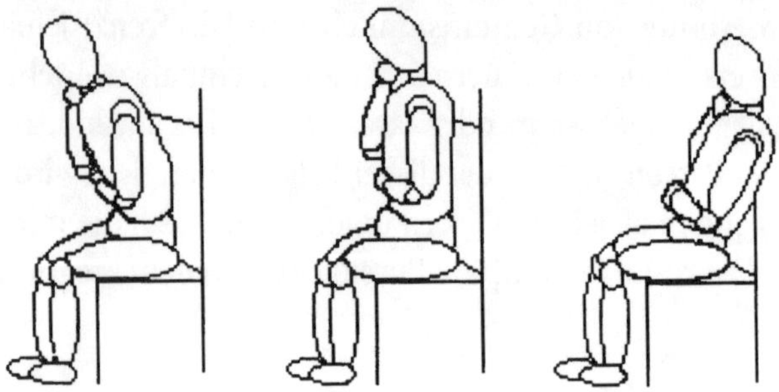

Mills Methode der Begleitvariation bedeutet zu erkennen, welche Merkmale sich bei unterschiedlichen Ergebnissen ändern.

5. Reste: Eine Person versetzt sich in einen »Träumerzustand« und zeigt die physische Haltung, wie es die Abbildung unten zeigt. Die Person beschreibt den Zustand als entspannt, ausgeglichen und visuelle Vorstellungen einschließend. Durch Befragung und Beobachtung stellt man fest, daß der Kopf und die Augenstellung (nach oben blickend) mit seiner oder ihrer Fähigkeit zu visualisieren verbunden ist. Welche sonstigen Aspekte des Zustands könnten noch mit den *restlichen physischen Merkmalen verbunden sein; wie die Körperhaltung der Person (zurückgelehnt) und die Haltung von Armen und Beinen (symmetrisch?)*

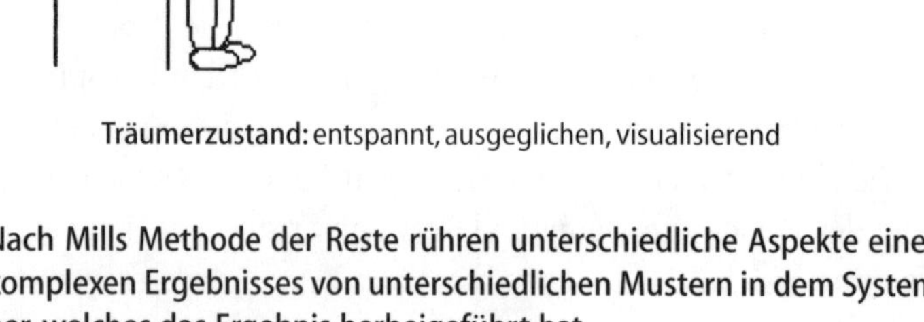

Träumerzustand: entspannt, ausgeglichen, visualisierend

Nach Mills Methode der Reste rühren unterschiedliche Aspekte eines komplexen Ergebnisses von unterschiedlichen Mustern in dem System her, welches das Ergebnis herbeigeführt hat.

Folgende Antworten könnten auf die Übungsfragen gegeben werden:

1. ***Gemeinsamkeit:*** Die Haltung der Beine und des Beckens sind in allen Beispielen gleich (d.h. symmetrisch und stabil); und der Oberkörper der Person (der Torso) ist zur rechten Seite geneigt.

2. ***Differenz:*** Der Kopf der Person ist nach oben links geneigt; und die Haltung scheint etwas aufrechter zu sein.

3. ***Vereinte Methode von Gemeinsamkeit und Differenz:*** In allen »kreativen« Zuständen ist der Kopf der Person nach oben rechts geneigt; und das Gewicht der Person scheint etwas mehr auf dem linken Bein zu ruhen. Die Physiologie der »festgefahrenen« Zustände unterscheidet sich insofern von der Physiologie im »kreativen« Zustand, daß der Kopf immer in einer anderen Haltung ist; und das Körpergewicht scheint auf das rechte Bein verlagert zu sein.

4. ***Begleitvariation:*** Die Haltung des Oberkörpers hängt vom Grad der Konzentration ab. Die Person lehnt sich stärker nach vorn, wenn sie sich bewußter konzentriert, und eher zurück, wenn weniger Konzentration erforderlich ist.

5. ***Reste:*** Die Körperhaltung der Person (zurückgelehnt) hängt möglicherweise mit dem Gefühl zusammen, »entspannt zu sein«; und die Symmetrie der Arme und Beine kann mit dem Gefühl von »Ausgeglichenheit« zusammenhängen. Um diese Hypothese zu prüfen, kann man die Person bitten, die Beine übereinanderzuschlagen oder die Arme zu verschränken (was eine physische Asymmetrie erzeugt), während sie eine erhobene Kopfhaltung beibehält und sich weiterhin zurücklehnt (wie in der folgenden Abbildung). Dann kann man die Person fragen, was sich im Hinblick auf den Zustand geändert hat. Wenn die Person zum Beispiel berichtet, sich mit übereinandergeschlagenen Beinen oder verschränkten Armen weniger »ausgeglichen« zu fühlen, kann angenommen werden, daß eine Beziehung zwischen der Symmetrie der Armhaltung und dem Gefühl von »Ausgeglichenheit« besteht.

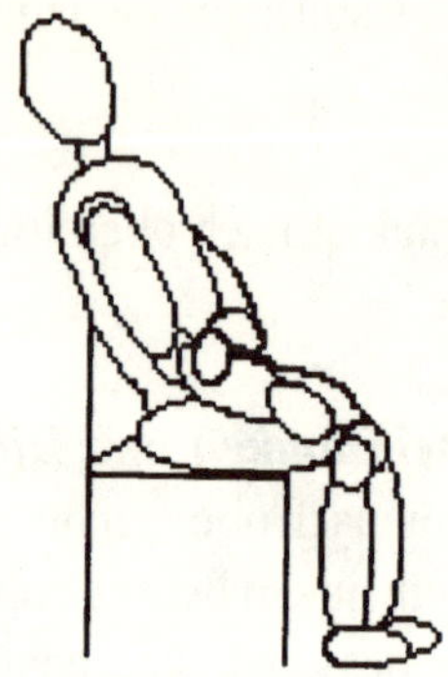

Ein Merkmal zu ändern und dabei die anderen konstant zu halten hilft herauszufinden, welchen Einfluß dieses Merkmal auf die Ergebnisse hat.

Mögliche Trugschlüsse bei Mills Methoden

Es ist wichtig, sich beim Modeling immer darüber klar zu sein, daß es keine idiotensichere Methode zum Herausfinden von Mustern gibt. Mills Methoden sind ein Weg, mögliche Muster zu erkennen. Jede Methode kann zu Trugschlüssen führen, wenn sie als alleiniger »Beweis« angesehen wird. Mills Methode der Gemeinsamkeit zum Beispiel kann zu Irrtümern führen wie dem »logischen Trinker«. Der logische Trinker behauptet: »Am Montag habe ich fünf Wiskeys Soda getrunken und bin mit einem schrecklichen Kater aufgewacht. Also bin ich am nächsten Abend zu fünf Scotch Soda übergegangen, aber am nächsten Morgen bin ich trotzdem mit einem schrecklichen Kater aufgewacht. Also bin ich am nächsten Abend zu fünf Bourbon Soda übergegangen, aber am nächsten Morgen ging es mir immer noch schlecht. Heute abend werde ich meinen Wiskey einfach pur trinken. Von diesem verdammten Sprudel bekomme ich immer einen Kater.«

Wenn Mills Methode der Differenz ausschließlich angewendet wird, kann das zu einem Denken führen, das Aberglauben Vorschub leistet. Zum Beispiel könnte man annehmen, daß jemand viele Lotterielose gekauft hat ohne zu gewinnen. Dann zieht diese Person eines Tages das große Los. Da fällt ihr auf, daß sie an diesem Tag zufällig ein neues Paar grüne Socken anhatte und denkt: »Wow, ich werde diese Socken anziehen und zum Spielen nach Las Vegas fahren. Sie werden mir helfen, einen Haufen Geld zu gewinnen.« Während die grünen Socken ein definitiver Unterschied gewesen sein mögen, der mit dem Ergebnis des Lotteriegewinns in Zusammenhang stand, ist sie zu tragen nicht notwendigerweise ursächlich damit verbunden. Die Angst, daß etwas Schlimmes passiert, wenn ein Spiegel in Scherben geht, wenn einem eine schwarze Katze über den Weg läuft, wenn man unter einer Leiter durchgeht oder am Freitag dem Dreizehnten, sind weitere Beispiele für Aberglauben, die entstehen können, wenn man sich ohne jede andere Art der Prüfung oder Verifikation auf Mills Methode der Differenz verläßt.

Ganz ähnlich heißt die Tatsache, daß eine konstrastive Analyse (die vereinte Methode von Gemeinsamkeit und Differenz) zeigen kann, wie die Hauptwerke genialer Köpfe in den letzten Jahrhunderten definitiv im Zusammenhang mit kaukasischen Männern europäischer Abstammung stehen, nicht, daß Frauen oder Nicht-Europäer keine Genies sein können. Durch andere Faktoren wie kulturelle Förderung, Geschlechterrollen und sogar Definitionen dessen, was unter »Genie« verstanden wird (was Aristoteles »Formursachen« nennen würde), können Voreingenommenheit und Filter entstehen, die beeinflussen, wer als Genie anerkannt wird und wem die notwendigen Chancen und die Ermutigung gewährt werden.

Andere Trugschlüsse können sich bei der »Begleitvariation« ergeben. Zum Beispiel berichten Statistiker von einer Korrelation zwischen der Menge Eiscreme, die Leute essen, und der Häufigkeit von Ertrinken. Allerdings dazwischen einen ursächlichen Zusammenhang anzunehmen, wäre ein vorschneller Schluß. Sowohl die Menge Eiscreme, die die Leute essen, wie auch die Anzahl derer, die Schwimmen gehen, erhöht sich im Sommer, weil das Wetter wärmer ist, und nicht notwendigerweise, weil per se ein unmittelbarer Zusammenhang zwischen Eisessen und Ertrinken besteht.

Auch die Methode der Reste (der Prozeß der Eliminierung) kann zu Trugschlüssen führen. Denken Sie mal an den Arzt, der zu seinem Patienten sagt: »Also, ich habe eine gute und eine schlechte Nachricht für Sie. Die schlechte Nachricht ist, neun von zehn Menschen sterben an der Behandlung, die ich Ihnen empfehlen möchte. Die gute Nachricht ist, meine letzten neun Patienten sind an meiner Behandlung gestorben, also müssen Sie der glückliche zehnte sein, der überlebt.«

Verfahren zum Nachweis von Mustern – wie Gegenbeispiele zu suchen und ursächliche Zusammenhänge aus einer eher systemischen Perspektive zu sehen – sind notwendig, um solche oben beschriebenen Trugschlüsse zu vermeiden.

Alle Methoden von Mill gehen von der Beobachtung mehrerer Beispiele oder Begebenheiten des untersuchten Phänomens oder der untersuchten Leistung aus. Tatsächlich ist eine Mindestanzahl von Beispielen wichtig, damit man definitiv ein Muster erkennen kann. Aus NLP-Sicht ist das Minimum drei. Ein Merkmal, das sich bei einem Beispiel einer erfolgreichen Leistung zeigt, bildet zusammen mit vielen anderen Möglichkeiten die Grundlage für ein mögliches Muster. Ein Merkmal, das sich in zwei Beispielen erfolgreicher Leistungen wieder zeigt, legt nahe, daß tatsächlich ein bestimmtes Muster vorliegt. Ein Merkmal, das in drei Beispielen vorliegt, beginnt zu einem überzeugenden Beweis zu werden, daß es sich hier wirklich um ein Muster handelt.

Das ultimate Kriterium zum Erkennen von Mustern beim Modeling ist allerdings, daß man, wenn man das Merkmal anwendet, in der Lage ist, das Ergebnis zu erzielen. Ein »Muster« kann erst wirklich geprüft oder evaluiert werden, wenn es in Gebrauch genommen wird.

Definieren eines Modeling-Projektes

Ein gelungenes Modeling einer bestimmten Fähigkeit und die sich daraus ergebende Umsetzung der Ergebnisse zu speziellen Trainings-Programmen, Techniken und Werkzeugen hängen zweifellos von den *Merkmalen* oder Unterscheidungskriterien ab, die man auswählt und herausfiltert, sowie von der Fähigkeit, im Hinblick auf diese Merkmale relevante Muster zu erkennen. Die Grundsequenz von Ereignissen, die zu einem Modeling-Projekt gehören, muß gewährleisten, daß die relevanten Merkmale und Muster auffindbar sind. Eine typische Schrittfolge ist:

1. Durchführen einer Bedarfsanalyse, um die speziellen Themen, Kontexte und Fertigkeiten, die angesprochen werden sollen, zu bestimmen.
2. Auswählen der Personen, die modelliert werden sollen.
3. Erstellen von Modeling-Scenarien und Durchführen von Modeling-Verfahren, damit die zu untersuchenden Fähigkeiten oder Leistungen aktualisiert und die notwendigen Informationen gesammelt werden können.
4. Erkennen relevanter Muster im Verhalten, in den Strategien und Glaubenssätzen usw. der Individuen, die modelliert wurden.
5. Organisieren der Muster, die entdeckt wurden, zu einer beschreibenden und belehrenden Struktur, d.h. zu einem »Modell«.
6. Experimentelles Prüfen und Verfeinern des Modells dadurch, daß es in den relevanten Kontexten ausprobiert wird, damit man sieht, ob es zu den erwünschten Ergebnissen führt.
7. Entwickeln effektiver Verfahren und Werkzeuge zur Umsetzung oder Intervention, damit die Hauptelemente des Modells anderen vermittelbar oder anwendbar werden.
8. Messen der gewonnenen Ergebnisse durch Anwenden des Modells.

Zum Festlegen eines Modeling-Projektes gehört, den grundsätzlichen Rahmen, innerhalb dessen das Modeling-Projekt durchgeführt werden soll, genau zu bestimmen. Das folgende Arbeitsblatt kann verwendet werden, um eine Skizze der wichtigsten Dimensionen zu entwerfen, die Ihr Modeling-Projekt formen und leiten werden.

Arbeitsblatt Modeling-Projekt

1. Schreiben Sie einen Titel oder einen Satz auf, der das Wesentliche an Ihrem Modeling-Projekt definiert.
2. Auf welche Fähigkeit oder auf welches Ergebnis soll Ihr Modeling-Projekt den Schwerpunkt legen? (z.B. Führungsfähigkeiten, eine gelungene Präsentation machen, Rechtschreibung, Umgang mit Streß usw.). Wenn es um verschiedene, miteinander zusammenhängende Fähigkeiten oder Unterfähigkeiten oder Ergebnisse geht, listen Sie diese auf. Bestimmen Sie das Maß an Komplexität für jede Fähigkeit (d.h. einfach verhaltensspezifisch, einfach kognitiv, einfach linguistisch, komplex verhaltensspezifisch, komplex kognitiv oder komplex linguistisch).
3. Wen wollen Sie modellieren? (Sie können entweder bestimmte Leute auflisten oder bestimmte Merkmale der Personen, die Sie für das Modeling brauchen.)
4. Gibt es bestimmte Kontexte der Situationen, in die Sie die Individuen, die Sie modellieren, einbeziehen oder in denen Sie sie beobachten wollen? Wenn ja, welche?
5. Welches sind Ihre erwünschten Ziele und Ergebnisse für das Modeling-Projekt?
6. Welches sind die erwünschten Folgen Ihres Modeling-Projektes? Wer wird davon profitieren und inwiefern? Wie wird es einen Beitrag zu einem größeren System oder einer Gemeinschaft leisten?
7. Welche Kriterien werden Ihr Modeling-Projekt leiten und vor allem die Art, wie Sie es anwenden wollen? (z.B. von einer bestimmten Berufsgruppe anerkannt, rentabel, gemeindenah, vergnüglich usw.)
8. Welches werden die speziellen Outputs Ihres Modeling-Projektes sein? (z.B. Artikel, Video, Buch, Seminar usw.)
9. Was ist Ihr grober Zeitrahmen, in dem Sie Ihr Modeling-Projekt abschließen wollen?

Definition von Evidenzen und Evidenzverfahren für Projektziele und -ergebnisse

Ein Modeling-Projekt zu definieren erfordert auch, gewisse »epistemologische Fragen« zu den Kriterien und den Evidenzverfahren zu stellen, die Sie beim Testen und Evaluieren der Ergebnisse der Information, die Sie sammeln werden, verwenden. Epistemologische Fragen sind Fragen, die damit zu tun haben, »wie Sie etwas wissen«. Zu den für das Modeling relevanten Fragen gehören folgende:

Vorbereitung: Nach welchen Kriterien werden Sie das Individuum / die Individuen, die Sie modellieren werden, aussuchen/oder haben Sie es/sie ausgesucht?

- Wie erkennen Sie/werden Sie erkennen, daß die zu modellierende/n Person/en die gewünschte Fertigkeit hat/haben?
- Wie erkennen andere, daß die zu modellierende/n Person/en die gewünschte Fertigkeit hat/haben?

Phasen 1 und 2 (Sammeln von Information durch implizites und explizites Modeling): Anhand welcher Kriterien werden Sie feststellen, daß Sie die Fähigkeit richtig modelliert haben?

- Wie erkennt die modellierte Person, daß er oder sie die gewünschte Fertigkeit hat oder das erwünschte Ergebnis erzielt hat?
- Wie erkennen Sie/werden Sie erkennen, daß Sie die Fertigkeit, die das Modell/die Modelle besitzt/besitzen, erlernt haben?
- Wie werden andere erkennen, daß Sie die Fertigkeit des Modells/der Modelle erlernt haben?

Phase 3 (Entwurf): Mit welchen Kriterien werden Sie herausfinden, daß Sie die Fähigkeit erfolgreich vermittelt haben?

- Wie werden Sie erkennen, daß andere die Fertigkeit des Modells/der Modelle erlernt haben?
- Wie werden andere erkennen, daß Sie die Fertigkeit des Modells/der Modelle erlernt haben?

Die Beantwortung dieser Fragen wird Ihnen helfen, die effektivsten Modeling-Verfahren zu ermitteln und zu entwickeln.

Ziele für den Modeling-Prozeß

Zusammenfassend läßt sich sagen: Das Gesamtziel des Modeling ist es, eine praktische Landkarte einer bestimmten Fähigkeit oder Fertigkeit zu entwerfen, indem man diese in Chunks unterteilt und die entscheidenden notwendigen Merkmale und Schritte erkennt, mit denen diese Fähigkeit irgendwie anwendbar ist. Der Zweck, ein bestimmtes Modell anzuwenden oder eine bestimmte Modeling-Aktivität auszuführen, kann einer der folgenden sein:

a. etwas über Unterschiede zu erfahren
b. etwas anders als gewohnt zu tun
c. etwas besser zu machen
d. etwas Neues zu tun
e. mehr Wahlmöglichkeiten zu haben
f. die Wahrnehmung zu verändern

Der NLP-Mitbegründer Richard Bandler wies darauf hin, daß der Modeling-Prozeß das eigentliche Wesen des NLP ist, und nicht die Spur der Techniken, die in seinem Gefolge hinterlassen wurden.

Modeling ist ein klassisches Beispiel für ein »Lernen mit doppelter Schleife« *(Double-Loop-Learning)*. Ein altes Sprichwort lautet: »Wenn man jemandem einen Fisch gibt, ernährt man ihn für einen Tag; bringt man ihm jedoch das Fischen bei, ernährt man ihn für den Rest seines Lebens.« *Double-Loop-Learning* beinhaltet, daß man jemandem hilft, einen Fisch zu fangen, und ihm gleichzeitig beibringt, wie man fischt. Es bedeutet, zwei Ziele gleichzeitig anzugehen: zu lernen, was getan werden muß, und zugleich, wie man es tut.

In einem Unternehmen oder in einer Organisation beispielsweise läßt sich der Prozeß eines einzelnen oder einer Gruppe, deren Leistung erfolgreich ist, so modellieren, daß die Struktur dieses Prozesses expliziert und anderen Individuen und Gruppen beigebracht werden kann. Zugleich kann die betreffende Gruppe lernen, wie man modelliert. Die Beteiligten ziehen also nicht nur Nutzen aus den Ergebnissen des Modeling-Projektes, sondern sie lernen zugleich auch, selbst zu modellieren. Menschen können demzufolge in die Fertigkeiten des Modeling entwickeln, indem sie sie auf konkrete Erfahrungen anwenden.

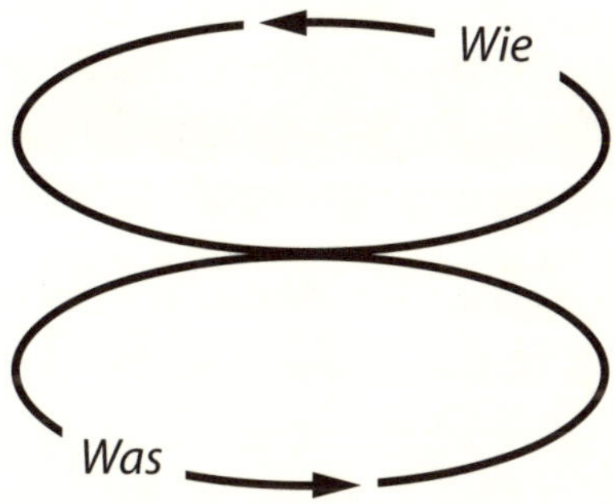

Double-Loop-Learning umfaßt zwei simultane Lernebenen

Diese Art Doppelschleifen-Prozeß dient vielfältigen Zwecken, da er:

- kosteneffektiver ist,
- die Ressourcen ins Innere des Unternehmens oder der Organisation bringt,
- langfristige systemische Veränderung gewährleistet.

Weil dieses Doppelschleifenmerkmal des Modeling-Prozesses nützlicher und zeitsparender ist, werden sich in Zukunft immer mehr Lernprozesse dadurch auszeichnen.

VIER
Modeling-Strategien

Überblick über Kapitel 4

- Mikro-Modeling-Strategien

  T.O.T.E.-Modeling-Fragen

- Makro-Modeling-Strategien

  Multi-level-Modeling-Fragen

- Strategien für Angewandtes Modeling

  Fragen für Angewandtes Modeling

- Fortgeschrittene Modeling-Strategie
- Angewandtes Modeling und der *Back-Propagation*-Prozeß
- Code-Kongruenz

Beim Modeling wird die Beschreibung eines Phänomens oder Prozesses gefunden, die deren »bekannte oder abgeleitete Eigenschaften« erklärt und basierend auf dieser Beschreibung zur Schaffung eines Endproduktes oder einer Dienstleistung nutzbar ist. Der NLP-Modeling-Prozeß besteht aus der Anwendung verschiedener Strategien zur Untersuchung der geistigen und physischen Prozesse, die hinter einer bestimmten Leistung oder dem Erreichen eines bestimmten Ergebnisses stehen; des weiteren aus der Entwicklung einer expliziten Landkarte oder Beschreibung dieser Prozesse, die für einen praktischen Zweck anwendbar sind. Verschiedene Modeling-Strategien stellen unterschiedliche Schrittfolgen und Unterscheidungsarten dar, durch die relevante Muster entdeckt und dann beschrieben werden.

Es muß darauf hingewiesen werden, daß Modeling-Strategien Teilprozesse innerhalb der gesamten NLP-Modeling-Methodik sind. Die allgemeine Modeling-Methode des NLP umfaßt zuerst das Entwickeln einer intuitiven Einsicht in ein bestimmtes Verhalten oder eine Fähigkeit der Personen, welche die notwendigen Fertigkeiten besitzen, indem man sie *implizit* (in erster Linie aus der zweiten Position) modelliert, bis man die erwünschten Ergebnisse erreichen kann. Die zweite Phase umfaßt, *explizit* zu erkennen und zu definieren, welche Merkmale und Muster am relevantesten dafür sind, diese gewünschten Ergebnisse zu erreichen. Die Schlußphase des Modeling umfaßt das Gestalten der Verfahren und Werkzeuge, durch die sich diese Muster und Merkmale anderen Menschen am besten vermitteln lassen. Modeling-Strategien werden in erster Linie in der expliziten Modeling-Phase angewendet und zur Unterstützung der Gestaltung von Vermittlungsverfahren.

Zu Modeling-Strategien gehören sowohl induktive wie deduktive Verfahren. *Induktive* Prozesse sind solche, durch die wir die Muster in der Welt um uns herum wahrnehmen. *Deduktive* Verfahren sind solche, durch die wir unsere Wahrnehmungen beschreiben und ihnen entsprechend handeln. Es ist beispielsweise etwas ganz anderes, ob man eine Sprache verstehen kann oder ob man sie spricht. Beim Modeling entspricht die Unterscheidung zwischen induktiven und deduktiven Strategien der Unterscheidung zwischen der Phase des Aufnehmens oder sich Informierens einerseits und der Anwendungsphase des gesamten Modeling-Prozesses andererseits.

Zwar haben alle NLP-Modeling-Prozesse gemeinsame Merkmale, aber gewisse Modeling-Strategien können effizienter oder nützlicher sein als andere, je nach Art der Fähigkeit oder Leistung, die modelliet wird, je nachdem, wie komplex die Fähigkeit oder Leistung ist, und je nachdem, in welchem Stadium im Modeling-

Prozeß man sich befindet. Im folgenden werden die grundlegenden Modeling-Strategien zusammengefaßt, mit denen relevante Muster einem einzelnen oder einer Gruppe, die irgendeine Fähigkeit demonstrieren oder erfolgreich auftreten können, entlockt und mit denen sie strukturiert und angewendet werden.

Mikro-Modeling-Strategien

Mikro-Modeling-Strategien beziehen sich auf das Modellieren der Teile einer bestimmten Fertigkeit (d.h. einfache verhaltensspezifische, kognitive oder linguistische Fähigkeiten; wie z.B. eine bestimmte Präsentationsfertigkeit).

1. Legen Sie fest, über welche Fertigkeit Sie mehr erfahren wollen.
2. Lassen Sie die zu modellierende Person in einem bestimmten Kontext ein Beispiel dieser Fertigkeit vorführen.
2. Finden Sie das T.O.T.E. der Person heraus, dem entsprechend die Fertigkeit in diesem Kontext eingesetzt wird.

***Mikro-Modeling* bedeutet, die T.O.T.E.-Struktur einer bestimmten Leistung herauszufinden.**

T.O.T.E.-Modeling-Fragen

1. In welchem Kontext gebrauchen Sie normalerweise die Fertigkeit, die modelliert werden soll?

2. Was für Ziele oder Zielvorstellungen leiten Ihr Handeln, wenn Sie die Fertigkeit in diesem Kontext anwenden? (Listen Sie sie in kurzen Sätzen oder Stichworten auf.)

3. Welche Wahrnehmungen, Merkmale oder Signale sind ein Beweis für Sie, daß Sie diese Ziele erreichen?

4. Was tun Sie, um an diese Ziele zu gelangen? Nennen Sie einige spezielle Schritte und Aktivitäten, die Sie einsetzen, um Ihre Ziele in diesem Kontext zu erreichen!

5. Wenn Sie in diesem Kontext auf dem Weg zu Ihren Zielen auf unerwartete Probleme oder Schwierigkeiten stoßen: Mit was für Aktivitäten oder Schritten korrigieren Sie diese?

Beispiel für das Modeling von Präsentationsfertigkeiten

1. Ein Referent (die Person, die modelliert werden soll) gibt für eine Dreiergruppe eine kurze Präsentation (3-5 Minuten) über ein Thema seiner Wahl.

2. Jedes Gruppenmitglied wählt ein bestimmtes, einfaches Verhaltensmuster aus, das er oder sie im Hinblick auf das Auftreten des Referenten modellieren möchte, und benennt es.

3. Die Gruppe findet das T.O.T.E. des Referenten für die Präsentation heraus (d.h. seine Ziele, den Beweis und die Handlungsschritte), um das Verhaltensmuster in einen Kontext zu stellen.

4. Jedes Gruppenmitglied hat zwanzig Minuten Zeit, um das erwünschte Verhaltensmuster mit dem Modeling-Verfahren seiner/ihrer Wahl zu modellieren.

5. Wenn ein Gruppenmitglied das Verhalten erfolgreich modelliert und demonstriert hat, soll er oder sie folgenden Fragen nachgehen: »Wie betrifft mich dieses Muster auf anderen Ebenen jenseits dieser speziellen Verhaltensweise?« »Was könnten die Annahmen und Vorannahmen hinter dieser Verhaltensweise sein?«

Makro-Modeling-Strategien

Makro-Modeling-Strategien beziehen sich auf das Erkennen der gesamten Fertigkeiten, die eine komplexe oder zusammengesetzte Fertigkeit ausmachen (d.h. komplexe verhaltensspezifische, kognitive oder linguistische Fertigkeiten) so wie Führungsfähigkeit .

1. Versetzen Sie die Person/en, die modelliert werden soll/en in einen Kontext, in dem die betreffende Fähigkeit erforderlich ist.
2. Benennen Sie spezielle Verhaltensbeispiele und -demonstrationen der zu modellierenden Fähigkeit.
3. Finden Sie die verschiedenen Ebenen des Prozesses (wie, warum und wer) heraus, die das Verhalten fördern, und beginnen Sie dabei mit dem Verhalten.

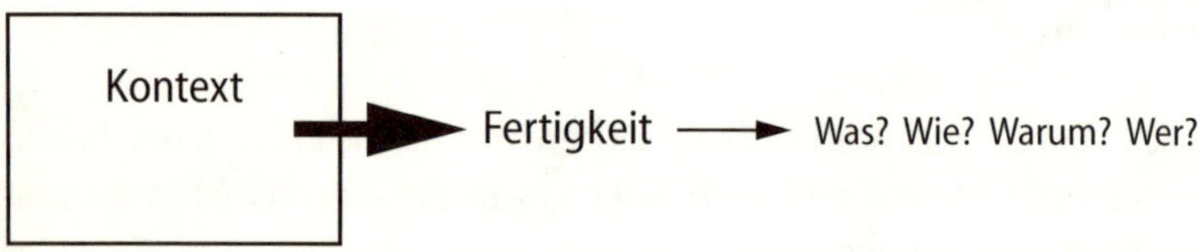

Makro-Modeling **bedeutet, eine komplexe Fähigkeit in die verschiedenen dafür notwendigen Prozeßebenen zu unterteilen.**

Multi-level-Modeling-Fragen

Bestimmen Sie zusammen mit einem Partner oder einer Gruppe, was für ein Verhaltensmuster modelliert werden soll. Finden Sie die übrigen unterstützenden logischen Ebenen heraus, die mit diesem Verhalten zusammenhängen, und beginnen Sie dabei mit der Verhaltensebene.

1. »In welchem Kontext oder welcher *Umgebung* explorieren Sie die Fähigkeit?«

»*Wann* und *wo* sehen Sie die Fähigkeit oder Aktivität?«

Der Kontext, in dem sich die Fähigkeit zeigt, ist:

2. »Welches sind die speziellen *Verhaltensweisen*, die mit der Fähigkeit zusammenhängen, die Sie explorieren? Welche Verhaltensaspekte sind besonders signifikant, um das erwünschte Ergebnis zu erzielen?«

»Welche spezifischen Verhaltensweisen sind für den Prozeß, den Sie modellieren wollen, wesentlich?«

(Schaffen oder simulieren Sie ein Beispiel für den Kontext, in dem das Verhalten auftritt, damit Sie eine andauernde Demonstration der Fähigkeit bekommen, die Sie modellieren wollen. Dies ist notwendig, damit sich die folgenden Fragen auf etwas Konkretes gründen oder darin verankert sind. Achten Sie auch darauf, daß die Fragen nicht nur rein theoretisch sind.)

3. »Welche inneren Gedanken und *Fähigkeiten* begleiten Ihr Verhalten?«

»*Wie* denken Sie, wenn Sie auf diese Weise handeln? Welche kognitiven Prozesse stehen hinter dem Verhalten, das Sie in Schritt 2 festgelegt und demonstriert haben, oder werden durch dieses vorausgesetzt?«

Die Gedanken und Fähigkeiten, die ich mit dem Verhalten in Verbindung bringe, sind:

4. »Was für *Glaubenssätze* und *Werte* kommen durch die Gedanken und Aktionen, die Sie definiert haben, zum Ausdruck oder werden durch Sie bestätigt?«

»Welche Werte kommen durch Ihr Verhalten und Ihre Fähigkeiten zum Ausdruck oder werden dadurch gewürdigt?«

Ich würdige:

»*Warum* bringen diese speziellen Gedanken und Verhaltensweisen Ihre Werte zum Ausdruck? Welche Glaubenssätze stellen die Motivation für Ihre Gedanken und Ihre Aktivität dar?«

Ich glaube:

5. »Wie sehen Sie Ihre *Identität* oder Rolle im Hinblick auf Ihre Gedanken und Aktionen und auf die damit verbundenen Glaubenssätze und Werte?« (Oft ist es nützlich, abgesehen von der wörtlichen Beschreibung mit einer Metapher zu arbeiten.)

»*Wer* sind Sie, wenn Sie sich auf diese speziellen Glaubenssätze, Werte, Fähigkeiten und Verhaltensweisen einlassen?«

Ich bin (oder ich bin wie):

»Was für eine Mission haben Sie?« »Wem dienen Sie mit dieser Aktivität?«

Meine Mission ist:

6. »Was für ein Gefühl von dem *größeren System*, in dem Sie agieren, haben Sie?«

»Was für eine *Vision* von dem größeren System, in dem Sie Ihrer Mission nachgehen, haben Sie?«

Diese Mission steht im Dienste der größeren Vision zu:

Beispiel für eine Makro-Modeling-Übung

1. Markieren Sie eine Stelle im Raum, die den Kontext repräsentiert, in welchem die Person, die Sie modellieren wollen X zeigt (d.h. Führungskunst, Kreativität, Lernen usw.). Lassen Sie die Person an diese Stelle treten und in der ersten Position erleben, wie er oder sie eine Umgebung genau beobachtet und überschaut, in der er oder sie X zu tun vermag. Finden Sie die Glaubenssätze und Werte heraus, welche die Person in diesem Kontext lenken.

2. Markieren Sie einen weiteren Raum für einen Kontext, in dem die Person nicht in der Lage ist, X zu zeigen. Finden Sie die Glaubenssätze und Werte heraus, die in diesem Kontext anders sind.

3. Lassen Sie die Person zu jeder dieser Positionen zurückkommen und jeweils zur Tat schreiten oder sich ansehen, welches jeweils die nächsten Schritte wären, und auch, was die längerfristigen Folgen wären, die mit diesen Aktionen und Schritten zusammenhängen.

4. Markieren Sie einen neuen Standort für eine dritte Position, in der die Person, die Sie modellieren wollen, sowohl die förderlichen als auch die nachteiligen Kontexte übersehen kann. Bewerten Sie aus dieser Perspektive die Ähnlichkeiten und Unterschiede zwischen den beiden ersten Kontexten im Hinblick auf die Glaubenssätze, Werte und die zu erwartenden Folgen.

5. Fügen Sie eine vierte Position hinzu, aus der alle drei anderen Perspektiven überschaubar sind. Bewerten Sie von hier aus die Vorannahmen, die in den Bewertungen aus der dritten Position wirksam waren. Sind sie angemessen? Wie sind Sie zu Ihrer Auswahl dessen gekommen, was einen Kreativitäts-, einen Lern- oder Führungskontext ausmacht? Welches waren Ihre Vorannahmen bezüglich der Glaubenssätze und Werte in diesen Kontexten? Usw.

Strategien für Angewandtes Modeling

Strategien für Angewandtes Modeling umfassen folgende Punkte: (a) die wesentlichen Fähigkeiten der Individuen, die ein bestimmtes Ergebnis oder Ziel zu erreichen vermögen, zu erkennen, (b) die jeweiligen Personen zu benennen, die davon profitieren könnten, jene Fähigkeiten zu erlernen und die entsprechenden Ergebnisse zu erzielen, und (c) zu entscheiden, welche dieser Fähigkeiten die Personen, die die Fertigkeit benötigen oder die die Ergebnisse erzielen möchten, am meisten brauchen. Ein üblicher Ansatz beim angewandten Modeling ist, zuerst einen Bedarf oder ein Problem zu identifizieren, die angesprochen werden sollen, und dann Personen zu finden oder auszuwählen, welche die Fähigkeiten oder Ressourcen besitzen, mit dem Bedarf oder Problem am erfolgreichsten umzugehen. Bei einem anderen Ansatz würde man zuerst die Fähigkeiten der Personen, die ein bestimmtes Ziel zu erreichen vermögen, benennen und dann die Personengruppe identifizieren, die von diesen Fähigkeiten am meisten profitieren würde.

Zu angewandtem Modeling gehört auch, die ausgewählten Fähigkeiten in eine Form zu bringen, die es den Menschen, die sie brauchen, ermöglicht, sie zu entwickeln und zu integrieren (z.B. als Rechtschreibstrategie, Allergietechnik, Mittel zur Gewichtskontrolle, Führungskräfte-Seminar, Suchtbehandlungsplan usw.).

Angewandtes Modeling bedeutet in vielerlei Hinsicht, die aus den anderen Modeling-Strategien gewonnene Information in die Tat umzusetzen. Dies heißt, den Prozeß der Informationssammlung zu einem Format »Gegenwartszustand – Wunschzustand« umzustrukturieren – auch als das S.C.O.R.E.-Modell bekannt. Die S.C.O.R.E.-Definitionen markieren die wesentlichen Merkmale eines bestimmten Problemraums: die Symptome (*symptoms*), die mit dem Gegenwartszustand (oder dem Problemzustand) zusammenhängen; die Ursachen *(causes)* dieser Symptome; das gewünschte Ergebnis (*outcome*), das an die Stelle der Symptome treten soll; die längerfristigen Folgen (*effects*) des erreichten Zieles; und die notwendigen Ressourcen (*resources*), mit denen die Symptome und ihre Ursachen umgewandelt und mit denen die gewünschten Ziele und Folgen erreicht werden. In der Regel werden beim Modeling die Symptome und Ursachen (der Gegenwartszustand) durch die Personen verkörpert, welche die zu modellierende Fähigkeit brauchen oder wünschen. Das Ziel, die Folgen und die Ressourcen werden durch die Personen verkörpert, die modelliert werden sollen. Allerdings ist es möglich, daß ein und dieselbe Person alle Aspekte der S.C.O.R.E.-Modells in sich vereint (wie im Falle eines Menschen, der ein Problem oder eine Krankheit hatte, aber selber damit fertigzuwerden vermochte).

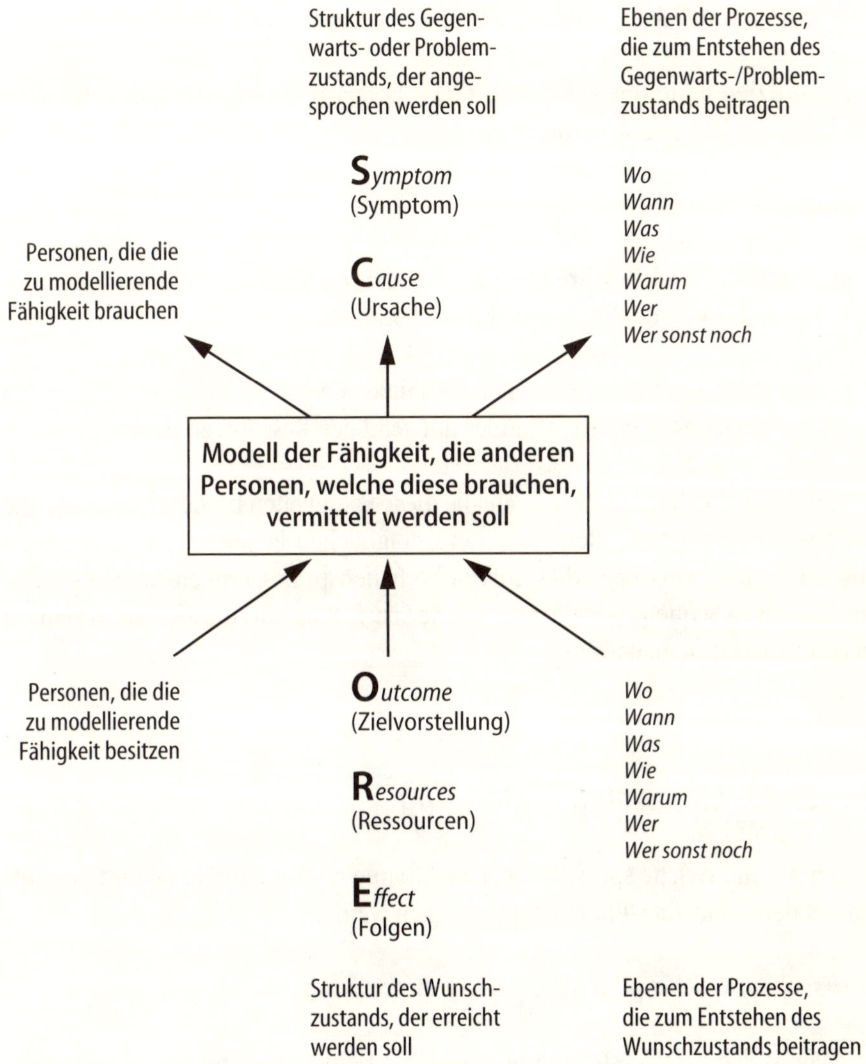

Angewandtes Modeling erfordert, die Fähigkeiten zu definieren, die modelliert und denjenigen, die sie brauchen, vermittelt werden sollen.

Eine grundlegende Angewandte Modeling-Strategie umfaßt folgende Schritte:

1. Identifizieren Sie das gesamte S.C.O.R.E. des Problemraums, der mit dem Modeling-Projekt erfaßt werden soll.

2. Finden Sie heraus:

a. eine Multi-level-Beschreibung des Problemzustands der Person/en, die die zu modellierende Ressource braucht / brauchen,

b. eine Multi-level-Beschreibung der Fähigkeiten von Personen, die die für das Erreichen des Wunschzustandes notwendigen Ressourcen haben.

3. Vermitteln Sie der/den Person/en, die diese Fähigkeiten braucht/brauchen, die relevante/n Ebene/n der Ressource der erfolgreichen Personen. (Je nach Ebene und Art der Ressource kann dies Ankern, Verhaltenspraxis, Proben einer bestimmten kognitiven Sequenz oder Strategie, eine Schrittfolge, aus der sich ein Verfahren zusammensetzt, sein, usw.)

Fragen für Angewandtes Modeling

1. ***Symptome*:** Welche speziellen, beobachtbaren oder meßbaren Symptome sollen mit dem Modeling-Projekt angesprochen werden?

2. ***Ursachen*:** Welches sind die Ursachen dieser Symptome?

3. ***Ziele*:** Welche Zielvorstellung oder welcher Wunschzustand soll erreicht werden, den die Person/Personen, die modelliert werden soll/sollen, dauerhaft zu zeigen vermag / vermögen?

4. ***Folgen*:** Was für längerfristige positive Folgen werden sich einstellen, wenn diese Zielvorstellung erreicht ist?

5. ***Ressourcen*:** Was für Ressourcen hat die Person/haben die Personen, die modelliert wird/werden, mit deren Hilfe sie: (a) dauerhaft die gewünschte Zielvorstellung erreichen, (b) mit den Symptomen gelungen umgehen, (c) die Ursachen der Symptome ansprechen und verändern und (d) sich auf die längerfristigen positiven Folgen zubewegen?

Bestimmen Sie, welche Ressourcen die Personen, die von dem Modeling-Projekt profitieren sollen, brauchen, und die die Personen, die modelliert werden sollen, besitzen, indem Sie auf folgenden Ebenen Informationen sammeln:

Von den Personen, die die Ressource brauchen, ist herauszufinden:

a. Umwelt: Bestehen irgendwelche Einschränkungen durch den Kontext oder die Umwelt, mit denen die Personen, die die Fähigkeit brauchen, sich abfinden müssen?
b. Verhalten: Welche spezifischen Verhaltensweisen zeigen die Personen, die die Fähigkeit brauchen, aktuell? D.h. welches sind die problematischen Verhaltensweisen?
c. Kognitive Fähigkeiten: Was für spezielle Fähigkeiten oder kognitiven Strategien fehlen den Personen, die die Fähigkeit brauchen, oder welche machen ihnen Schwierigkeiten?
d. Glaubenssätze: Was für Glaubenssätze hindern oder schwächen die Personen, die die Fähigkeit brauchen?
e. Werte: Von welchen Werten oder von welcher Wertehierarchie aus agieren die Personen, die die Fähigkeit brauchen?
f. Identitätsgefühl: Wie nehmen die Personen, die die Fähigkeit brauchen, sich selber wahr? Was für ein Selbstbild haben sie?
g. Mission und Vision: Haben die Personen, die die Fähigkeit brauchen, irgendein Gefühl von Mission oder Vision, das ihr Handeln prägt?

Von den Personen, die die Ressource besitzen, ist herauszufinden:

a. Umwelt: Welche Chancen bieten die Kontexte oder die Umwelt der/den Person/Personen, die modelliert werden soll/en?
b. Verhalten: Welche speziellen beobachtbaren Verhaltensweisen zeigt/zeigen die Person/Personen, die modelliert werden soll/en, im Unterschied zu denen, die die Fähigkeit brauchen?

c. ***Kognitive Fähigkeiten:*** Welche speziellen geistigen Fähigkeiten oder kognitiven Strategien setzt/setzen die Person/Personen, die modelliert wird/werden, ein?
d. ***Glaubenssätze:*** Was für Glaubenssätze hat die Person/haben die Personen, die modelliert wird/werden, mit denen sie es besser schafft/schaffen?
e. ***Werte:*** Von welchen Werten oder von welcher Wertehierarchie aus agiert/agieren die Person/Personen, die modelliert wird/werden?
f. ***Identitätsgefühl:*** Wie nimmt/nehmen die Person/Personen, die modelliert wird/werden, sich selber wahr?
g. ***Mission und Vision:*** Was für eine Vision und Mission setzt/setzen die Person/Personen, die modelliert wird/werden, ein, die ihr Handeln prägen?

Fortgeschrittene Modeling-Strategie

Die folgende, vom Autor entwickelte *Strategie für Angewandtes Modeling* faßt viele der verschiedenen Aspekte und Phasen des NLP-Modeling-Prozesses (einschließlich Merkmalermittlung und Mustererkennung und verschiedene Elemente der Mikro- und Makro-Strategien, und der Strategien des Angewandten Modeling) zusammen.

1. Bestimmen Sie die erwünschte Fertigkeit oder Fähigkeit, die modelliert werden soll, sowie die Person/en, die diese Fähigkeit besitzt/besitzen.

2. Stellen Sie eine Situation oder einen Kontext her, in dem Sie von den Personen, die Sie modellieren wollen, **mindestens drei verschiedene spezifische Beispiele** bekommen, wie sie die erwünschte Fertigkeit zeigen.

   a. Finden Sie mit folgenden Wahrnehmungsfiltern in jedem Beispiel **die kritischen Faktoren** heraus:

   1) Zugangshinweise
   2) Sprachmuster – Meta-Modell, Prädikate usw.
   3) Physiologie
   4) Repräsentationssysteme, Strategien und Submodalitäten
   5) Meta-Programm-Muster
   6) Glaubenssätze und Werte
   7) Logische Ebenen

   b. Stellen Sie fest, welche Faktoren in allen drei Beispielen **die gleichen** sind.

3. Finden Sie mindestens ein **Gegenbeispiel** – d.h. eine weitere Person oder andere Personen (einschließlich Sie selber), welche die Fertigkeit nicht angemessen zu zeigen vermag/vermögen, **oder** Situationen, in denen das Modell die Fertigkeit nicht angemessen zu zeigen vermochte.

   Bestimmen Sie die **kritischen Faktoren des Gegenbeispiels/der Gegenbeispiele**, indem Sie dieselben Filter wie in **Schritt 2a** verwenden.

4. **Stellen Sie** die kritischen Faktoren in den drei erfolgreichen Beispielen den kritischen Faktoren in dem/den Gegenbeispiel/en **gegenüber**.

Achten Sie auf die **signifikantesten Unterschiede**.

5. *Ändern* Sie alle signifikanten kritischen Faktoren des Gegenbeispiels/der Gegenbeispiele, so daß sie den signifikanten kritischen Faktoren der erfolgreichen Beispiele ***entsprechen*** *(match)*, bis Sie bei den Individuen oder in den Situationen, die das Gegenbeispiel/die Gegenbeispiele ausmachen, das gewünschte Verhalten oder die gewünschten Ergebnisse erhalten.

Wenn die Änderung dieser Faktoren bei der Person/den Personen oder in der Situation/den Situationen nicht zu dem gewünschten Verhalten oder Ergebnis führt, ***dann finden Sie andere passendere oder stärkere Beispiele zum Modellieren*** und wiederholen Sie den Prozeß ab **Schritt 4** weiter, bis das gewünschte Verhalten oder Ergebnis erreicht ist.

6. Beginnen Sie nun, die kritischen Faktoren, die zum Erreichen des gewünschten Verhaltens oder Ergebnisses beigetragen haben, einen nach dem anderen zu verändern.

a. Finden Sie die ***Grenze***, indem Sie feststellen, wie weit Sie den Faktor ändern können, ehe er das Ergebnis ändert.
b. ***Prinzip der Eleganz***: Finden Sie die Mindestanzahl der Faktoren, die notwendig sind, um das gewünschte Verhalten oder die gewünschten Ergebnisse zu erzielen.

Angewandtes Modeling und der *Back-Propagation*-Prozeß

Die letzte Phase, die *Testphase*, des Angewandten Modeling sowie der Strategie für Angewandtes Modeling ähnelt dem, was in der Technologie neuraler Netzwerke als »Back Propagation« oder »Rückübertragung« bekannt ist. Neurale Netzwerke sind Computerstrukturen, die ähnlich wie das Gehirn funktionieren. Mit ihnen kann man komplexe Muster erkennen. Normalerweise gehören eine Reihe miteinander verbundener Elemente dazu, mit deren Hilfe eine Art Modell eines Musters oder Phänomens geschaffen wird. Das Modell wird als eine Funktion der Gewichte oder Kräfte oder Verbindungen zwischen den Elementen in dem Netzwerk gebildet. Dieses innere Modell bestimmt den Output des Netzwerkes.

Der Wert neuraler Netzwerke liegt darin, daß sie lernen können, Muster heuristisch, als eine Funktion wiederholter Erfahrungen, zu erkennen. Jedes Mal wenn das Netzwerk einen bestimmten Input bekommt, wird das Modell (oder das Muster von Gewichtungen) entsprechend einer bestimmten Lernregel angepaßt. Auf diese Weise wird das Netzwerk immer besser darin, diesen bestimmten Input zu erkennen und darauf zu reagieren; auf eben diese Weise lernt ein Kind, ein Gesicht oder ein Wort zu erkennen. Diese Art Computernetzwerke werden im allgemeinen eingesetzt, um akustische »Stimmerkennungssysteme« und optische »Buchstabenerkennungssysteme« zu trainieren.

Eine gängige Lernstrategie für solche Netzwerke ist die »Rückübertragung«. Angenommen der Computer wird trainiert, die Buchstaben des Alphabets zu erkennen, so daß er gedruckte Dokumente lesen und in die entsprechenden Computertextbuchstaben übersetzen kann. Um zum Beispiel den Buchstaben S zu üben, würde ein Bild des Buchstabens in das Netzwerk eingegeben. Dieses Bild würde in dem Computernetzwerk (basierend auf den aktuellen Gewichtungen seiner Zwischenverbindungen) als ein Muster der Reaktionen codiert. Als Produkt dieses Musters wird das Netzwerk ein Ergebnis zeigen – zum Beispiel den Buchstaben S. Das Ergebnis des Computers wird mit dem gewünschten Ergebnis verglichen, das von dem System erwartet wird (d.h. mit dem Buchstaben S). Gibt es eine Diskrepanz zwischen den beiden Ergebnissen – dem erwarteten Ergebnis (»S«) und demjenigen, das der Computer produziert (»§«) –, werden die Gewichtungen zwischen den Elementen, die das Netzwerk bilden, angepaßt. Das Bild wird dann wieder zur Eingabe, und das Ergebnis wird auf die gleiche Weise wieder getestet. Nach einigen Zyklen wird der Output des Computers immer mehr dem gewünschten Ergebnis entsprechen (das heißt, der Computer zeigt den Textbuchstaben S, wenn das Bild eines S gezeigt wird). Mit anderen Worten, der Computer hat sich ein nützliches Modell gemacht; er hat einen Prozeß geschaffen, der mit einer bestimmten Eingabe ein gewünschtes Ergebnis erzielt.

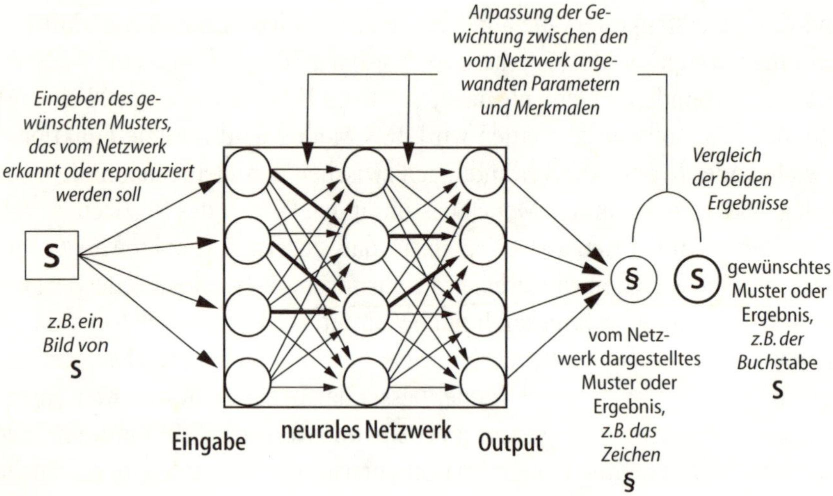

Darstellung des Rückübertragungsprozesses in einem neuralen Netzwerk

Eine ähnliche Strategie wird im NLP angewendet, um ein bestimmtes Modell zu verbessern, wenn es mit den diversen oben beschriebenen Methoden und Strategien entwickelt wurde. Der Mensch ist ein neurales Netzwerk, das viele unterschiedliche Merkmale und Unterscheidungen (d.h. Repräsentationssysteme, Submodalitäten, Meta-Programm-Muster, Mikro-Verhaltenshinweise, Sprachmuster usw.) verarbeiten kann. Wenn man die Aufmerksamkeit auf ein bestimmtes Unterscheidungskriterium lenkt, ist dies wie wenn man einem Element in einem Computerneuronetzwerk Gewicht beimißt. Beispielsweise jemandem zu sagen, er solle »die Augen nach oben links« wenden, wenn diese Person ein Wort richtig zu buchstabieren lernt, würde Gewicht auf die Augenstellung als Teil der korrekten Rechtschreibung legen.

Die Schritte eines Modells oder eines Verfahrens lenken die Aufmerksamkeit eines Menschen auf unterschiedliche Aspekte und Merkmale seiner Erfahrung. Dadurch, daß man auf diese Weise etwas Bestimmtem Aufmerksamkeit widmet, entsteht eine Anziehung, die selbstbestimmtes Verhalten in diesem Menschen anregt. Wenn man zum Beispiel darauf achtet, wie ein Tennisball auf den Boden trifft, wenn er auf einen zufliegt, wird dies automatisch beeinflussen, wie man den Schläger beim Zurückgeben schwingt. Ganz ähnlich verhält es sich, wenn man auf die Änderungen in der Stimme einer Person hört statt auf den Inhalt der Worte oder wenn man den Gesichtsausdruck einer Person beobachtet statt darauf zu achten, wie derjenige gekleidet ist; beides wird beeinflussen, wie man auf diese Person reagiert.

Die Anweisungen und Verfahren, aus denen die Prinzipien, Schritte und Strategien eines Verhaltensmodells bestehen, sind demnach wie die Gewichtungen in einem neuralen Netzwerk. Den Rückübertragungsansatz auf Verhaltensmodeling anzuwenden würde folgende Schritte umfassen:

1. Die Schritte, Strategien und Unterscheidungen, die das Modell bestimmt, innerhalb des angemessenen Kontextes auszuprobieren.
2. Die erreichten Ergebnisse zur Kenntnis zu nehmen und sie mit den erwünschten Ergebnissen zu vergleichen.
3. Die Schritte und Unterscheidungen, die das Modell nahelegt, anzupasssen, um eine bessere Annäherung zu erreichen.
4. Die neuen Anpassungen an das Modell zu erproben und den Prozeß mehrmals zu wiederholen, bis man (oder die Personen, für die das Modell sein soll) den erforderlichen Schwellenwert des gewünschten Ergebnisses erreichen kann.

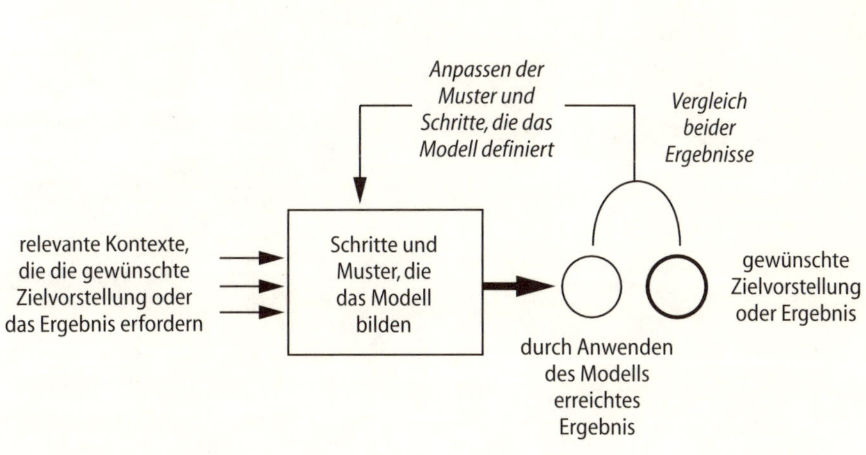

Verfeinerung einer Technik, eines Modells oder einer Strategie durch den Rückübertragungsprozeß

Durch diesen Prozeß wird das Modell verfeinert, indem es in der Erfahrung angewandt wird. Anpassungen werden vorgenommen, indem das tatsächliche Ergebnis, das mit dem Modell erzielt wurde, mit dem gewünschten Ergebnis verglichen wird, bis man das effektivste und eleganteste Modell gestaltet hat.

Beachten Sie, daß dieser Ansatz der Evaluierung und Verfeinerung eines Modells sich grundsätzlich von einem einfachen Feedback unterscheidet (bei dem der Output des Systems als neuer Input wieder eingegeben wird) wie auch von dem Versuch, eine Theorie statistisch zu beweisen, indem man die Ergebnisse analysiert. Rückübertragung bedeutet, das Modell selber dauernd wieder anzupassen, indem man den Output mit einem gewünschten Ergebnis vergleicht.

Code-Kongruenz

Gregory Bateson meinte: »Wenn man über eine Sache nachdenken möchte, denkt man am besten genauso über diese Sache, wie diese Sache denkt.« Batesons Begriff der Code-Kongruenz behauptet, daß die effektivsten und ökologischsten Modelle die sind, in denen die Beziehungen zwischen den Elementen innerhalb des Modells den Beziehungen zwischen dem System der Elemente des Phänomens, das wir modellieren, entsprechen.

Bateson betont zum Beispiel, daß wir eine menschliche Hand als »fünf bananenförmige Objekte« oder als »vier Beziehungen« zwischen benachbarten Zahlen beschreiben können. Bateson schlägt vor, daß eine wichtige Frage ist: »Welche Art der Beschreibung entspricht mehr derjenigen, die die DNS und andere genetische Prozesse, welche die Hand geschaffen haben, gebrauchen?« Eine andere Frage wäre: »Was für einen Unterschied macht es, wenn wir eine Hand herstellen oder reproduzieren wollen, wenn wir sie uns als vier Beziehungen statt als fünf Objekte vorstellen?« Bateson behauptet, daß Modelle, die »code-kongruenter« sind, im allgemeinen eleganter (einfacher), nützlicher und ökologischer sind.

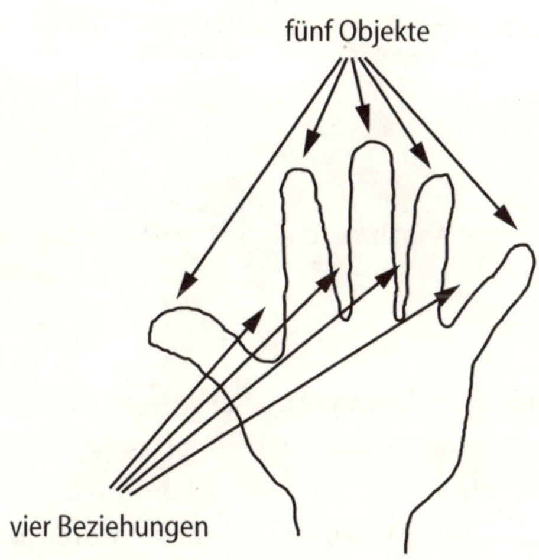

Ist eine Hand fünf Gegenstände oder vier Beziehungen?

Ein gutes Beispiel für den Wert der Code-Kongruenz beim Modeling sind der veränderte konzeptionelle Rahmen und die Mathematik der Astronomie in der Spätrenaissance. Die Astronomen des Mittelalters waren davon ausgegangen, daß die Erde der Mittelpunkt des Sonnensystems sei. Folglich dachten sie, daß alle Planeten sich um die Erde drehten statt um die Sonne. Um die Umlaufbahnen der Planeten, mit der Erde als Mittelpunkt, zu beschreiben, mußten sie ausgeklügelte und komplizierte mathematische Beschreibungen der Bahnen, die die Planeten zogen, entwickeln. (Wenn man davon ausgeht, daß die Erde der Mittelpunkt des Sonnensystems ist, hat es den Anschein, daß die Planeten in ihren Umlaufbahnen merkwürdige kleine Unterschleifen und Schnörkel vollführen.)

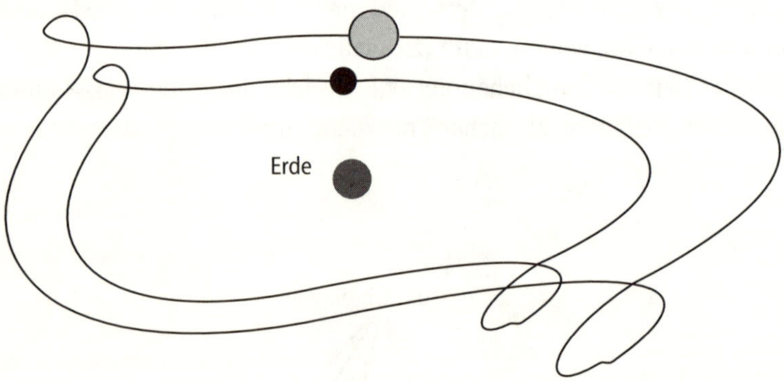

Planetenbahnen unter der Annahme, daß die Sonne der Mittelpunkt des Sonnensystems ist

Als das Modell dann schließlich dahin gehend abgeändert wurde, daß man die Sonne an den Mittelpunkt all ihrer Umlaufbahnen plazierte, wurde klar, daß die Planeten relativ einfachen elliptischen Bahnen folgten, und die Mathematik, mit deren Hilfe man die Bewegung der Planeten aufzeichnete, wurde plötzlich viel einfacher.

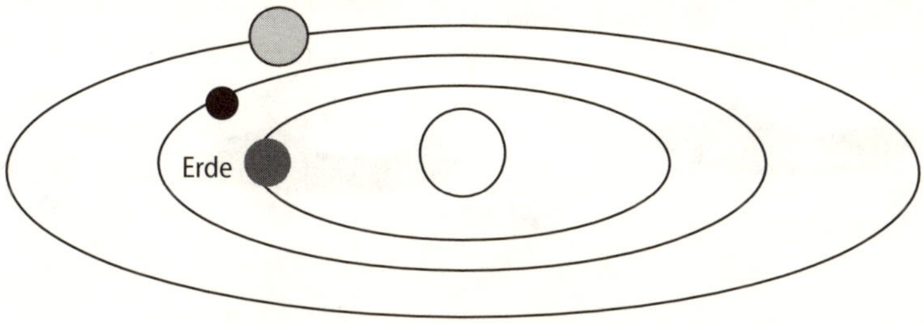

Planetenbahnen unter der Annahme, daß die Sonne der Mittelpunkt des Sonnensystems ist

Ein weiteres Beispiel für Code-Kongruenz aus der Naturwissenschaft ist die Veränderung, die mit Albert Einsteins relativistischem Ansatz in der Physik in Gang kam. Indem der Begriff der absoluten Zeit und des absoluten Raums zu dem relativer Zeit und relativen Raumes wurde, konnte Einsteins Modell die gesamten Newtonschen mechanischen Gesetze der Physik (als Spezialfälle) berücksichtigen, aber vermochte auch, zusätzliche Phänomene zu erklären und vorauszusagen; und dies gelang mit weniger Begriffen.

Während Modelle, die nicht code-kongruent sind, in manchen Fällen auch nützlich sein können, sind sie in ihrer Reichweite und Langlebigkeit begrenzt. Als Metapher (und als Beispiel aus der Biologie von gleicher Wichtigkeit wie die Code-Kongruenz) pflegte Bateson das Beispiel eines unbefruchteten Froscheis zu zitieren. Ein Froschei ist im wesentlichen eine Kugel; und als solche fehlt ihm ziemlich viel von der nötigen Information, um ein Frosch zu werden. Eine Kugel hat kein offensichtliches »vorne«, »hinten«, »links«, »rechts«, »oben« oder »unten«. Weil aber der Kern des Froscheis nicht genau in der Mitte liegt, bestimmt dies, was beim Frosch »oben« und »unten« sein wird. Um sich nun allmählich zu einem Frosch zu entwickeln, braucht das Ei Information darüber, was »vorne«, »hinten«, »links« und »rechts« sein soll. Diese Information wird normalerweise durch den Eintritt des Sperma aus dem männlichen Frosch vermittelt. Die Stelle, wo das Sperma eintritt, markiert die Stelle, die die Vorderseite des Frosches sein wird. Wenn das Ei die »Oberseite« und die »Vorderseite« des Frosches bestimmen kann, dann werden »hinten«, »unten«, »links« und »rechts« klar.

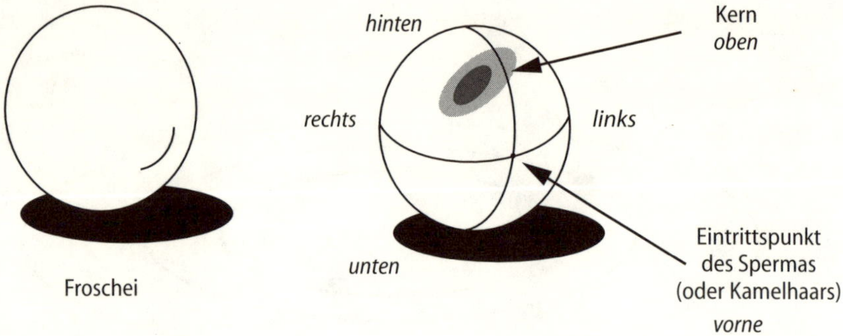

Ein Kamelhaar ist eine Art Modell eines Froschspermas, das nicht völlig code-kongruent ist

Die interessante Frage, die sich im Hinblick auf Code-Kongruenz stellt, entsteht aus der Tatsache, daß die Spitze eines Kamelhaars etwa so groß wie ein Froschsperma ist. Wenn man das Froschei mit dem Kamelhaar durchsticht, beginnt sich das Ei zu teilen und sich zu einem lebendigen, atmenden fliegenfangenden Frosch zu entwickeln. Das Kamelhaar ist eine Art Modell des Froschspermas. Allerdings kann sich ein so entstandener Frosch nicht vermehren, weil ihm die andere Hälfte der Chromosomen fehlt, die normalerweise von der männlichen Spermazelle kommt (ein sogenanntes Haploid). Demnach ist das Kamelhaar nicht ganz code-kongruent, indem ihm die Information oder der Code fehlt, der für einen voll reproduktionsfähigen Frosch nötig ist.

Wenn man dieses Beispiel als Metapher für Modeling im allgemeinen ansieht, könnte man im Sinne des Modells der logischen Ebenen im NLP sagen, daß das Kamelhaar die Information auf der *Fähigkeitsebene* liefert, aber nicht die notwendige Information auf der *Identitätsebene*. Also wäre ein wichtiges Kriterium für Code-Kongruenz beim Modeling, so viele unterschiedliche Prozeßebenen wie möglich als Modell zu prüfen und darin aufzunehmen.

Kollaterale Energie

Ein weiterer Aspekt von Code-Kongruenz in lebenden Systemen, den Bateson herausstellt, ist die kollaterale Energie. *Kollaterale Energie* bezieht sich auf die Tatsache, daß in vielen dynamischen Systemen (wie z.B. biologische und soziale Systeme) alle Teile ihre eigene Energiequelle in sich tragen. Dies macht die Systeme viel komplexer, weil Energie nicht auf vorhersagbare, mechanische Weise durch das System fließt. Billard-Kugeln auf einem Pool-Tisch haben zum Beispiel keine eigene kollaterale Energie. Die Energie in solch einem System stammt von der Initialkraft des Queue, der die Kugel anstößt. Die Energie wird auf eine vorhersagbare Weise verteilt und weitergegeben, indem jede Kugel eine andere anstößt.

Gregory Bateson gebrauchte als Analogie Alice im Wunderland, wie sie mit einem Igel als Kugel und einem Flamingo als Schläger Krocket spielt; er will damit deutlich machen, wie Interaktionen und ihre Folgen viel komplexer und unvorhersagbarer werden, wenn jeder Teil eines lebenden Systems seine eigene Energiequelle in sich trägt. Bateson betonte, daß man, wenn man einen Ball schießt, mit ziemlicher Genauigkeit sagen kann, wo der Ball hingeht, wenn man den Winkel des Schusses, die Kraft des Schusses, die Rauhigkeit des Bodens usw. einkalkuliert. Wenn man andererseits einen Hund tritt – mit demselben Winkel, derselben Kraft und auf demselben Terrain usw. – wird es viel schwieriger vorherzusagen sein, wo er hinfliegt, weil der Hund seine eigene kollaterale Energie hat.

Newtons Gesetze der Physik gelten nur teilweise für lebende Systeme, deren Elemente ihre eigene kollaterale Energie haben. Kollaterale Energie wird frei als Folge von Differenz und Information und nicht als die Initialkraft, die in das System gesteckt wurde. Ein ganz geringer Umweltreiz kann eine große Menge kollaterale Energie freisetzen. Eine kleine Pfeife kann einen hungrigen Hund dazu anreizen, viel Energie aufzuwenden, um zum Essen nach Hause zu kommen. Das Augenzwinkern einer attraktiven Frau kann bei einem interessierten Jüngling eine ganze Menge Energie mobilisieren. Oder denken Sie daran, wie die Entführung der Helena zu langen Jahren des Trojanischen Kriegs führte. Ganz ähnlich haben die Schriften von Karl Marx viele Menschen für die Revolution begeistert. Glaubenssätze sind ein gutes Beispiel dafür, wie Information Energie mobilisiert.

Viele Naturwissenschaftler verfallen dem Irrtum, lebende Systeme für mechanisch funktionierend zu halten statt für eine Folge kollateraler Energie. Die traditionelle westliche Medizin konzentriert sich zum Beispiel auf die mechanischen Aspekte des Heilens. Der Pawlowsche Begriff des Reflexbogens ist ein Beispiel dafür, mechanisches Denken auf lebende Systeme anzuwenden.

Viele der sozialen, politischen und psychologischen Probleme, die uns heute plagen, sind eine Folge davon, mechanisches Denken auf lebende Systeme anzuwenden. Der Einsatz von Gewalt, Zwangsmaßnahmen und Manipulation zur Herbeiführung von sozialem Wandel sind Beispiele dafür, daß kollaterale Energie nicht bekannt ist.

Manche Leute gehen sogar an NLP-Methoden mit einer mechanistischen Perspektive heran. Den Prozeß des Ankerns kann man entweder als Ursache-Wirkungs-Mechanismus oder als die Nutzung von kollateraler Energie ansehen. Die Schritte einer NLP-Technik sind nicht wie das Anstoßen von Billard-Kugeln auf einem Pool-Tisch. Mit Menschen zu arbeiten ist eher wie das Krocket-Spiel von Alice im Wunderland.

Code-Kongruenz beim Verhaltens-Modeling

Wie wichtig es ist, das Prinzip der Code-Kongruenz auf Verhaltens-Modeling anzuwenden, illustriert eine Geschichte, die aus den frühen Tagen des NLP stammt. Bandler und Grinder hatten beschlossen, ein Modeling-Seminar durchzuführen, in dem sie die Arbeit von Virginia Satir modellieren wollten. Das zweitägige Seminar war so strukturiert, daß Virginia am ersten Morgen mit einer Familie arbeiten und ihren familientherapeutischen Ansatz demonstrieren sollte. Am Nachmittag wollten Bandler und Grinder über ihre Arbeit reflektieren und einige wesentliche linguistische Muster und Verhaltensmuster beschreiben, die sie in ihrer Therapiesitzung angewendet hatte. Dann sollte Virginia am nächsten Morgen mit einer anderen Familie arbeiten; den letzten Nachmittag wollte man für eine Schlußreflexion und Schlußbemerkungen offenhalten.

Der Geschichte zufolge leistete Virginia am ersten Morgen wie üblich hervorragende Arbeit mit der Familie. Am Nachmittag fuhren Bandler und Grinder mit Erklärungen darüber fort, wie Virginia diverse Familienmitglieder mit non-verbalen Hinweisen »geankert«, wie sie diverse Personen in bestimmte Zustände gebracht und wie sie verschiedene Reaktionen bei den Familienmitgliedern ausgelöst hatte.

Als Virginia am folgenden Morgen mit der nächsten Familie arbeitete, war es eine Katastrophe. Virginia war unglücklich über ihre Arbeit, die Familie war unzufrieden und die Zuhörer waren frustriert und verwirrt.

Der typische Schluß, den die Leute aus dieser Erfahrung ziehen, ist der, daß es gefährlich sein kann, »zu wissen, was man tut«, weil der bewußte Verstand sich einmischt. Batesons Begriff der *Code-Kongruenz* bietet nun eine andere Erklärung. Bandler und Grinder hatten Virginias Handeln als Ursache-Wirkungs-Mechanismus erklärt und damit Virginia als diejenige dargestellt, welche die Interaktion unter Kontrolle hat. Höchstwahrscheinlich dachte Virginia darüber nicht so, weder bewußt noch unbewußt. So gesehen entstand ihre schlechte Leistung am zweiten Morgen nicht nur durch die Tatsache, daß sie sich ihres Verfahrens bewußt geworden war, sondern vielmehr, weil der Code, mit dem ihr Verfahren modelliert wurde, nicht mit der Struktur ihres tatsächlichen Verfahrens übereinstimmte, d.h. weil er nicht kongruent war. (John Grinder erzählt die Geschichte, wie Bateson zum ersten Mal das Buch von Bandler und Grinder über die *Hypnotischen Techniken Milton Ericksons* las und es mit dem Kommentar »schäbige Epistemologie« abtat, weil es Ericksons Sprachgebrauch auf zu mechanische Weise beschrieben hatte.)

Wir haben wahrscheinlich alle Erfahrungen damit gemacht, wie es uns sehr bestärkte, über etwas sprechen zu können, das wir unbewußt und intuitiv taten, und dadurch unsere Wertschätzung dessen, was wir taten, und das Gelingen gesteigert wurden. Wahrscheinlich haben wir auch die Erfahrung gemacht, daß Wissen über das, was wir taten, unbewußt eine Art Befangenheit auslöste, die unsere Leistungsfähigkeit störte. Bateson pflegte zu sagen, daß der Unterschied mit der Kongruenz des Codes zu tun hat, der für den betreffenden Prozeß gebraucht wird.

Wenn ein Modell nicht code-kongruent ist, ist es, als versuche man »einen quadratischen Pflock in ein rundes Loch zu stecken«.

Achten Sie darauf, daß Code-Kongruenz nichts mit der Akkuratheit des Inhaltes des Codes oder Modells zu tun hat. Ein Code könnte völlig metaphorisch sein und immer noch kongruent oder übereinstimmend mit dem Prozeß, den er darstellt. Der wesentliche Aspekt der Code-Kongruenz ist, daß die *Beziehungen* zwischen den Elementen und Ereignissen in dem Modell mit den *Beziehungen* zwischen den Elementen und Ereignissen, die das System, das wir modellieren, ausmachen, übereinstimmen.

FÜNF

Modeling von Führungsfähigkeiten

Überblick über Kapitel 5

- Definition des Projektes
- Phase der Grundlagenforschung
- Phase der angewandten Forschungsarbeit
- Allgemeine Folge von Modeling/Installations-Aktivitäten
- Auswahl von Kontexten und Beispielen

  Folge der Modeling-Aktivitäten

Beim Versuch, Merkmale von effektiven Führungspersönlichkeiten und Führungsfähigkeiten zu benennen, wurde alles von der Körpersprache über Kleidung bis hin zu Tischmanieren, Musikgeschmack und so weiter untersucht. Der Schlüssel zu jeglichem gelungenen Verhaltensmodell ist aber, jene Unterscheidungskriterien herauszufinden, die die grundlegendsten, einfachsten und einflußreichsten sind, um in dem Kontext, in dem man operiert, zu praktischen Ergebnissen zu kommen.

Der folgende Bericht ist eine Zusammenfassung eines Modeling-Projektes zu Führungskunst, das zwischen 1989 und 1992 bei Fiat durchgeführt wurde. Einige wesentliche Aspekte des NLP-Modeling-Prozesses werden dadurch verdeutlicht. Das Projekt wurde von Gianfranco Gambigliani gesponsert, dem Vorstandsvorsitzenden von ISVOR Fiat, der unternehmensinternen Trainings-Organisation. Die Durchführung des Projektes wurde von Giovanni Testa, dem Direktor der Internationalen Trainings- und Entwicklungsabteilung für Fiat, unterstützt. Zu dem Forschungsteam gehörten der Autor und zwei italienische Kollegen, Gino Bonissone und Ivanna Gasperini.

Anfang der 70er Jahre stand Fiat als Unternehmen kurz vor dem Zusammenbruch. Ende der 80er Jahre wurde Fiat von dem Magazin *Fortune* als zweitrentabelstes Unternehmen der Welt (nach IBM) aufgelistet. Diese dramatische Wende war weitgehend auf einige Führungskräfte in der Organisation zurückzuführen. Viele dieser Führungskräfte gingen allerdings auf den Ruhestand zu, und man erkannte, daß ihre Führungsfähigkeiten anderen vermittelt oder bei ihnen entwickelt werden müßten, wenn das Unternehmen weiterhin so erfolgreich sein sollte.

Dieses Modeling-Projekt war Teil des Bemühens, die wichtigsten Führungsfähigkeiten zu bestimmen, die dazu beigetragen hatten, das Unternehmen erfolgreich zu machen, und Mittel und Wege zu finden, anderen diese Fähigkeiten beizubringen und bei ihnen zu entwickeln.

Definition des Projektes

Das Projekt wurde definiert, indem zuerst die allgemeinen und praktischen Ziele der Untersuchung sowie die Vorannahmen über Führungskunst, auf denen diese basierten, festgelegt wurden. Dann wurde das Projekt in zwei Phasen gegliedert: (1) eine Grundlagenforschungsphase für das anfängliche Sammeln von Informationen und (2) eine Angewandte Forschungsphase, in der spezielle Führungsfähigkeiten eingehender untersucht werden sollten, neben den Mitteln, mit denen sie anderen am effektivsten vermittelt werden könnten.

Allgemeine Ziele

Das allgemeine Ziel dieses Modeling-Projektes war es, die Frage zu beantworten: »Wie ist es möglich (mit welchen Methoden und Ressourcen), die Beziehung zwischen Führungskraft und Mitarbeitern zu verbessern – mit dem Ziel, eine höheres Maß an Integration in der Gruppe zu erreichen?« Genauer gesagt, das Ziel war herauszufinden, wie die Effektivität und Fertigkeit von mittleren, ausführenden und Abteilungsmanagern im Verhältnis zu Leuten in ihren alltäglichen Interaktionen verbessert werden könnten. Dies betraf in erster Linie die Führungsaspekte von Rolle und Stil im Verhältnis zu bestimmten Zielvorstellungen.

Umfang

Der primäre Umfang des Projektes sollte innerhalb dessen sein, was John Nicholls *Mikro-Führung* nannte. Nicholls (1988) zufolge »*konzentriert sich* [Mikro-Führung] *auf einen Führungs**stil**, der bewußt eine effiziente Arbeitsatmosphäre schafft und bereitwillige Zusammenarbeit erreicht. Und zwar wird die Arbeit erledigt, weil die Führungskraft den eigenen Stil der doppelten Dimension von Aufgabe einerseits und Beziehungsverhalten andererseits anpaßt. Die Art des Führungsstils hängt von den jeweiligen Untergebenen und der jeweiligen Aufgabe ab; insofern ist er situativ und abhängig von den Gegebenheiten...die Führungskraft führt die Menschen in Organisationen dahin, daß es ihnen gelingt, die betreffende Aufgabe zu erledigen. Ist der Führungsstil richtig abgestimmt, erbringen die Menschen in einer effizienten Arbeitsatmosphäre bereitwillig gute Leistung.*«

Praktische Ziele

Die praktischen Ziele des Forschungsvorhabens sollten feststellen:

a. *was* exzellente Führungskräfte tun und *wie* sie es tun – d.h. eine Beschreibung des Verhaltens von Führungskunst (interaktive Mittel) und der inneren Fertigkeiten (konzeptionelle Mittel), aus denen solche Verhaltensweisen hervorgehen, liefern;
b. wie man anderen beibringt, das Know-how im Hinblick auf Eins-zu-eins-Beziehungen und Gruppenbeziehungen zu erwerben (wenn diese Unterscheidung zum Zweck der Veränderung relevant ist).
c. Welche Unterrichtsstruktur und -instrumente (Seminare, Anzahl der Module, Zeit usw.) am besten die notwendigen Fertigkeiten installieren.

Vorannahmen

Das Forschungsprojekt basierte auf folgenden Vorannahmen:

1. Bei der Definition der Führungskunst ist es wichtig, zwischen (a) »Führungskraft«, (b) »Führung« und (c) »führen« zu unterscheiden. Eine Führungskraft spielt innerhalb eines bestimmten Systems eine Rolle. Jemand, der die formelle Rolle einer Führungskraft innehat, kann Führungsfähigkeiten haben oder nicht, kann fähig sein zu führen oder nicht. Führung hängt mit den Fertigkeiten und Fähigkeiten eines Menschen und seinem Maß an Einfluß zusammen. Menschen, die offiziell keine Führungskräfte sind, können eine außerordentlich starke Führungsqualität ausstrahlen. Führung entsteht, wenn Menschen ihre Rolle und ihre Führungsfähigkeit dazu nutzen, um andere auf irgendeine Weise zu beeinflussen. *Leading* (»Führen«) und *Leadership* (»Führung«) sind mit dem altenglischen Wort *lithan*, »gehen«, verwandt. Im *Websters Dictionary* heißt es, Führung bedeute, »auf einem Weg die Führung übernehmen, vor allem indem man vorausgeht.« Beim Führen geht es tatsächlich oft darum, »als erster zu gehen« und andere nicht nur durch Worte sondern auch durch Taten zu beeinflussen, so wie man einen Tanzpartner durch die Tanzschritte führt. Führung wird auch definiert als die Fähigkeit, »jemandes Operationen, Aktivität oder Leistung zu geleiten« (wie beim Leiten eines Orchesters) und »zu einem Abschluß oder in einen Zustand (z.B. »zu einer anderen Überzeugung«) zu bringen«.

Im weitesten Sinne kann man Führung als die Fähigkeit definieren, andere an der Zielstrebigkeit innerhalb eines größeren Systems oder einer weiteren Umwelt zu beteiligen. Das heißt, eine Führungskraft führt oder beeinflußt einen Mitarbeiter oder eine Gruppe von Mitarbeitern im Kontext einer Organisation in Richtung auf das Erreichen eines Zieles. In Unternehmen und Organisationen wird Führung häufig im Gegensatz zu Management gesehen. Normalerweise wird Management definiert als »die Dinge durch andere erledigen«. Im Gegensatz dazu wird Führung definiert als »andere dazu bringen, die Dinge erledigen zu wollen.« Somit ist Führung eng mit dem Motivieren und Beeinflussen von anderen verbunden.

Management wird gewöhnlich in Zusammenhang mit der Verbesserung von Produktivität gesehen, indem Ordnung und Stabilität erlangt wird, und mit der effizienten und glatten Abwicklung von Dingen. Besonders in Zeiten von Turbulenz, sozialem Wandel und Veränderung ist Führung gefragt.

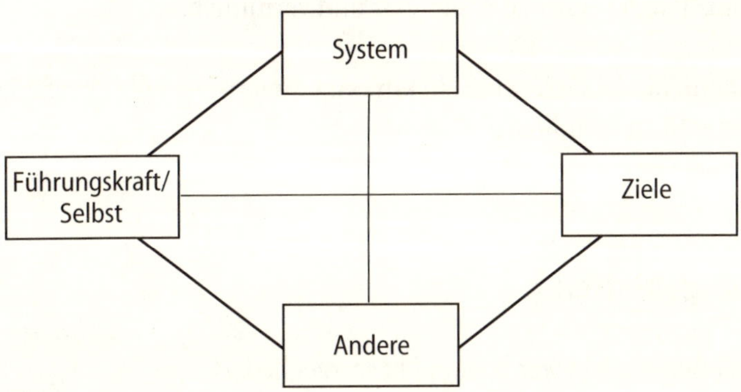

Eine Führungskraft beteiligt andere daran, Ziele innerhalb eines Systems zu erreichen.

2. Führung ist ein Prozeß, der zumindest zum Teil mit dem Aneignen von Fertigkeiten zusammenhängt. Während Fähigkeiten wie Führung oft mit angeborenem Talent assoziiert werden, wurde angenommen, daß ein erfahrener Manager besseres leisten wird als ein durchschnittlicher Manager, der sich an neue Führungssituationen anpaßt (selbst wenn er keine natürliche Begabung hat). Fernerhin wird ein Manager mit Talent und Fertigkeit besseres leisten als einer mit Talent, der aber keine hinreichenden Fertigkeiten entwickelt hat.

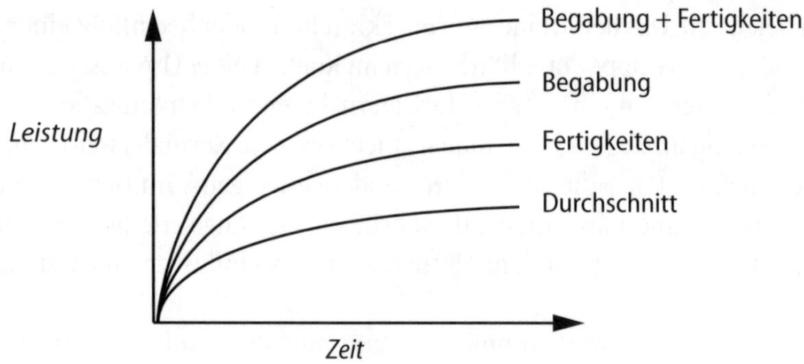

Reaktion auf eine neue Führungssituation

3. Führungsfähigkeiten sind erkennbar und vermittelbar.

4. Verhaltens-Modeling ist eine effektive Art, praktische Führungsfähigkeiten zu definieren und zu vermitteln.

Forschungsphasen

Das Forschungsprojekt war in zwei Phasen gegliedert:

a. Eine Grundlagenforschungsphase, zu der die Erkennung von Fertigkeiten und die Schaffung eines funktionierenden Führungsmodells gehörte.

b. Eine Phase der angewandten Forschung, zu der die Entwicklung von Trainingsinstrumenten und Programmen gehörte, mit denen wesentliche Mikro-Führungsfähigkeiten gefördert und vermittelt werden sollten.

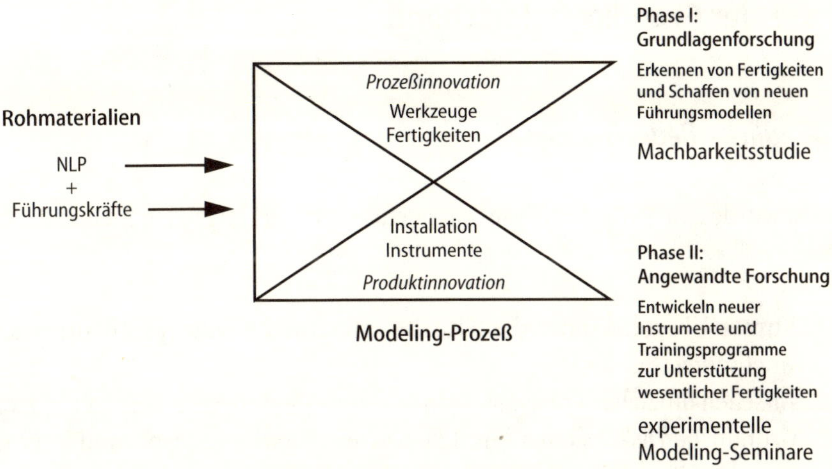

Übersicht über das gesamte Forschungsprojekt

Phase der Grundlagenforschung

Anfängliche Bedarfsanalyse

Zuerst wurde eine Bedarfsanalyse durchgeführt, die aus folgenden Elementen bestand:

1. Kurzer Überblick über die aktuelle Literatur zu Führungstheorien und -methoden.
2. Ansehen offizieller Präsentationen von Fiat-Meinungsmachern auf Video.
3. Gründliche Diskussionen mit italienischen Forschungsteam- und internen Fiat-Forschungskoordinatoren.
4. Interviews mit ausgewählten Topmanagern in Führungspositionen bei Fiat.
5. Inoffizielle, informelle Beobachtung von Verhandlungs- und Kommunikationsseminaren mit Topmanagern von Fiat.
6. Interviews und Gespräche mit Führungskräften außerhalb des Fiat-Konzerns.

Der Schwerpunkt der ersten Forschungsphase lag darin, den Problemraum der Mikro-Führungsfähigkeiten zu definieren, die modelliert und installiert werden sollten, und daraus eine erste Annäherung abzuleiten, welche Fertigkeiten und Werkzeuge für Manager bei Fiat am wertvollsten und relevantesten sein würden.

Die Schlußfolgerung, die aus der allgemeinen Bedarfsanalyse gezogen wurde, war, daß Mikro-Führung sich um einen Cluster von Fertigkeiten kristallisiert, die sich in die folgenden Klassifikationen gliedern lassen:

- ***Strategische Denkfähigkeiten*** sind notwendig, um bestimmte Ziele und Zielvorstellungen zu erreichen. Strategisches Denken bedeutet die Fähigkeit, einen relevanten Wunschzustand zu erkennen, den Ausgangszustand zu prüfen und dann den entsprechenden Weg von Zwischenzuständen zu entwikkeln und zu gehen, mit dem der Wunschzustand erreichbar ist. Ein Schlüsselelement effektiven strategischen Denkens ist festzulegen, welche Operatoren und Operationen am effizientesten und am effektivsten den Gegenwartszustand beeinflussen und dem erwünschten Zustand näherbringen.
- ***Soziale Kompetenz*** hat mit der Fähigkeit zu tun, andere Menschen zu verstehen, zu motivieren und mit ihnen zu kommunizieren. Daraus ergibt sich

die Fähigkeit, auf das Modell der Welt oder auf den Wahrnehmungsraum anderer Menschen einzugehen und sie dazu zu bringen, Probleme und Zielvorstellungen zu erkennen und den Problemraum zu verstehen, in dem sie und das Unternehmen arbeiten (zum Beispiel die Fähigkeit, Wahrnehmungspositionen zu wechseln und Meta-Botschaften zu erkennen).

- ***Selbstkompetenz*** hängt damit zusammen, wie die Führungskraft in einer bestimmten Situation auftritt. Selbstkompetenz erlaubt der Führungskraft, den Zustand, die Einstellung, die Kriterien, die Strategie usw. zu wählen und herbeizuführen, die am besten geeignet sind, auf eine Situation einzugehen. Selbstkompetenz ist gewissermaßen die Gesamtheit der Prozesse, mit denen die Führungskraft sich selber führt.
- ***Systemische Denkfähigkeiten*** helfen der Führungskraft, den Problemraum zu erfassen und zu erkennen, in dem sie, ihre Mitarbeiter und das Unternehmen sich bewegen. Die Fähigkeit, auf praktische und konkrete Weise systemisch zu denken, ist bei einer Führungskraft wohl das sicherste Zeichen von Reife. Systemisches Denken ist der Kern gelungener Strategieformulierung und der Fähigkeit, funktionsfähige Teams und andere Systeme zu schaffen (zum Beispiel die Fähigkeit, vielschichtige Prozesse und *double binds* zu erkennen.)

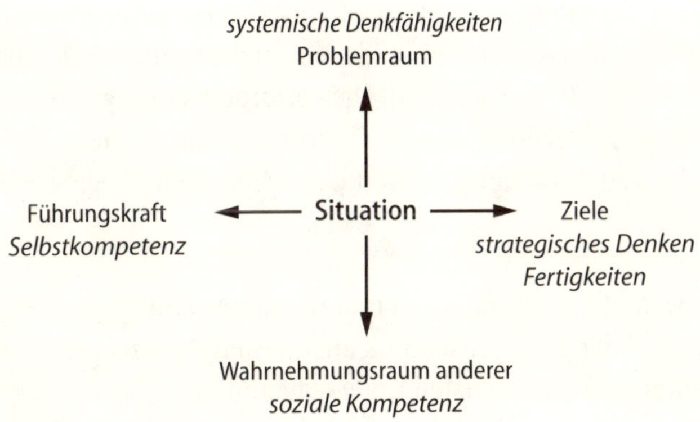

Gesammelte Fertigkeiten von Führungskunst

Phase der angewandten Forschungsarbeit

Zielvorstellungen

1. Identifizieren innovativer Instrumente, die mit erlernbaren Führungsfähigkeiten zusammenhängen (unter Nutzung des Neurolinguistischen Programmierens).

2. Identifizieren von Wegen, wie sich die Effektivität von Führungsverhalten und -ergebnissen bei Managern durch Vermittlung spezieller Fertigkeiten mit diesen Instrumenten erhöhen läßt.

3. Vorbereitung auf die Gestaltung der Endergebnisse des Forschungsprojektes zu einem Trainingsprodukt, das an Unternehmen und Organisationen verteilt werden kann.

Spezifische Bedarfsanalyse

Immer wenn einem neuen sozialen System eine innovative Technologie oder eine innovative Ansammlung von Fertigkeiten vermittelt wird (gleich ob dies eine physische oder eine Verhaltenstechnologie ist), gibt es Kernthemen und -fragen, die sich über die Frage hinaus ergeben, ob die neuen Fertigkeiten oder die neue Technologie effektiv oder brauchbar sind. Dies erfordert eine spezifischere Bedarfsanalyse, zu der Fragen gehören, die im Zusammenhang mit dem Transfer und der Installation der neuen Fertigkeiten und der neuen Technologie stehen, wie zum Beispiel:

a. Die Auswahl der notwendigsten und relevantesten Fertigkeiten.
b. Die Auswahl der geeignetsten und effektivsten Werkzeuge.
c. Die Auswahl der wirksamsten Unterrichtsmittel.
d. Das Aufzeichnen von Fertigkeiten, Werkzeugen und Unterrichtsmitteln.
e. Die Entwicklung eines umfassenden Arbeitsmodells, das zum Gebrauch der Fertigkeiten und Werkzeuge anleitet.

Wenn diese eher technischen Fragen gelöst sind, muß eine Analyse der Lernenden angefertigt werden, die folgende Fragen klärt:

- *Wie viel?*
- *Wie große Chunks?*
- *Wie aktiv?*
- *Welche Personen? Welche Aktivitäten?*
- *Wie offen?*
- *Was für Glaubenssätze oder Werte werden bei der Technologie vorausgesetzt?*
- *Stehen sie im Konflikt mit der herrschenden Kultur des sozialen Systems?*

Experimentelles Modeling-Seminar

Zweck der experimentellen Modeling-Seminare war es, Führungsfähigkeiten und -werkzeuge aus den Verhaltensreaktionen und Beobachtungen von Managern herzuleiten. Dies geschah mit Hilfe unterschiedlicher Aktivitäten, die dazu dienten, sowohl die bewußten als auch die unbewußten Kompetenzen ausgezeichneter Führungskräfte aufzuspüren.

Die Ziele für das Modeling-Seminar waren:

1. die Validität des allgemeinen Forschungsansatzes zu bestätigen;

2. die kognitiven und verhaltensspezifischen Fertigkeiten, die für Menschen in Führungsrollen notwendig sind, zu identifizieren, damit sie in wichtigen Führungssituationen in der Lage wären, Beziehungen adäquat zu kommunzieren und funktionell zu handhaben;

3. häufig vorkommende Führungssituationen mit Hilfe entsprechender (a) Fertigkeiten, (b) NLP-Werkzeuge und (c) Lehrmittel, mit deren Hilfe sich Verbesserungen im Verhalten eines Managers erreichen lassen, aufzuzeichnen; den NLP-Ansatz zu Führungsfähigkeiten so weit wie möglich mit bereits existierenden Führungstrainings bei Fiat zu koordinieren und zu integrieren – insbesondere situatives Führen (Hersey, Blanchard) und transformatives Führen (Bass);

4. die beteiligten Führungskräfte dementsprechende Werkzeuge und Test-/ Installationsinstrumente überprüfen und an deren Ausfeilung zu beteiligen;

5. die Lehrmittel (d.h. bestimmte Szenarien, Rollenspiele, Fragebögen usw.) zu vervollständigen und zu verfeinern, so daß sie für die Installation in den aktuellen Trainings-Seminaren brauchbar waren;

6. Die übergreifenden Gründe für die Unterrichtsmethode zu formulieren (bestätigen), Prinzipien und Lehrmittel zu entwickeln.

Der Modeling-Prozeß umfaßte die folgenden grundlegenden Schritte:

a. Topmanager, die gute Führungsfähigkeiten demonstriert hatten, wurden eingeladen, als Modelle für effektive Führungsfähigkeit an einem dreitägigen Seminar teilzunehmen.

b. Sie nahmen an einer ganzen Reihe von Aktivitäten teil, wozu verschiedene Recherchemethoden (Diskussionen, Rollenspiele, Simulationen usw.) gehörten. Jeder Seminartag war einer typischen Führungssituation gewidmet, u.a. das Erreichen von Mikro-Führungszielsetzungen, die in unterschiedlichem Maße aufgaben- und beziehungsorientiert waren, ebenso wie unterschiedliche Mischungen von Vision und Aktion.

c. Die Aktivitäten und Instrumente sollten spezielle Arten von Fertigkeiten zum Vorschein bringen: konzeptionell, analytisch, beobachtend, prozeßorientiert, interaktiv und relational.

d. Jeden Tag wurden die Teilnehmer mit zunehmend spezifischen Annäherungen an entsprechende Kontexte konfrontiert, die den Schwerpunkt immer mehr auf die interaktiven und Verhaltenselemente ausgewählter Fertigkeitsbereiche legten. Das Ziel war, das Ausmaß der Verzerrung, Überreduktion und Vorannahmen zu minimieren, indem die experimentelle Sequenz so real und relevant wie möglich gestaltet wurde, damit die jeweilige Art der Fertigkeit, die wir suchten, zum Vorschein käme und doch die Möglichkeit ließe, spontan zu unterbrechen und kognitive Information zu erhalten.

Allgemeine Folge von Modeling/Installations-Aktivitäten

1) Instrumente: **Fragebogen und Diskussionen**
Thema: Allgemeine Denkfähigkeit (im Zusammenhang mit eigener Rolle und eigenem Kontext)
Eingesetze Fertigkeiten: *konzeptionell, beziehungsorientiert*

2) Instrument: **Kurzszenarien**
Thema: spezielle Denkfähigkeit (absehend von eigener Rolle und eigenem Kontext
Eingesetzte Fertigkeiten: *analytisch*

3) Instrument: **Rollenspiele, Demonstrationen**
Thema: Allgemeine Aktionen (absehend vom eigenen Kontext)
Eingesetzte Fertigkeiten: *prozeßorientiert, beobachtend*

4) Instrument: **Simulationen, *Fishbowl***
Thema: spezielle Aktionen (nah an eigener Rolle und eigenem Kontext)
Eingesetzte Fertigkeiten: *interaktiv, beobachtend*

e. Die Instrumente und Kontexte waren so gestaltet, daß sie ebenso zur Installation wie zum Entlocken von Fertigkeiten geeignet waren. Demnach können diese Aktivitäten im Basisseminar zur Förderung grundlegender Fertigkeiten als Instrumente sowohl der Diagnostik als auch der Vermittlung dienen.

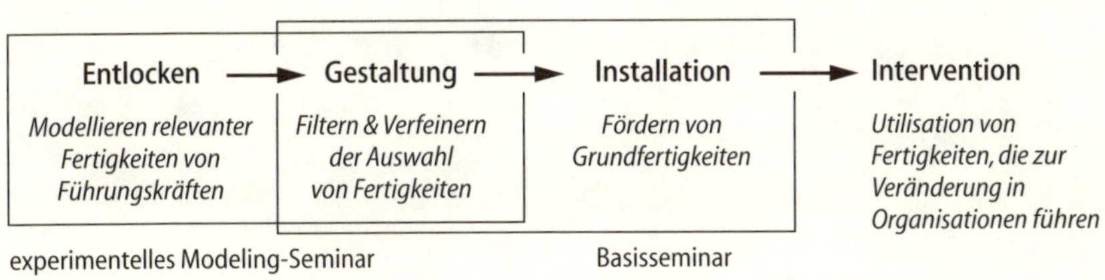

Folge von Modeling-Aktivitäten

f. Die Aktivitäten wurden zur weiteren Beobachtung durch das Forschungsteam auf Video aufgezeichnet. Innerhalb des Seminarkontextes nahmen die beteiligten Führungskräfte selber unter Anleitung eines Forschungsteams an einem laufenden Modeling von verbalen und nonverbalen Fertigkeiten teil.

g. Zusätzlich zur Verfeinerung der Methoden, die zum Entlocken bei dem größeren Forschungsvorhaben eingesetzt wurden, boten die experimentellen Seminare eine Möglichkeit, die Werkzeuge, die für Führungssituationen am relevantesten sind, umfassender und praktischer auszuwählen und aufzuzeichnen, und zwar mit Fertigkeiten und Entlockungs-/Installationsinstrumenten, die eben diese Fertigkeiten am effektivsten ansprechen. Diese Werkzeuge fielen in folgende Kategorien:

1) Konzeptionelle Werkzeuge
2) Analytische Werkzeuge
3) Verfahrenswerkzeuge
4) Lehrmittel

Auswahl von Kontexten und Beispielen

Während der Gesamtschwerpunkt des Modeling auf Fertigkeiten lag, die über den Kontext hinauswiesen, war es notwendig und wichtig, spezielle Situationen auszuwählen, in denen diese Fertigkeiten angewendet wurden. Drei Situationen wurden ausgewählt: 1) Problemlösen, 2) Delegieren und 3) Training-On-the-Job. Diese drei unterschiedlichen Situationen wurden gewählt, weil sie die Bandbreite von Situationen umfassen, in denen sich eine Führungskraft höchstwahrscheinlich findet, und weil sie die Mischung von Fertigkeiten, Werkzeugen und Lehrmitteln fokussieren, die für gelungenes Führungsauftreten erforderlich ist.

Die drei Situationen stellten auch eine logische Abhängigkeit oder Folge von Fertigkeiten dar:

1. ***Problemlösen*** ist eine mehr oder weniger symmetrische Aktivität und umfaßt die grundlegendsten Fertigkeiten für jegliche zielgerichtete Verhaltensweise. Die allgemeine Definition eines Problems lautet: »Jede Situation, in welcher der Gegenwartszustand dem Wunschzustand nicht entspricht.« Gemäß dieser Definition gehört Problemlösen zum Kern der meisten zwischenmenschlichen Beziehungen und Kommunikationsinteraktionen. Selbst Fragen des Delegierens und Trainings-On-the-Job drehen sich im allgemeinen darum, irgendeine Art von Problem zu lösen – d.h. den Gegenwartszustand in Richtung auf irgendeinen Wunschzustand hin zu verändern.

2. ***Delegieren*** ist offensichtlich ein ergänzender Prozeß. Delegieren kann als ein Gesellschaftsvertrag definiert werden, mit dem Zweck, innerhalb des Rahmens komplementärer Rollen gemeinsam ein Problem zu lösen. Problemlösungsfähigkeiten gehören ebenso dazu wie eher soziale Kompetenzen.

3. ***Training-on-the-Job*** ist das, was man eine »meta-komplementäre« Aktivität nennen könnte – eine, bei der die Führungskraft nicht in einer unmittelbaren Managementrolle ist sondern auf einer abstrakteren oder Meta-Ebene führt. Training-on-the-Job wurde als ein Prozeß ständiger Fortbildung definiert. Es bezieht sich auf die Art, wie jemand innerhalb einer gegebenen Rolle, eines sozialen Systems und Kontextes Probleme löst und delegiert.

Der Problemraum jeder Situation nimmt die Elemente der vorherigen auf, fügt aber auch neue Variablen hinzu, mit denen man sich auseinandersetzen muß.

Tag 1	Tag 2	Tag 3
Problemlösen	**Delegieren**	**Training-on-the-Job**
Aufgabe	Aufgabe und Beziehung	Beziehung
Vision	Vision und Aktion	Aktion

Kontexte, die während eines experimentellen Modeling-Seminars berücksichtigt werden

Folge der Modeling-Aktivitäten

Die Modeling-Aktivitäten fanden in der nachstehenden Reihenfolge statt:

1. Bei der ersten Aktivität füllten die beteiligten Manager Fragebogen aus, die sich darauf bezogen, wie sie mit bestimmten Situationen umgehen (Problemlösen, Delegieren oder Training-on-the-Job), wobei Eins-zu-eins-Interaktionen ebenso von Interesse waren wie Interaktionen mit einer Gruppe.

Der Fragebogen war so formuliert, daß die Information in Form eines T.O.T.E. erfaßt wurde – d.h. die Ziele, die Evidenzverfahren und die Handlungsweisen, mit denen die Manager die Mikro-Führungsziele in der betreffenden Situation erreichten. Die Fragebogen halfen auch, gemeinsame Kontexte bei Fiat herauszufinden, die mit der jeweils gewählten Führungssituation in Zusammenhang standen.

Der Zweck der Fragebogen war es, ein ganzheitliches Denken über die Situation zu fördern, so daß der Problemraum der Situation definiert und von allen Teilnehmern geteilt werden konnte. Der Fragebogen bot auch eine Referenzerfahrung, mit der die Teilnehmer beginnen konnten, ihr Verhalten im Sinne der T.O.T.E.-Kriterien zu betrachten.

Als die Fragebogen ausgefüllt waren, gab es eine gemeinsame Gruppendiskussion über die Antworten. Die Reaktionen wurden auf Flipcharts aufgelistet und verwendet, um allgemeine Antwortmuster zu erkennen. Mit Hilfe von Typologien der Antworten konnten unterschiedliche Ebenen von Mustern und ihre

Relevanz für Führung und Führungsstile erkannt und untersucht werden. Da es sich hier um ein Modeling-Seminar handelte, wurden die Ergebnisse dieser Fragebogen für diagnostische Zwecke genutzt, um damit Seminare zur Integration von Führungsfähigkeiten zu entwerfen.

2. Nach der Besprechung der Fragebogen wurde ein kurzes Szenario, das einen gemeinsamen Kontext für die betreffende Art der Führungssituation bestimmte, zur Kleingruppendiskussion an die Gruppenmitglieder verteilt. Auch hier wurden die Diskussionsergebnisse mit der ganzen Gruppe besprochen und aufgelistet. Während der Diskussion der Ergebnisse in der ganzen Runde wurde die Gruppe mit möglicherweise relevanten Unterscheidungskriterien vertraut gemacht, und diese wurden auf ihre Bedeutung und Brauchbarkeit hin bewertet.

3. Nach den Szenarien spielten die Teilnehmer einige Rollenspiele, die mit dem Kontext des Szenarios zusammenhingen, das nach den aus den aufgelisteten Diskussionergebnissen hervorgehenden Themen und Mustern formuliert war. Die Rollenspiele wurden im *Fishbowl*-Stil gespielt, zuerst mit der ganzen Gruppe als Beobachter und dann in kleineren Experimentier-Gruppen. Die Rollenspiele liefen so ab, daß die Gruppenmitglieder im Wechsel die Führungsrolle übernehmen konnten, so daß Unterschiede und Ähnlichkeiten zwischen Stilen, Fertigkeiten und dem Gebrauch von Werkzeugen erkennbar und vergleichbar waren.

Die Rollenspiele waren so organisiert, daß laterale und Eins-zu-wenigen-Beziehungen ebenso dazu gehörten wie Eins-zu-eins-Vertikalbeziehungen, je nachdem welche Fragen bei den Diskussionen aufkamen.

Beobachtungen besonderer Verhaltens- und kognitiver Muster wurden bei den Rollenspielen explizit gemacht; dies galt auch für Muster, die mit den speziellen Problemlösungswerkzeugen zusammenhingen, wie z.B. Wohlgeformtheitsbedingungen für Ziele oder der Als-ob-Rahmen usw.

4. Schließlich wurden die Teilnehmer gebeten, sich Simulationen einfallen zu lassen, die weniger eingeschränkt und relevanter für ihre eigenen Kontexte waren, damit sie sich mehr persönlich einbringen und spontaner sein konnten. Die Simulationen wurden in Kleingruppen im *Fishbowl*-Format durchgeführt, und auch hier wurden gelungene Verhaltensweisen, Fertigkeiten und Werkzeuge von Mitgliedern des Forschungsteams klar und deutlich kommentiert.

Instrumente	Fertigkeiten	Werkzeuge
Fragebogen Diskussion	konzeptionell	T.O.T.E.-Modell
Szenarien/Fallbeispiele Diskussion	analytisch	S.C.O.R.E.-Modell
Rollenspiele Demonstrationen – Experimentieren innerhalb des Rollenspielkontextes	verfahrenstechnisch beobachtungstechnisch	Als-ob-Rahmen Kalibrieren Pacing und Leading
Simulation Supervision *(fishbowl)*	interaktiv relational	Meta-Programme Ebenen Wahrnehmungsposition

Allgemeine Bereiche, welche die Modeling-Aktivitäten erfaßten

Das Grundlagen-Seminar

Auf der Basis des experimentellen Seminars wurde ein Grundlagenseminar entworfen, das im März 1990 durchgeführt wurde. Die generelle Abfolge der Situationen (Problemlösung – Delegieren – Training-on-the-Job) wurde beibehalten, um den allgemeinen Ansatz zu prüfen und zu verfeinern. Auch die Lehrmittel (Fragebogen, Szenario, Rollenspiel, Simulation) wurden beibehalten und so angepaßt, daß sie sich für ein nicht-experimentelles Training eigneten, das von den Teilnehmern des Experiments geplant wurde. Die grundlegenden NLP-Modelle wie SOAR, SCORE, TOTE und die Kommunikations-Matrix prägten den wesentlichen theoretischen Rahmen und die Verhaltensweisen, die in dem Seminar gezeigt wurden.

Follow-up-Seminar

Im Mai 1990 wurde ein Follow-up-Seminar veranstaltet, das den Teilnehmern des experimentellen Seminars sowie denen des Grundlagenseminars offenstand. Der Zweck des Follow-up-Seminars war es, die in den vorherigen Führungsseminaren entwickelten Fertigkeiten zu testen und zu verstärken; außerdem sollte auf die Gestaltung eines umfassenderen Programms mit NLP-Techniken vorbereitet werden, in dem Kommunikations- und Beziehungsfertigkeiten entwickelt werden sollten.

Die einzelnen Ergebnisse dieser Seminarreihe werden in den folgenden Kapiteln dieses Buches zusammengefaßt.

SECHS

Modeling von Führungsfähigkeiten bei der Problemlösung

Überblick über Kapitel 6

- Methodik zum Sammeln von Informationen
- Muster und Ergebnisse

Problemarten in Gruppen und Organisationen
Definieren von Problemraum und Lösungsraum
Allgemeiner Problemlösungszyklus
Herauskristallisieren der Schlüsselelemente eines Problemraums – das S.C.O.R.E.-Modell
Funktionelle Ansätze zur Problemlösung

- Anwendungen und Werkzeuge

Definieren eines S.C.O.R.E.
Herausarbeiten vielschichtiger S.C.O.R.E.s
Soziale Kompetenz bei der Problemlösung
Den kreativen Gruppenprozeß anleiten
Phantasieren / Konstruieren eines Gruppenprozesses

Das Lösen von Problemen ist eine der häufigsten Situationen, die Führungskunst erfordert. Problemlösung kann man als eine *komplexe kognitive Fertigkeit* auffassen, eine Fertigkeit, die durch bestimmte interaktive (*komplexe verhaltensspezifische*) und linguistische Fertigkeiten gefördert wird. Dieser Teil des Forschungsvorhabens zu Führungskunst hatte das Ziel, herauszufinden, wie Führungskräfte (1) häufig vorkommende organisatorische Probleme mental strukturierten und wie sie darüber nachdachten und (2) wie sie eine Gruppe daran beteiligten, Problemelemente zu erkennen und mögliche Lösungen zu finden und umzusetzen.

Methodik zum Sammeln von Informationen

Das Modeling wurde als ein Co-Modeling durchgeführt, wobei alle drei Mitglieder des Forschungsteams beteiligt waren. Dadurch sollte eine *dreifache Beschreibung* aller identifizierten Muster garantiert werden. Es erlaubte auch, daß verschiedene Teilnehmer zu unterschiedlichen Zeitpunkten auf verschiedene Unterscheidungskategorien achteten (kognitiv, linguistisch oder das Verhalten betreffend).

Die Modeling-Aktivitäten waren so angelegt, daß herausgefunden werden sollte, welche NLP-Unterscheidungskategorien und Merkmale bei der Problemlösung für gelungenes Führen im Sinne folgender Kriterien am relevantesten sind:

a. Das Ausmaß, in dem die Unterscheidungskategorien die Gesamtleistung erfahrener und unerfahrener Führungskräfte förderten.
b. Wie die Unterscheidungskategorien intuitiv der Art und Weise entsprachen, in der Führungskräfte Situationen instinktiv wahrnehmen (Code-Kongruenz).
c. Das Ausmaß, in dem die Unterscheidungskategorien etwas Neues hinzufügten, das unbewußte Kompetenz freisetzt.

Die Abfolge der Modeling-Aktivitäten war so angelegt, daß man von dem im Zentrum der Problemlösung liegenden Schwerpunkt, den kognitiven Fertigkeiten, zu den eher interaktiven Aspekten überging, bei denen eine Gruppe am Prozeß der Problemlösung beteiligt wird. Die Modeling-Aktivitäten fanden in der nachstehenden Reihenfolge statt:

Anfangsfragebogen

Als erste Aktivität füllten die beteiligten Manager Fragebogen mit Bezug darauf aus, wie sie mit bestimmten Problemsituationen umgingen, wenn sie im Kontext einer Gruppe oder eines Teams arbeiteten. Der Fragebogen war so angelegt, daß die Informationen in Form eines T.O.T.E. herauskamen – d.h. die Ziele, die Evidenzverfahren und die Handlungen, mit denen die Manager sowohl andere führten als auch mögliche Lösungen für häufig auftretende organisatorische Probleme fanden. Die Fragebogen sollten dazu anregen, über die Situation so nachzudenken, daß gemeinsame Muster bestimmt und zwischen allen Teilnehmern ausgetauscht werden konnten.

Der Fragebogen war wie folgt formuliert:

T.O.T.E.-Fragebogen zu Führungsfähigkeiten bei der Problemlösung

1. Beschreiben Sie kurz ein typisches Beispiel für eine Problemsituation unter Beteiligung einer Gruppe, in der Sie im Rahmen Ihrer Rolle im Unternehmen Führungsfähigkeiten brauchen.

2. Welches sind, wenn Sie in einem solchen Kontext oder in einer solchen Situation sind, die Ziele oder Zielvorstellung, die Ihr Handeln leiten? (Listen Sie sie in kurzen Sätzen oder Schlüsselworten auf.)

3. Was ist für Sie in aller Regel eine Evidenz dafür, daß Sie diese Ziele erreichen?

4. Was unternehmen Sie in aller Regel, um Ihr Ziel zu erreichen – mit welchen einzelnen Schritten und Aktivitäten erreichen Sie in diesem Kontext Ihre Problemlösungziele?

5. Mit welchen Aktivitäten oder Schritten begegnen Sie unerwarteten Problemen oder Schwierigkeiten, falls Sie in diesem Kontext beim Erreichen Ihrer Ziele damit konfrontiert werden?

6. Welche – wenn überhaupt – dieser Problemlösungsziele, Evidenzverfahren oder Aktivitäten würde sich ändern, wenn der Kontext der Problemlösungssituation zu einer Eins-zu-eins-Interaktion würde? Wie genau würden sie sich ändern?

Nachdem die Fragebogen ausgefüllt waren, wurden die Antworten gemeinsam in der Gruppe besprochen. Die Antworten wurden auf Flipcharts aufgelistet, und damit wurden allgemeine Muster von Reaktionen identifiziert. Mittels der Typologien von Reaktionen wurden unterschiedliche Ebenen von Mustern und ihre Relevanz für Führungskunst und Problemlösung erörtert.

Schriftliches Szenario

Nach der Besprechung des Fragebogens wurde an die Gruppenmitglieder zur Kleingruppendiskussion ein kurzes Szenario verteilt, in dem ein häufiger Kontext, der Führungsfähigkeiten bei der Problemlösung erfordert, umschrieben war. Das zur Diskussion gestellte Szenario lautete:

> Sie sind für die Fabrik B verantwortlich. Der Leiter Ihrer Wartungsabteilung hat 6 achtköpfige Teams unter sich, die unter 6 Vorarbeitern arbeiten. Sie machen sich Sorgen, weil diese Teams nicht effektiv arbeiten. Tatsächlich neigen die Arbeiter in den Teams dazu, nur gerade das zu tun, was ihre jeweiligen Aufgaben betrifft. Als Folge davon sind die Arbeit und die Programme in dieser Abteilung verlangsamt. Nur in Notfällen ändert sich an dieser Gewohnheit etwas. Andererseits wissen Sie auch, daß die Fähigkeiten und die Kompetenz der Arbeiter größer sind und effektivere Leistung erlauben würden. Wie gehen Sie mit diesem Problem um?

Auch hier wurden die Diskussionsergebnisse in der ganzen Gruppe erfragt und aufgelistet. Bei der Großgruppendiskussion der Ergebnisse wurde die Gruppe mit eventuell relevanten Unterscheidungskriterien vertraut gemacht und deren Bedeutung und Brauchbarkeit wurden bewertet.

Rollenspiele und Simulationen

Nach den Szenarien spielten die Teilnehmer Rollenspiele, die auf dem Szenario basierten und die sich auf die Themen und Muster bezogen, die sich aus der Auflistung der Diskussionsergebnisse ergaben. Die Teilnehmer wurden auch gebeten, sich Simulationen einfallen zu lassen, die weniger begrenzt und für ihre eigenen Kontexte relevanter waren, damit sie sich mehr persönlich beteiligen und spontaner sein konnten. Die Rollenspiele und Simulationen wurden im *Fishbowl*-Stil durchgeführt, zuerst mit der ganzen Gruppe als Beobachter, die sich dann in kleinere experimentelle Gruppen aufteilten. Die Rollenspiele waren so konzipiert, daß Gruppenmitglieder in der Führungsrolle ausgetauscht werden konnten, so daß Unterschiede und Ähnlichkeiten zwischen Stilen, Fertigkeiten und dem Einsatz von Werkzeugen erkennbar und vergleichbar wurden.

Die Rollenspiele waren so organisiert, daß laterale und Eins-zu-wenige-Beziehungen ebenso wie Eins-zu-eins-Vertikalbeziehungen dazugehörten, je nachdem welche Themen bei den Diskussionen aufkamen.

Das folgende Beispiel zeigt, wie mit einem Rollenspiel/einer Simulation einige soziale Führungskompetenzen (ebenso wie kognitive und linguistische Fertigkeiten), die mit effektiver Problemlösung zusammenhängen, exploriert wurden:

Rollen

1. Personalmanager
2. Marketingmanager
3. Produktmanager
4. Projektleiter

Kontext

Der Projektleiter muß ein Team so organisieren, daß ein Produkt für einen expandierenden Markt entworfen wird – daß zum Beispiel ein Auto entworfen wird, das in Osteuropa auf den Markt kommt. Der Projektleiter hat keine technische Kompetenz in dem Projektbereich. Die taktischen Probleme sind bereits gelöst. Die Aufgabe des Projektleiters ist, die diversen Spezialisierungen so zu koordinieren, daß das Ziel erreicht wird – unter Berücksichtigung der realen Probleme.

Während der Rollenspiele wurden von den Mitgliedern des Forschungsteams Beobachtungen einzelner Verhaltens- und kognitiver Muster artikuliert; außerdem wurden Muster benannt, die mit einzelnen NLP-Werkzeugen zur Problemlösung wie *Wohlgeformtheitsbedingungen für Ziele* oder der *Als-ob-Rahmen* usw. zusammenhingen.

Als Methode zur Sicherstellung der *Code-Kongruenz* diverser NLP-Begriffe wurden die beteiligten Manager auch gebeten, ihre Beobachtungen aus der Sicht des

Rollenspiels oder als Beobachter zu kommentieren. Als die NLP-Begriffe eingeführt wurden, achteten die Mitglieder des Forschungsteams darauf, welche davon in den Kommentaren der Manager spontan aufgegriffen und darin aufgenommen wurden, und welche in den Hintergrund zu treten schienen. Begriffe, die von den Managern unmittelbar aufgegriffen und aufgenommen wurden, waren zum Beispiel:

- Problemraum
- Ebenen der Veränderung (d.h. Umwelt, Verhalten, Fähigkeiten, Glaubenssätze, Werte, Identität – Wo, Wann, Was , Wie, Warum, Wer)
- die S.C.O.R.E.-Modell-Begriffe (Symptom, Ursache, Ziel, Ressourcen, Folge)
- Wahrnehmungspositionen
- Träumer, Realist und Kritiker

Andere Begriffe wie »Zugangshinweise«, »Submodalitäten« und »Ankern« erschienen den Managern aufgrund ihrer Art, zu denken und ihre Erfahrung zu strukturieren, ungewohnter oder sogar verwirrend – und dies obwohl ihnen die übrigen NLP-Begriffe ebenso neu waren.

Modeling-Filter

Um herauszufinden, welche Fertigkeiten und Werkzeuge der Führungskräfte am relevantesten waren, arbeitete die Forschungsgruppe bei ihren Beobachtungen der beteiligten Führungskräfte mit folgenden Filtern und schloß damit die einzelnen Modeling-Aktivitäten ab:

1. Welche Unterscheidungskategorien wurden auf der Ebene der unbewußten Kompetenz durchgehend gezeigt, wenn man die Aktionen, die Sprachmuster und die Reaktionen der Führungskräfte berücksichtigte?

2. Welche Unterscheidungskategorien wurden auf der Ebene der bewußten Kompetenz unmittelbar aktiviert, wenn man die Beobachtungen der Seminarteilnehmer bei den *Fishbowl*-Aktivitäten aus der Beobachterposition berücksichtigte? Des weiteren wurde die Code-Kongruenz der Unterscheidungskategorien getestet, indem die Teilnehmer gefragt wurden:

a. Sind diese Unterscheidungskategorien effektiv/relevant, um Führungsfähigkeiten zu beschreiben, zu nutzen, zu lernen oder zu vermitteln?
b. Ist dies ein effektives Instrument, um an den Kern von Führungskunst heranzukommen?
c. »Paßt« es – d.h. bringt es eine Struktur zum Vorschein, die Ihre Führungsfähigkeiten erweitert oder bereichert?

Die Unterscheidungskategorien, die als Muster unbewußter Kompetenz auftraten, aber durch die NLP-Terminologie nicht aktiviert wurden, sollten sich als ein Gestaltungsproblem für das Grundlagenseminar erweisen. Es mag sein, daß sie durch die Art der Präsentation oder durch die jeweilige Art der Situation im Sinne intuitiver Eignung (negativ) beeinflußt waren.

3. Welche Unterscheidungskategorien waren hilfreich, fehlende Bindeglieder einzufügen, so daß natürliche Fähigkeiten sich entfalten konnten oder man sich zwischen unterschiedlichen Aktivitätsebenen bewegen konnte? (Auf einer Ebene gibt es immer Kompetenz.)

Muster und Ergebnisse

Die folgende Synthese der wesentlichen Muster, Unterscheidungen und Prozesse ergab sich aus den diversen Aktivitäten, die mit Führungskunst und Problemlösung zusammenhängen.

Problemarten in Gruppen und Organisationen

Es besteht ein wichtiger genereller Unterschied zwischen wiederkehrenden und jungfräulichen Problemen sowie deren Lösung. Diese unterschiedlichen Arten von Problemen beziehen sich auf grundsätzlich unterschiedliche Arten von Problemräumen, und ihre jeweils adäquate Lösung erfordert eine unterschiedliche Herangehensweise.

Wiederkehrende Probleme treten bei Standardverfahren auf, mit denen spezielle Unternehmenserfolge erreicht werden sollen (z.B. Probleme der Qualität oder Effizienz). Wiederkehrende Probleme lassen sich des weiteren unterteilen in: (a) Probleme beim generellen Verfahren gegenüber (b) Fehlern oder Abweichungen bei speziellen Verfahren.

Die Folgen solcher Probleme für die Unternehmenserfolge lassen sich untergliedern in solche, die (1) meßbar oder quantitativ sind und in eine Anzahl von Teilen heruntergechunkt werden können, gegenüber solchen, die (2) nicht meßbar sind und eher qualitativ sind, wie etwa die Qualität der Dienstleistung.

Wiederkehrende Probleme effektiv zu lösen erfordert eine sorgfältige Analyse, um die Ursache des Problems genau festzustellen, so daß es entsprechend korrigiert oder angepaßt werden kann. Hinsichtlich solcher Probleme erfordert Führungskunst die Fähigkeit, den Problemraum einzuengen und die einzelnen Personen und Maßnahmen zu erkennen, mit denen die Problemquelle geklärt und die effektivste Lösung erreicht wird.

Jungfräuliche Probleme sind solche, die im Unternehmen keinen Vorläufer haben und mit einem hohen Maß an Unsicherheit in bezug auf Verfahren und Erfolge verbunden sind (wie zum Beispiel ein neues Produkt für einen sich erweiternden Markt zu entwerfen). Jungfräuliche Probleme werden leicht von Veränderungen in der Umwelt oder im organisatorischen System beschleunigt. Um erfolgreich mit dieser Art Problem umzugehen, muß die Führungskraft die entsprechende Anzahl von Perspektiven zusammenbringen und die Unsicherheiten überwinden, indem sie für ein gemeinsames Verständnis des Problems sorgt.

Bei jungfräulichen Problemen sind viele Aspekte des Problemraums ungewiß oder unbeständig, weil das Problem entweder neu ist oder weil eine große Veränderung in einer Dimension des weiteren Systems – Markt oder politisches Klima usw. – ansteht. Jungfräuliche Probleme bringen ein größeres Maß an Unsicherheit mit sich und erfordern bei denen, die mit dem Problem umgehen, mehr Interaktion, Kommunikation und ein gemeinsames Verständnis des Problemraums. Wiederkehrende Probleme bedeuten im allgemeinen weniger Komplexität und ein geringeres Ausmaß (Zuwachs) an Veränderung oder Anpassung.

Demnach gibt es unterschiedliche Gruppen von Beweisverfahren und Handlungen, mit denen diese unterschiedlichen Problemtypen angegangen werden können. Beweisverfahren für die Lösung wiederkehrender Probleme lassen sich im allgemeinen im Sinne spezieller Zielvorstellungen definieren, die zu aufeinanderfolgenden Zeitpunkten und Phasen erreicht werden sollen. Beweisverfahren für jungfräuliche Probleme sind im allgemeinen definiert im Sinne der Ebene von Übereinstimmung und Integration unterschiedlicher Personen und Perspektiven in aufeinanderfolgenden Phasen.

Wiederkehrende Probleme erfordern im allgemeinen Handlungen, die mit dem Untergliedern von Problemelementen und dem Delegieren von einzelnen Aktionen zusammenhängen. Jungfräuliche Probleme erfordern im allgemeinen, daß ein Team gebildet wird, daß Informationen über Problemelemente synthetisiert und daß neue Perspektiven und mehrere Beschreibungen des Problemraums geschaffen werden.

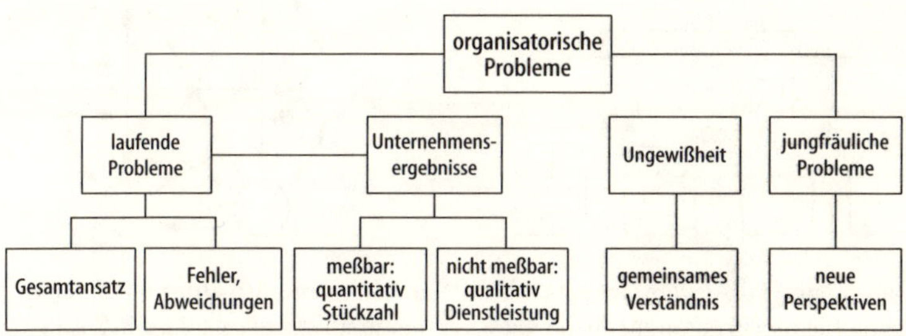

Es gibt zwei allgemeine Problemtypen, die Führungskräfte in Organisationen ansprechen müssen: wiederkehrende Probleme und jungfräuliche Probleme.

Führungskunst ist bei beiden Situationstypen unterschiedlich gefragt, aber sie ist besonders im Hinblick auf neue Probleme in höchst unsicheren Situationen relevant. Da jungfräuliche Probleme anzusprechen impliziert, mit Unsicherheit umzugehen, drehen sich die Ziele und Beweise eher darum, gemeinsames Verständnis und Übereinstimmung beim Definieren von Problemen, beim Festlegen von Zielvorstellungen und beim Teilen von Kompetenz und Wissen zu erreichen. Einerseits teilt die Gruppe Erfahrungen und Verständnis. Andererseits versucht die Gruppe, neue Perspektiven zu entwickeln, individuelle Stärken zu fördern und individuelle Kompetenz zum Tragen zu bringen.

Das Ausmaß und die Art der Interaktion, mit der ein jungfräuliches Problem angesprochen wird, sind ernsthafter als bei dem für wiederkehrende Probleme typischen Ansatz. Dies wirft wegen der Komplexität der Interaktionen spezielle Beziehungsfragen im Zusammenhang damit auf, wie man mit den Gruppenmitgliedern kommuniziert und wie man auf sie reagiert.

Wiederkehrende oder dauerhafte institutionelle Probleme sind der Tendenz nach eher linear und strukturiert. Das Handeln besteht primär darin, das Problem in seine Bestandteile zu chunken und zu analysieren und Verantwortlichkeiten an die entsprechenden Funktionen zu delegieren. Beweisverfahren stehen mit dem Abschluß einzelner Schritte, Zeitvereinbarungen und Termine in Zusammenhang. Jungfräuliche Probleme sind ihrem Wesen nach systemischer. Das Handeln ist ein eher interaktiver, lateraler Ansatz so wie Partnerschaft oder Team-Building. Der Beweis für Fortschritt wird anhand der Übereinstimmung innerhalb der Gruppe gemessen.

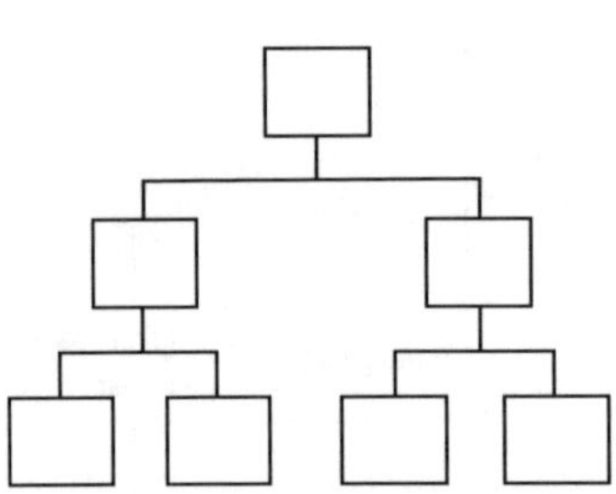

angemessene Struktur zum Umgang mit Dauerproblemen in Zusammenhang mit speziellen Unternehmenserfolgen

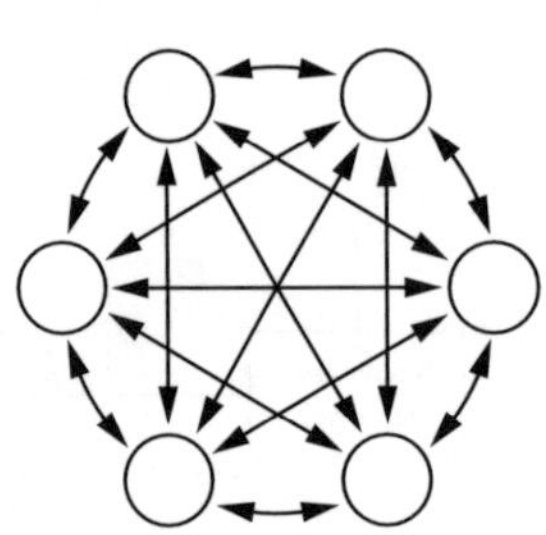

angemessene Struktur zum Umgang mit jungfräulichen Problemen in Zusammenhang mit Veränderung und Unsicherheit

Im Umgang mit jungfräulichen Problemen sind andere Problemlösungsstrategien und Führungsfähigkeiten gefragt als bei wiederkehrenden Problemen.

Definieren von Problemraum und Lösungsraum

Ein wesentliches Element effektiver Problemlösung für jede Art von Problemen ist das Definieren des Problemraums. Ein Problemraum ist nicht nur der physische Raum, der mit einem Problem zusammenhängt. Auch Beziehungen, Werte, Wahrnehmungen und Glaubenssätze tragen dazu bei. Der Problemraum wird durch die Elemente – sowohl physische wie nicht-physische – definiert, durch die das Problem entsteht oder die dazu beitragen.

Um ein Problem zu lösen, muß man einen Lösungsraum finden. Ein Lösungsraum enthält Alternativen und Ressourcen, mit denen wir das Problem entweder bewältigen, verändern oder vermeiden können. Wenn allerdings die Alternativen und Ressourcen, die der Lösungsraum bietet, nicht hinreichen, um alle Elemente des Problemraums anzusprechen, entsteht eine unzureichende Lösung. Der Lösungsraum muß weiter als der Problemraum sein. Es ist möglich, unangemessene Lösungen zu finden, weil sie nicht alle Elemente des Problems ansprechen.

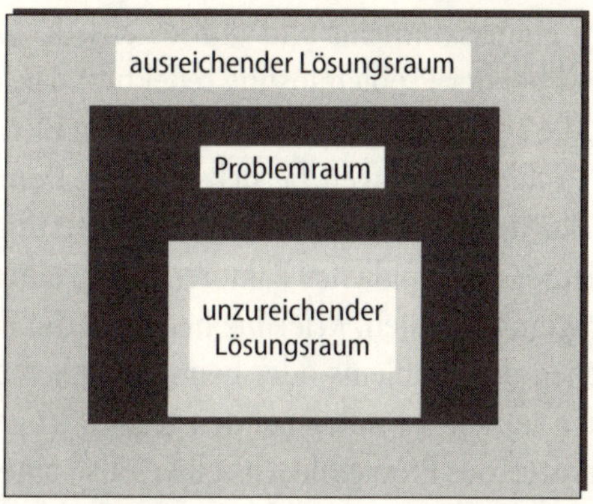

Eine effektive Lösung ist nur möglich, wenn der Lösungsraum weiter ist als der Problemraum.

Damit der verfügbare Lösungsraum sich vergrößern läßt – und auch um den Problemraum überhaupt zu entdecken und zu definieren –, sind einige kognitive und interaktive Fertigkeiten erforderlich. Demnach umfaßt ein effektives Problemlösen zwei Phasen: 1) um unsere Wahrnehmung des Problemraums anzureichern und zu klären und 2) um einen Bereich des Lösungsraums zu definieren oder zu schaffen, der weit genug ist, um alle relevanten Aspekte des Problemraums anzusprechen.

Um eine Lösung finden zu können, müssen wir die dem Problemraum zugrunde liegenden Variablen verstehen. Den Lösungsraum findet man aufgrund des Prinzips, daß ein Problem mit Hilfe der ihm zugrunde liegenden Denkweise oder Landkarte nicht lösen kann. Wie Albert Einstein gesagt hat: »Unser Denken schafft Probleme, die das gleiche Denken nicht lösen kann.« Eine Landkarte, die uns in einen Problemraum führt, weist uns nicht unbedingt den Weg hinaus.

Das eigentliche Ziel einer effektiven Problemlösung ist, eine Denkweise zu finden, die sich von dem Denken unterscheidet, durch welches das Problem entstanden ist. Wenn uns dies gelingt, können wir hoffen, daß diese andere Denkweise zu einem Lösungsraum führt, der zumindest so weit ist wie der Problemraum oder weiter und in dem die geeigneten Alternativen und Ressourcen zu finden sind.

Allgemeiner Problemlösungszyklus

Zum Definieren des Problemraums und des Lösungsraums gehört ein allgemeiner Zyklus des Informationssammelns und -umsetzens, der zwei weitere Kriterien von Führungskunst bei der Problemlösung reflektiert. Die effektivsten Lösungen werden die sein, die am gründlichsten die relevanten Elemente innerhalb des Systems, die zu dem Problem beitragen, berücksichtigen. Demnach muß effektive Problemlösung ein Gleichgewicht zwischen Gründlichkeit und Relevanz halten.

Gründlichkeit bedeutet, alle möglichen Faktoren, die zu einem bestimmten Problem oder Ziel beitragen, zu prüfen. *Relevanz* bedeutet, die Faktoren zu definieren, die beim Entstehen des Problems oder beim Erreichen des Zieles entscheidend sind oder die den stärksten Einfluß auf den gegenwärtigen Zustand des Problems ausüben. Im Prozeß des Problemlösens gibt es also eine andauernde Bewegung zwischen 1) dem gründlichen Identifizieren von Problemfaktoren und möglichen Elementen des Problemraums und 2) der Entscheidung, welche dieser Faktoren und Elemente am relevantesten dafür sind, das Problem zu schaffen und daher auch zu lösen.

Relevante Information läßt sich durch den folgenden Prozeß identifizieren:

a. Informationen über das Problem und den Problemraum sammeln.
b. Die Informationen filtern, um die relevanten Faktoren und Einflußpunkte auszuwählen.
c. Die gesammelten und gefilterten Informationen bei der Umsetzung eines Planes oder einer Lösung anwenden.

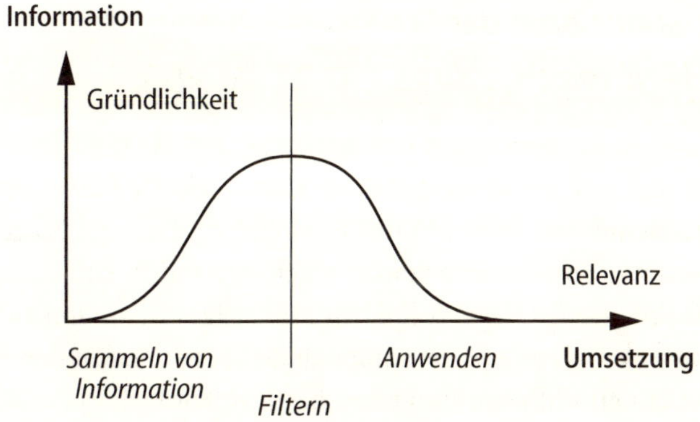

Problemlösungszyklus

In aller Regel werden Probleme nicht in einem einzigen Zyklus gelöst, sondern in einer Reihe aufeinander folgender Annäherungen, bei denen vielfältige Durchgänge durch den Problemlösungszyklus in der effektivsten Lösung zusammenkommen. Wenn die Informationen gesammelt, gefiltert und angewendet sind, werden die Ergebnisse dieses Zyklus bewertet, und mit diesen Ergebnissen wird der nächste Zyklus durchgeführt. Mehr Informationen werden gesammelt, dann gefiltert und angewendet. Diese Folge von Annäherungen läßt sich als ein Weg von *Differenzierungs-Entscheidungs-Zyklen* beschreiben. In der Differenzierungsphase des Zyklus wird Wissen angeeignet, um alle möglicherweise signifikanten Faktoren umfassend zu berücksichtigen. In der Entscheidungsphase des Zyklus wird die Information auf ihre Relevanz hin gefiltert und angewendet, damit der nächste Schritt oder die nächste Übergangsphase auf dem Weg zur letztendlichen Lösung möglich wird.

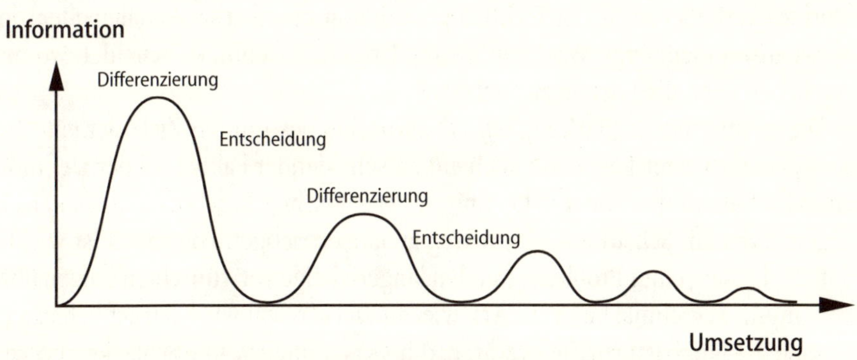

Folge von Differenzierungs-Entscheidungs-Zyklen

Herauskristallisieren der Schlüsselelemente eines Problemraums – das S.C.O.R.E.-Modell

Ein Problem läßt sich im wesentlichen definieren als die Lücke zwischen Ihrem Gegenwartszustand und Ihrem Wunschzustand, und als die Fragen, mit denen man umgehen muß, um zu dem gewünschten Zustand zu kommen.

Das *S.C.O.R.E.-Modell* (Dilts & Epstein 1987, 1994) ist ein nützliches Problemlösungsmodell, das die primären Komponenten benennt, mit denen sich die Information über den Problemraum eines bestimmten Zieles oder Veränderungsprozesses effektiv organisieren läßt. Die Buchstaben stehen für ***S**ymptoms* (Symptome), ***C**auses* (Ursachen), ***O**utcome* (erwünschtes Ergebnis), ***R**esources* (Ressourcen) und ***E**ffects* (Folgen/Auswirkungen). Diese Elemente repräsentieren das Minimum an Information, das erforderlich ist, um den betreffenden Problemraum richtig anzusprechen.

Unterwegs zu einem erwünschten Zustand ergeben sich Symptome beispielsweise in Form von Einschränkungen, Widerständen und Störungen gegen das Erreichen des Zieles. Symptome sind in der Regel der offensichtlichste Aspekt eines Problems. Ein typisches Symptom (*symptom*) in einem Unternehmen könnte ein Abnehmen des Gewinns oder der Produktivität sein.

Natürlich gehört zu gelungener Problemlösung, die Ursache (*cause*) für ein bestimmtes Symptom oder für einen Symptomkomplex herauszufinden und zu behandeln. Ursachen sind weniger offensichtlich, weiter und ihrem Wesen nach systemischer als das jeweilige Symptom, das sich zu dem betreffenden Zeitpunkt manifestiert. Ein Abnehmen des Gewinns oder der Produktivität kann die Folge von etwas sein, das mit Wettbewerb, Organisation, Führung, Veränderung der Marktes, Veränderung in der Technologie, mit Kommunikationskanälen oder sonst etwas zusammenhängt. Was man als die Ursache erkennt, entscheidet, wo man versuchen wird, die Lösung zu suchen.

Die erwünschte Auswirkung (*effect*) davon, ein bestimmtes Ziel oder eine Zielvorstellung zu erreichen, kann auch ein entscheidender Faktor bei der Definition eines Problemraums sein. Ein bestimmtes erwünschtes Ergebnis (*outcome*) ist im allgemeinen ein Schritt auf einem Weg zu längerfristigen Folgen. Es ist wichtig, daß die Lösung eines Problems mit den längerfristigen erwünschten Folgen übereinstimmt. Manchmal kann die Art, wie ein Ziel erreicht wird, tatsächlich das Erreichen des langfristigen Zieles stören; d.h. es ist möglich, »die Schlacht zu gewinnen, aber den Krieg zu verlieren«.

Ein Problemraum wird also definiert durch die Beziehung zwischen dem Ziel oder der Zielvorstellung, der Art von Symptomen, die dem Erreichen des Zieles im Wege stehen, den Ursachen für diese Symptome und den längerfristigen erwünschten Folgen der Zielerreichung. Um die Ressourcen (*resources*) zu finden, die zu einer effektiven Lösung für ein bestimmtes Symptom führen, muß man die Ursachen für das Symptom, die Zielvorstellung und die letztlich erwünschten Folgen kennen.

Beim Definieren eines jeden Elementes des S.C.O.R.E.-Raumes kann Führungskunst gefragt sein. Außer um mögliche Ressourcen und Alternativen zu finden kann Führungskunst erforderlich sein, um Zielvorstellungen zu formulieren, Folgen vorauszusehen, Symptome zu definieren und zu bewerten und um Ursachen aufzudecken.

Beim Definieren dieser Elemente von Problem- und Lösungsraum kann es notwendig sein, 1) Informationen in größere und kleinere Chunks zu gliedern, 2) sich auf unterschiedliche Aspekte des Problemraums zu konzentrieren, 3) unterschiedliche Perspektiven und Wahrnehmungspositionen einzunehmen und 4) mehrere Beschreibungen des Problems und möglicher Lösungen zu schaffen.

Führungsfähigkeiten finden in unterschiedlichen Bereichen der Problemlösung ihre Anwendungen – und nicht alle werden zu Lösungen führen, aber sie können erforderlich sein, um zu einer Lösung zu gelangen. Je nachdem, wie speziell oder allgemein eine Problemsituation ist, kann der Prozeß der Problemlösung einen unmittelbaren Erfolg oder nur Schritte zu Erfolgen bewirken. Manche Lösungen erfordern große Bemühungen, die sich über Monate oder Jahre erstrecken. Die Definition von Symptomen, Zielen, Ursachen und möglichen Folgen ist in einem solchen Fall ein fortlaufender Prozeß.

Funktionelle Ansätze zur Problemlösung

Es gibt mehrere verschiedene allgemeine Ansätze zur Problemlösung, je nachdem, was innerhalb eines bestimmten Problemraums bekannt ist und was nicht.

Wenn die Information auf einer allgemeinen Ebene relativ komplett ist, beginnt die funktionelle Problemlösung mit einer umfassenden Problemdarstellung, die dann in ihre Bestandteile und Elemente aufgeteilt wird, um mögliche Ressourcen und Lösungsbereiche festzulegen.

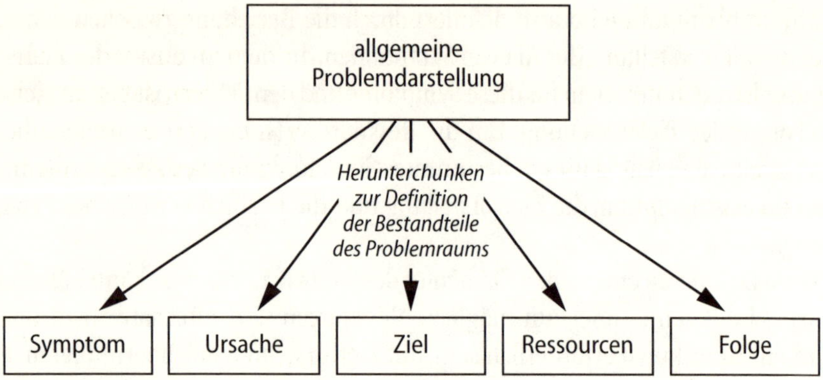

Weg 1: **Eine allgemeine Problemdarstellung in ihre Bestandteile herunterchunken**

Wenn das allgemeine Verständnis des Problems unvollständig oder unsicher ist, geht man bei der funktionellen Problemlösung so vor, daß man alles sammelt, was über die Bestandteile und Elemente des Problemraums bekannt ist, und dann diese Elemente in einem allgemeinen Verständnis oder einer Problemdarstellung des Gesamtproblems zusammenfaßt.

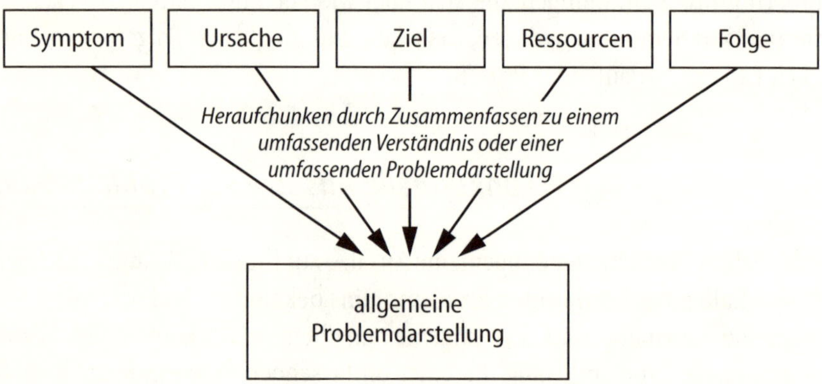

Weg 2: **Heraufchunken spezieller Problemelemente zu einem allgemeinen Verständnis des Problemraums**

Wenn sowohl das allgemeine Problemverständnis unvollständig oder unsicher *als auch* die Kenntnis der einzelnen Elemente, die das Problem ausmachen, unvollständig ist, geht man beim funktionellen Problemlösen so vor, daß man sich auf das konzentriert, was am sichersten ist, und differenziert oder verzweigt, um Annäherungen über die anderen Bestandteile und Elemente des Problemraums zu machen oder Vermutungen darüber anzustellen.

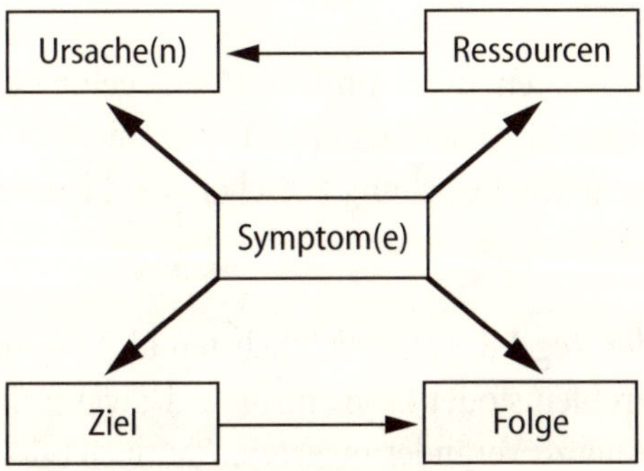

Differenzierung anderer Problemraumelemente des Symptoms oder der Symptome

Weg 3: **Differenzierung eines Problemraumelementes, um andere relevante Elemente zu definieren**

Anwendungen und Werkzeuge

Der Rest dieses Abschnitts enthält eine Reihe von Werkzeugen und Strategien, die man in praktischen Problemlösungssituationen verwenden kann und die aus der in diesem Kapitel beschriebenen Modeling-Studie abgeleitet sind.

Definieren eines S.C.O.R.E.

Zu den kognitiven Fertigkeiten des Problemlösens gehört die Fähigkeit, einen Problemraum der Situation zu definieren und einen möglichen Lösungsraum zu idenfizieren, indem man die Beziehung zwischen den Elementen des S.C.O.R.E.-Modells bestimmt.

a. ***Symptome*** – in der Regel die offensichtlichsten und bewußtesten Aspekte eines gegenwärtigen Problems oder Problemzustands; wie zum Beispiels Irrtümer oder Konflikte im Bezug zu Veränderungen von Taktiken oder Verfahren.

b. ***Ursachen*** – die unterschwelligen Elemente, die für das Entstehen oder das Fortbestehen der Symptome verantwortlich sind; wie zum Beispiel enge oder veraltete kognitive Landkarten oder einschränkende Glaubenssätze und Vorannahmen (Gedankenviren), die zu dem Konflikt oder Irrtum führen.

c. ***Zielvorstellungen*** – die jeweiligen Ziele oder Wunschzustände, die anstelle der Symptome treten sollen; wie zum Beispiel die Akzeptanz und das Einsetzen der neuen Taktiken oder Verfahren.

d. ***Ressourcen*** – die unterschwelligen Elemente, die für das Entfernen der Ursachen für die Symptome und für die Umsetzung und Erhaltung der erwünschten Zielvorstellungen verantwortlich sind; wie zum Beispiel Werkzeuge und Alternativen zur Kommunikation und Klärung des Wo, Wann, Was, Wie, Warum und Wer der Veränderung von Taktiken und Verfahren.

e. ***Folgen*** – die längerfristigen Folgen davon, daß eine bestimmte Zielvorstellung erreicht wird; wie zum Beispiel die Verbesserung der Produktivität, der Rentabilität oder Qualität der Arbeitswelt, die als Folge der Veränderung von Taktiken oder Verfahren zu erwarten sind.

Problemraum-Fragen

Tragen Sie die Antworten auf die Fragen unten ein, um den grundsätzlichen Problemraum eines Problems oder einer Situation zu bestimmen, die Sie lösen wollen.

1. Was ist das *Symptom* bei diesem Problem?

2. Was ist die *Ursache* für das Symptom bei diesem Problem?

3. Was ist die erwünschte *Zielvorstellung* oder das Ziel bei diesem Problem?

4. Was wäre die langfristige *Folge* davon, daß dieses Ziel erreicht wird?

5. Welche *Ressource* würde helfen, die Ursache anzugehen?

6. Welche *Ressource* würde helfen, die Zielvorstellung zu erreichen?

Herausarbeiten vielschichtiger S.C.O.R.E.s

Komplexe, systemische Probleme zeigen sich oft als mehrere Symptome; und jedes einzelne Symptom kann mehrere Ursachen haben. Sowohl Projekte wie Probleme können zu vielen verschiedenen Zielvorstellungen und Folgen führen. Beim Sammeln von Informationen über ein bestimmtes Problem oder einen bestimmten Problemraum ist es oft notwendig, mehrere Symptome, Zielvorstellungen usw. zu identifizieren und zusammenzufassen.

In einer komplexen Organisation zum Beispiel kann das Problem sich bei unterschiedlichen Teilen der Organisation mit unterschiedlichen Symptomen zeigen. Das heißt, die Symptome eines Qualitätsproblems können sich einem Produktionsmanager in Form von erhöhten Kosten darstellen, aber einem Marketingmanager als sinkende Verkaufszahlen. Gelungene Problemlösung in einer Organisation bedeutet, solche Symptome und ihre wechselseitigen Beziehungen zu erkennen. Manchmal ist es notwendig, auf die Beziehung zwischen verschiedenen Symptomen zu schauen, um ein Problem, seine Ursachen und mögliche Lösungen erfolgreich zu diagnostizieren.

Eine weitere Frage im Hinblick auf ein komplexes Problem oder einen komplexen Problemraum hat mit der Ebene zu tun, auf der sich das Symptom, die Ursache, das Ziel usw. abspielen. Ein Symptom kann zum Beispiel auf der Ebene des Verhaltens sein, wie zum Beispiel ein Nachlassen der Leistung oder der Produktivität. Die Ursache für ein solches Symptom kann aber auf einer anderen Ebene angesiedelt sein. Es kann zum Beispiel um Umwelteinflüsse gehen, welche die Leistung stören. Die Ursache kann allerdings auch die Folge einer gestörten Motivation sein, die auf die Ebene von Glaubenssätzen und Werten gehört; oder die Folge mangelnder Fähigkeiten wie beispielsweise Kommunikations- oder Führungsfähigkeiten.

Demnach kann es auch notwendig sein, Symptome, Ursachen und Zielvorstellungen usw. auf unterschiedlichen Ebenen des Prozesses zu suchen, um den gesamten Problemraum richtig zu definieren.

Die folgenden Seiten stellen ein Instrument dar, mit dem sich mehrere Perspektiven im Zusammenhang mit einem bestimmten Problemraum identifizieren und zusammenfassen lassen. Wenn man einer Reihe verschiedener Personen die S.C.O.R.E.-Fragen der vorherigen Seite vorlegt, kann man eine Vielfalt unterschiedlicher Sichtweisen der Elemente, die ein bestimmtes Problem ausmachen, sammeln. Diese Antworten müssen dann auf unterschiedliche Weise zusammengefaßt werden, um die Informationen auszuwerten und zu einem Plan oder einer Lösung zu koordinieren.

Das Instrument bietet Raum für mehrere Antworten hinsichtlich der verschiedenen S.C.O.R.E.-Begriffe, die gesammelt werden sollen. Die unterschiedlichen Sichtweisen auf den Problemraum lassen sich entsprechend der Funktion oder Rolle des einzelnen, der die Fragen beantwortet, zusammenfassen oder strukturieren. Dies fördert die Fähigkeit zu sehen, wie sich ein ähnliches Problem für die Menschen in verschiedenen Teilen eines Systems unterschiedlich darstellt.

Zusammenfassung Problemzustand

Erfassen Sie in den nachfolgenden Leerzeilen unterschiedliche Perspektiven der Symptome und Ursachen, die mit dem Problemraum zusammenhängen:

Teammitglied # 1: ______________________________

Symptome	**Ursachen**
____________________	____________________
____________________	____________________
____________________	____________________

Teammitglied # 2: ______________________________

Symptome	**Ursachen**
____________________	____________________
____________________	____________________
____________________	____________________

Teammitglied # 3: ______________________________

Symptome	**Ursachen**
____________________	____________________
____________________	____________________
____________________	____________________

Teammitglied # 4: ______________________________

Symptome	**Ursachen**
____________________	____________________
____________________	____________________
____________________	____________________

Zusammenfassung Wunschzustand

Fassen Sie in den Leerzeilen unten unterschiedliche Perspektiven von Zielvorstellungen und Folgen zusammen, die mit dem Problemraum zusammenhängen.

Teammitglied # 1: ________________________________

Zielvorstellungen	**Folgen**
____________________	____________________
____________________	____________________
____________________	____________________

Teammitglied # 2: ________________________________

Zielvorstellungen	**Folgen**
____________________	____________________
____________________	____________________
____________________	____________________

Teammitglied # 3: ________________________________

Zielvorstellungen	**Folgen**
____________________	____________________
____________________	____________________
____________________	____________________

Teammitglied # 4: ________________________________

Zielvorstellungen	**Folgen**
____________________	____________________
____________________	____________________
____________________	____________________

Zusammenfassung der Ressourcen

Fassen Sie in den Leerzeilen unten unterschiedliche Perspektiven auf Ressourcen zusammen, die mit dem Problemraum zusammenhängen.

Ressourcen im Umgang mit Symptomen **Ressourcen im Umgang mit Ursachen**

Teammitglied # 1: ______________________________

______________________ ______________________
______________________ ______________________
______________________ ______________________

Teammitglied # 2: ______________________________

______________________ ______________________
______________________ ______________________
______________________ ______________________

Teammitglied # 3: ______________________________

______________________ ______________________
______________________ ______________________
______________________ ______________________

Teammitglied # 4: ______________________________

______________________ ______________________
______________________ ______________________
______________________ ______________________

Ressourcen zum Erreichen des erwünschten Zieles und der Folgen

Teammitglied # 1: ____

____

____

Teammitglied # 2: ____

____

____

Teammitglied # 3: ____

____

____

Teammitglied # 4: ____

____

____

Illustration des vielschichtigen S.C.O.R.E.

Sehen Sie sich zur Illustration dessen, wie das Instrument angewendet wird, das folgende Szenario an:

> TransTech ist ein junges innovatives Unternehmen, das ein revolutionäres manuelles Übersetzungsgerät produziert. Der Benutzer kann auf der einen Seite des Gerätes Englisch hineinsprechen, und es übersetzt die Worte in die andere Sprache und spielt dem Hörer die Übersetzung zu. Genauso kann der Hörer in seiner eigenen Sprache spre-

chen und das TransTech-Gerät übersetzt sie ins Englische. Die Nachfrage nach TransTech-Übersetzungsmaschinen ist enorm angewachsen. Während die Verkaufszahlen sich erhöht haben, sind allerdings zunehmend Qualitätsprobleme aufgetreten. Immer mehr Kunden beschweren sich über Mängel bei dem Übersetzungsgerät, und die Verkaufszahlen gehen allmählich zurück. Konkurrenten fangen an, Imitate der TransTech-Übersetzungsmaschine zu produzieren, und die Sorge um geringere Marktanteile nimmt zu.

Sie sind ein Manager, der den Auftrag hat, als Projektleiter eines Teams Vorschläge zu machen, wie man mit diesem Problem umgehen kann. Sie haben bisher nichts mit dem Projekt zu tun gehabt und auch keine technische Erfahrung mit solchen Geräten. Sie werden mit vier leitenden Mitarbeitern folgender Abteilungen zusammenarbeiten: Marketing, Technik, Produktion und Finanzen.

Auf den folgenden Seiten finden Sie ein Beispiel dafür, wie die Arbeitsblätter für vielschichtige S.C.O.R.E.s vom Projektleiter ausgefüllt werden können, nachdem er den diversen Mitarbeitern die grundlegenden (S.C.O.R.E.) Fragen zum Problemraum vorgelegt hat.

Zusammenfassung Problemzustand

Fassen Sie in den Leerzeilen unten unterschiedliche Perspektiven der Symptome und Ursachen zusammen, die mit dem Problemraum zusammenhängen, und setzen Sie sie zueinander in Bezug.

Teammitglied # 1: Marketing

Symptome	**Ursachen**
Unzufriedene Kunden	Produktmängel
Gesunkene Verkaufszahlen	Fehlendes Vertrauen in das Produkt
Geringere Marktanteile	Gestiegene Anzahl von Konkurrenten

Teammitglied # 2: Produktion

Symptome	**Ursachen**
Zuwachs an Produktschäden	ungeeignete Ressourcen
Unfähigkeit, die Nachfrage zu befriedigen	Hohe Wachstumsrate am Markt

Teammitglied # 3: Technik

Symptome	**Ursachen**
Verminderte Innovation	Konfrontation mit Problemen bei aktuellem Produkt
Verbesserte Imitation durch die Konkurrenz	Nicht genügend Gewicht auf Sicherheit und Schutz

Teammitglied # 4: Finanzen

Symptome	**Ursachen**
Rückgang der Gewinne	Sinkende Verkaufszahlen, steigende Reklamationen
Probleme mit dem Cash-flow	Geringere kurzfristige Einnahmen und vermehrte längerfristige Ausgaben

Zusammenfassung Wunschzustand

Fassen Sie in den Leerzeilen unten unterschiedliche Perspektiven auf Zielvorstellungen und Folgen im Zusammenhang mit dem Problemraum zusammen.

Teammitglied # 1: Marketing

Zielvorstellungen	**Folgen**
Zufriedene Kunden	Starke Kundenbasis
Stabilisieren/Erhöhen der Verkaufszahlen	Überleben und Wachstum
Halten des Marktanteils	konkurrenzfähig bleiben

Teammitglied # 2: Produktion

Zielvorstellungen	**Folgen**
Besser ausgelastete Abteilungen	Zufriedenheit und Stolz
Erhöhte Produktionskapazitäten	Verminderung von Druck und Streß

Teammitglied # 3: Technik

Zielvorstellungen	**Folgen**
Angemessene Innovationsrate	flexibel und konkurrenzfähig bleiben
Hervorragendes Produktdesign	den Ruf als führendes Unternehmen in der Branche erhalten

Teammitglied # 4: Finanzen

Zielvorstellungen	**Folgen**
Erhöhte Einkünfte	Rentabilität erhalten
Ausgeglichene Bilanz	Verpflichtungen einhalten

Zusammenfassung Ressourcen

Fassen Sie in den Leerzeilen unten die unterschiedlichen Perspektiven auf die Ressourcen zusammen, die mit dem Problemraum zusammenhängen, und stellen Sie sie in Bezug zueinander.

Ressourcen im Umgang mit Symptomen	**Ressourcen im Umgang mit Ursachen**
Teammitglied # 1: Marketing	
Vermehrte Kontaktpflege mit Kunden	Feedback und Beteiligung von Kunden
Teammitglied # 2: Produktion	
Erneuerung des Produktionsprozesses	beauftragte Firmen
Teammitglied # 3: Technik	
Verstärkte Anstrengung beim Design	Stärkung von Teammotivation und Führungsfähigkeiten
Teammitglied # 4: Finanzen	
Finden eines neuen Bereichs für ein unmittelbares Verkaufspotential	Partnerschaften mit Lieferanten

Ressourcen zum Erreichen des erwünschten Zieles und der Folgen

Teammitglied # 1: Marketing	
Eröffnen des Zugangs zu neuen Marktbereichen	Modellieren guter Konkurrenten
Teammitglied # 2: Produktion	
Stärken von Geschäftsverbindungen	Finden von Übergangshilfe
Teammitglied # 3: Technik	
Wiederfinden einer klaren Vision	Verbesserung des Teamprozesses
Teammitglied # 4: Finanzen	
Aktualisierung von Plan und Budget	ein präzises Modell des Marktes

Soziale Kompetenz bei der Problemlösung

Bei der Lösung von Problemen ist Führungskunst dann am notwendigsten, wenn es um Veränderungs- und Übergangssituationen geht. Außer dem kognitiven Prozeß der Arbeit mit dem S.C.O.R.E.-Modell kann es notwendig sein, Menschen mittels interaktiver Führungsfähigkeiten zu helfen, (1) die Notwendigkeit von Veränderung zu erkennen oder (2) mit Widerständen gegen Veränderung umzugehen. Dies ist besonders in jungfräulichen Situationen wichtig.

Die Manager zum Beispiel, die an der Führungsstudie teilnahmen, hatten das Gefühl, daß die Simulation zum Design eines neuen Produktes für einen wachsenden Markt eine grundsätzliche und immer üblichere Situation darstellt. Sie hatten den Eindruck, daß Manager oft Situationen ausgesetzt sind, in denen sie andere bei Projekten anleiten müssen, bei denen sie als die Führungskraft nicht die speziellen technischen Fertigkeiten für das betreffende Projekt haben. Bei der Lösung geht es darum, daß die Führungskraft entscheidet, (a) wo der Schwerpunkt der Aufmerksamkeit liegt und (b) welche Einstellung oder welchen inneren Zustand sie in bezug zu den Rollen und Persönlichkeiten der anderen Teammitglieder und im Hinblick auf den Problemraum im allgemeinen einnehmen soll.

Wenn eine wichtige Person aus der Technik zum Beispiel nicht optimistisch ist, kann der Projektleiter sich eine aktivere Einstellung aneignen und sich darauf konzentrieren, im Hinblick auf das Projekt Einzelschritte und die zeitliche Abfolge festzusetzen. In der Modeling-Studie sprachen die Führungskräfte oft von der Notwendigkeit, zu verschiedenen Zeitpunkten optimistisch, realistisch oder kritisch sein zu müssen, je nachdem, was sie für die jeweilige Gruppe, der sie vorstanden, für geeignet hielten. Diese Begriffe stellen eine grundsätzliche Typologie von Zuständen und Einstellungen dar, die von vielen guten Führungskräften verwendet wird.

Jemand hat einmal über Walt Disney gesagt: »*... es gab eigentlich drei unterschiedliche Walts: den* ***Träumer****, den* ***Realisten*** *und den* ***Spielverderber****. Man wußte nie, wer von den dreien in die Besprechung kommen würde.*« Dies ist nicht nur eine Erkenntnis über Disney, sondern auch über den Prozeß der Kreativität und Problemlösung – einen Prozeß, den Disney *imagineering* nannte. *Imagineering* bedeutet, die drei Unterprozesse zu koordinieren: Träumer, Realist und Kritiker, die alle notwendig sind, um gelungene Lösungen zu finden.

Ein Träumer ohne einen Realisten kann Ideen keinen greifbaren Ausdruck verleihen. Ein Kritiker und ein Träumer ohne einen Realisten fahren sich in einem endlosen Konflikt fest. Ein Träumer und ein Realist können Dinge erschaffen, aber ohne den Kritiker sind es möglicherweise keine sehr guten Ideen. Der Kritiker hilft, die Produkte der Kreativität zu bewerten und zu verfeinern (wenn der Kritiker destruktiv ist, ist er ein *Spielverderber*, wenn er konstruktiv ist, ein *Ratgeber*. Es gibt das witzige Beispiel eines Managers, der stolz auf seine innovativen Denkfähigkeiten war, aber die realistische und kritische Perspektive nicht hatte. Die Leute, die in dem Unternehmen arbeiteten, pflegten zu sagen: »Er hat eine Idee pro Minute..., und manche davon sind gut.«

Gelungene Problemlösungen sind eine Synthese aus diesen unterschiedlichen Prozessen oder Phasen. Der Träumer ist notwendig, damit neue Ideen und Ziele entstehen. Der Realist ist notwendig, damit Ideen konkret zum Ausdruck kommen. Der Kritiker ist notwendig als ein Filter, damit Ideen verfeinert und mögliche Probleme vermieden werden.

Den kreativen Gruppenprozeß anleiten

Disneys kreativer Prozeß läßt sich auch bei Gruppen und Teams anwenden. Der kreative Zyklus einer Gruppe oder eines Teams umfaßt oftmals die natürliche Bewegung zwischen Träumer (das große Bild oder die Vision), dem Realisten (das Setzen von Mikrozielen zum Erreichen des größeren Zieles) und dem Kritiker (der Suche nach fehlenden Zwischenstücken und eventuellen Problemen).

Ausgewogenheit ist ein wesentliches Kriterium, das viele Führungskräfte für den kreativen Prozeß einer Gruppe für wesentlich halten. Um ein Problem richtig zu lösen oder einen Plan zu erstellen, darf kein Stadium oder Denkstil auf Kosten eines anderen bevorzugt werden. Die verschiedenen Denkstile, die Träumer, Realist und Kritiker entsprechen, leisten beim Erreichen und Umsetzen von Ideen und beim Lösen von Problemen etwas unterschiedliches:

- Der Träumer hilft, Alternativen und Möglichkeiten zu schaffen.
- Der Realist hilft, Handlungsschritte festzulegen.
- Der Kritiker hilft, Vor- und Nachteile einzuschätzen.

Demnach ist es für gelungene Problemlösung in der Gruppe wichtig, folgendes einzubeziehen:

1. Alle drei Phasen des kreativen Zyklus (Träumer, Realist und Kritiker)
2. Die verschiedenen Sichtweisen der Gruppenmitglieder in allen drei Phasen.

Wichtig beim Umgang mit der Kreativität einer Gruppe ist die Fähigkeit, die Gruppen- oder Teammitglieder bei den kognitiven und interaktiven Prozessen anzuleiten, so daß der betreffende Zyklus umgesetzt oder komplettiert wird. Zur Unterstützung des kreativen Prozesses einer Gruppe müssen physische und psychologische Einschränkungen gemacht werden, die dem Gruppenprozeß im Hinblick auf die jeweilige Phase des kreativen Zyklus Richtung geben.

Disney hatte beispielsweise unterschiedliche Räume für den Träumer, den Realisten und den Kritiker. Er hatte einen Raum als Traumzimmer, in dem überall an den Wänden Bilder und anregende Zeichnungen und Redewendungen hingen. Alles in diesem Zimmer war chaotisch und bunt, und Kritik war nicht erlaubt – nur Träume! Als Realistenraum hatten die Zeichner ihre eigenen Zeichentische, auf denen sich moderne Ausstattung und alle möglichen Werkzeuge und Geräte türmten, die sie brauchten, um die Träume umzusetzen. Die Tische waren in einem großen Raum aufgestellt, in dem jeder Zeichner die anderen Zeichner sehen und mit ihnen reden konnte. Für die Kritiker hatte Disney einen kleinen Raum unter der Treppe. Dort sollten sie die Bleistiftskizzen ansehen und bewerten. Dieser Raum wirkte immer eng und heiß, weshalb er der Schwitzkasten genannt wurde.

Die folgende Zusammenfassung stellt die kognitiven und physischen Grundmuster dar, die mit jedem der Denkstile verbunden sind.

Träumer

Die Träumerphase eines Prozesses ist auf die langfristige Zukunft gerichtet. Sie bedeutet, im Sinne des gesamten Bildes und der größeren Chunks zu denken, damit neue Alternativen und Wahlmöglichkeiten entstehen. Der Schwerpunkt der Träumerphase liegt darin, die Wahrnehmung eines bestimmten Planes oder einer Idee darzustellen und zu erweitern. Der eigentliche Schwerpunkt liegt darauf, den Inhalt oder das *Was* des Planes oder der Idee hervorzubringen. Disney zufolge ist die Aufgabe eines Träumers, »im Kopf klar vor sich zu sehen, wie in einer Geschichte (oder in einem Projekt) jede Einzelheit des Ganzen dargestellt wird.« Zu den Träumeraufgaben gehört es, das Ziel positiv zu formulieren und den Zweck und die Vorteile des Wunschzustands zu benennen.

Um wie ein Träumer zu denken, sollte man Kopf und Augen nach oben richten und eine angenehme symmetrische und entspannte Haltung einnehmen.

Realist

Der Zweck des Realisten ist es, den Traum zu einem brauchbaren Plan oder Produkt zu machen. Als Realist sollten Sie handeln, als ob der Traum möglich wäre, und sich auf die Schritte oder Aktionen konzentrieren, mit denen sich der Traum tatsächlich erreichen läßt. Ihr primärer Schwerpunkt sollte auf dem *Wie* der Umsetzung des Planes oder der Idee liegen.

Um wie ein Realist denken zu können, sollten Sie mit Kopf und Augen geradeaus oder leicht nach vorne geneigt in einer symmetrischen Haltung sitzen. Ihr kognitiver Fokus sollte sein, zu handeln, als ob der Traum erreichbar wäre, und bedenken, wie die Idee oder der Plan sich umsetzen lassen; Sie sollten Wert auf spezielle Aktionen legen und kurzfristige Schritte festlegen. Es hilft auch, sich in die Lage von anderen Leuten zu versetzen, die mit dem Plan zu tun haben, und diesen aus verschiedenen Blickwinkeln sehen.

Kritiker

Die kreative Kritikerphase folgt denen des Träumers und des Realisten. Der Zweck eines Kritikers ist es, den vorgeschlagenen Plan oder das Projekt einzuschätzen und nach möglichen Problemen und fehlenden Zwischengliedern zu suchen. Um ein effektiver Kritiker zu sein, ist es wichtig, die Perspektive von Personen einzunehmen, die den Plan oder das Projekt (entweder positiv oder negativ) beeinflussen oder dadurch beeinflußt werden könnten, und deren Bedürfnisse und Reaktionen zu bedenken. Der Kritiker versucht bei einem Plan oder einer potentiellen Lösung, mögliche Probleme und fehlende Zwischenglieder herauszufinden. Die Strategie des Kritikers ist, Probleme zu vermeiden. Dies erreicht er, indem er überlegt, *was* passieren würde, *wenn* Probleme auftauchten.

Wie ein Kritiker zu denken heißt, eine eckige Haltung einzunehmen, bei der Augen und Kopf nach unten und seitlich geneigt sind und das Kinn oder das Gesicht mit den Händen berührt werden.

Von Kritikern heißt es oft, daß der Umgang mit ihnen in einer Interaktion wegen ihrer anscheinend negativen Einstellung und ihrer Neigung, die Ideen und Vorschläge von anderen anders zu sehen, besonders schwierig ist. Die Probleme werden dann besonders herausfordernd, wenn der Kritiker nicht bloß den Traum oder den Plan kritisiert, sondern wenn er anfängt, den Träumer oder den Realisten zu kritisieren. Es ist etwas anderes, zu sagen »Diese Idee ist töricht« als zu sagen »Es ist töricht, daß *Sie* so eine Idee haben.«

Man sollte im Sinn behalten, daß Kritik, wie jedes andere Verhalten auch, positiv gemeint ist. Die beiden wirksamsten Prinzipien, um mit einem Kritiker umzugehen, sind 1) die positive Absicht hinter der Kritik herauszufinden und 2) die Kritik in Fragen zu verwandeln. Die folgende Sequenz ist eine gute Strategie, um Kritik in eine Frage zu verwandeln:

1. Was ist Ihre Kritik oder Ihr Einwand an der Lösung oder an dem Plan?
2. Welche positive Absicht steht hinter der Kritik?
3. Angenommen, dies ist die Absicht: Was ist Ihre Frage im Hinblick auf den Traum oder den Plan? Verwandeln Sie die Kritik in eine Frage. Insbesondere, *welche Wie-Frage formuliert diese Kritik?*

Denkstil	**Träumer**	**Realist**	**Kritiker**
Aufmerksamkeitsebenen	*was*	*wie*	*warum*
bevorzugte Repräsentation	Vision	Aktion	Logik
Ansatz	hin zu	hin zu	weg von
Zeitrahmen	langfristig	kurzfristig	lang-/kurzfristig
Zeitorientierung	Zukunft	Gegenwart	Vergangenheit/Zukunft
Bezug	innen – Selbst	außen – Umwelt	außen – andere
Vergleichsmodus	gleich	gleich	ungleich

Zusammenfassung der wesentlichen kognitiven Muster, die mit Träumer, Realist und Kritiker zusammenhängen

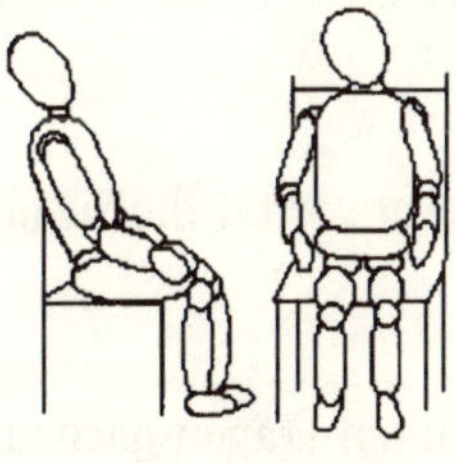
Physiologie im Träumerzustand

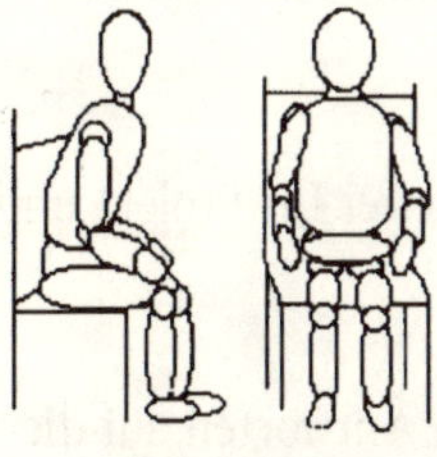
Physiologie im Zustand des Realisten

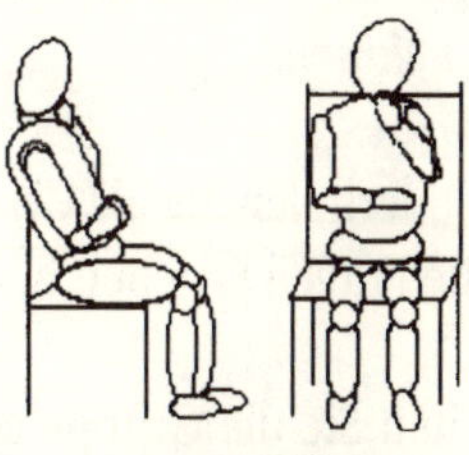
Physiologie im Kritikerzustand

Zusammenfassung der wesentlichen physischen Muster, die mit Träumer, Realist und Kritiker zusammenhängen

Träumer, Realist und Kritiker können auch mit bestimmten Fragen assoziiert werden. Der auf der folgenden Seite beschriebene Prozeß ist eine Möglichkeit, einen Gruppenprozeß durch die Phasen von Träumer, Realist und Kritiker zu führen, indem eine Reihe von Fragen beantwortet werden, die der jeweiligen Phase entsprechen. (Siehe die Bücher *Strategies of Genius*, *Volume I*, *Skills for the Future* und *Von der Vision zur Aktion* für weitere Anwendungsmöglichkeiten des Konzepts von Träumer, Realist und Kritiker im Management.)

Phantasieren / Konstruieren eines Gruppenprozesses

1. Schreiben Sie Ihre Antworten auf die folgenden Fragen zu Ihrem Projekt auf.

Träumer:

- *Welchen Zweck hat Ihr Projekt?*
- *Wer ist der Leiter/die Gruppe im Bezug zu dem Projekt?*

Realist:

- *Welches ist der Zeitrahmen des Projektes?*
- *Wer sind die Handelnden?*

Kritiker:

- *Wer könnte positiv oder negativ von dem Projekt betroffen sein?*
- *Unter welchen Umständen würde die Führungskraft von dem Projekt Abstand nehmen?*

2. Wiederholen Sie als Gruppenleiter Ihr Projekt und die Antworten, die Sie oben auf die Fragen gegeben haben.

3. Leiten Sie die Gruppe an, den Antworten auf die folgenden Fragen nachzugehen, indem Sie die Teilnehmer jeweils in den entsprechenden Zustand bringen:

Träumer:

- *Welches sind die möglichen Vorteile?*
- *Was für andere Möglichkeiten gibt es?*
- *Zu was sonst könnte das Projekt in Zukunft führen?*

Realist:

- *Was ist der erste / nächste Schritt?*
- *Was für ein Beweis oder Feedback zeigt Ihnen, daß Sie Fortschritte machen?*
- *Was für Ressourcen stehen zur Verfügung, um das Projekt zu unterstützen?*

Kritiker:

- *Warum könnte jemand etwas gegen das Projekt haben?*
- *Welches sind deren Bedürfnisse oder Erwartungen?*
- *Was fehlt noch?*

SIEBEN

Modeling von Führungsfähigkeiten zum Delegieren

Überblick über Kapitel 7

- Methodik zum Sammeln von Informationen
- Muster und Ergebnisse

  Wesentliche Überlegungen beim Delegieren
  Logische Ebenen
  Ausrichtung
  Die Kommunikationsmatrix

- Anwendungen und Werkzeuge

  Übung Kommunikation / Delegieren
  Kommunikationsstrategien
  Übung Kommunikationsstrategien

Delegieren bedeutet, jemand anderem eine Aufgabe oder Aktivität zu übertragen oder zu vermitteln. Delegieren läßt sich als eine in erster Linie soziale Kompetenz definieren, die durch gewisse kommunikative und linguistische Fertigkeiten getragen wird. Ziel dieses Teiles der Führungsstudie war es, festzustellen, wie Führungskräfte: (1) sich darauf vorbereiten, eine bestimmte Aufgabe zu delegieren und (2) wie sie mit dem Prozeß der verbalen und der nonverbalen Kommunikation während dieser Interaktion umgehen.

Im Gegensatz zum Modeling von Führungsfähigkeiten beim Problemlösen, wo der Schwerpunkt auf dem Gruppenmanagement der Führungskraft lag, konzentrierte sich die Untersuchung des Delegierens auf Eins-zu-eins-Interaktionen.

Methodik zum Sammeln von Informationen

Der Modelingprozeß und die Sequenz der Modelingaktivitäten für die Delegationsstudie war im wesentlichen dieselbe wie die zur Problemlösung. Die Sequenz der Modelingaktivitäten umfaßte:

Anfangsfragebogen

Als erste Aktivität füllten die beteiligten Manager Fragebogen aus, die sich darauf bezogen, wie sie den Prozeß des Delegierens handhabten. Auch hier war der Fragebogen so angelegt, daß die Informationen in Form eines T.O.T.E. abgefragt wurden – d.h. die Ziele, die Evidenzverfahren und die Handlungen, mit denen die Manager ihren Mitarbeitern Aufgaben auftrugen oder kommunizierten. Die Fragebogen sollten allgemeine Gedanken über die Situation anregen und ermutigen, so daß sich gemeinsame Muster im Hinblick auf das Delegieren definieren und unter den Teilnehmern mitteilen ließen.
Der Fragebogen war wie folgt formuliert:

1. Geben Sie eine kurze schriftliche Beschreibung eines typischen Beispiels für eine Delegationssituation im Kontext Ihrer Rolle im Unternehmen.

2. Wenn Sie in dieser Art Kontext oder Situation sind, welches sind die Ziele oder Zielvorstellungen, die Ihr Handeln leiten? (Listen Sie sie in kurzen Sätzen oder Schlüsselworten auf.)

3. Was ist für Sie in der Regel eine Evidenz dafür, daß Sie diese Ziele erreichen?

4. Was tun Sie in der Regel, um ans Ziel zu kommen – was sind einzelne Schritte und Aktivitäten, mit denen Sie in diesem Kontext Ihre Delegationsziele erreichen?

5. Was für spezielle Aktivitäten oder Schritte wählen Sie, wenn Ihnen in diesem Kontext beim Erreichen Ihrer Ziele unerwartete Probleme oder Schwierigkeiten begegnen?

6. Welche dieser Delegationsziele – wenn überhaupt –, Evidenzverfahren oder Aktivitäten würden sich ändern, wenn der Kontext der Delegationssituation sich hin zu einer Interaktion mit einer Kleingruppe oder einem Team anstelle von einem einzigen Mitarbeiter änderte? Wie genau würden sie sich ändern?

Schriftliches Szenario

Nach der Besprechung des Fragebogens wurde ein kurzes Szenario, das eine herausfordernde Delegationssituation beschrieb, zur Diskussion in Kleingruppen verteilt. Das betreffende zur Diskussion gestellte Szenario lautete folgendermaßen:

> Sie sind Personalchef des Unternehmens B. Das Unternehmen hat ein neues Produkt eingeführt; die Personalabteilung ist dafür verantwortlich, neue Mitarbeiter zu rekrutieren. In zwei Tagen soll eine Besprechung eines Projektteams sein, zu dem Ihre Kollegen aus den Abteilungen Marketing, Finanzen, Informationssysteme und Kundenbetreuung gehören. In der Besprechung sollen die Erfordernisse für einen Plan erörtert werden, wie das neue Produkt herausgebracht werden soll. Wegen eines Notfalls in der Familie können Sie nicht zu der Besprechung kommen und müssen die Aufgabe, an der Besprechung teilzunehmen, an Ihren Assistenten delegieren.

Wie würden Sie mit dieser Situation umgehen?

Auch hier wurden die Diskussionsergebnisse aus der ganzen Gruppe gesammelt und aufgelistet. Bei der Großgruppendiskussion der Ergebnisse wurden für die Gruppe möglicherweise relevante Begriffe eingeführt und auf ihre Bedeutung hin bewertet.

Rollenspiele und Simulationen zum Delegieren

Nach den Szenarien spielten die Teilnehmer Rollenspiele und Simulationen, die für ihre eigenen persönlichen Führungskontexte relevant waren. Die Rollenspiele und Simulationen wurden im *Fishbowl*-Stil durchgeführt, zuerst mit der ganzen Gruppe als Beobachter und dann aufgeteilt in kleine Experimentiergruppen. Bei den Rollenspielen gab es die Option, daß verschiedene Gruppenmitglieder die Führungsrolle übernahmen, so daß Unterschiede und Ähnlichkeiten zwischen Stilen, Fertigkeiten und dem Gebrauch von Werkzeugen erkennbar und vergleichbar wurden.

Das nachfolgende Rollenspiel ist ein Beispiel dafür, wie einige interaktive und soziale Führungskompetenzen (ebenso wie die kognitiven und linguistischen Fertigkeiten) exploriert wurden, die mit gelungenem Delegieren zusammenhängen.

Kontext

Mit einem Kundenunternehmen wurde von einer Trainingsgruppe bzw. einem Trainingsunternehmen ein Vertrag darüber abgeschlossen, daß ein Paket für eine große Gruppe junger Angestellter vorbereitet werden sollte. Dieses soll aus einer Folge von Unterrichtseinheiten bestehen, in denen ein großes Spektrum von Themen im Zusammenhang mit der Makro-Umwelt des Unternehmens (Makro-Ökonomie), der Mikroumwelt (Wettbewerb, Märkte), dem organisatorischen System des Unternehmens (und dessen Arbeitseinheiten), den Einzelpersonen (ihren Rollen und Motivationssubsystemen) behandelt werden soll.

Dem Kunden muß garantiert werden, daß die Inhalte aller Unterrichtseinheiten aufeinander abgestimmt sind und daß sie auch mit den Unternehmensstrategien und -praktiken übereinstimmen.

Das Paket soll ein Multimedia-Format haben (Videos, Texte, Unterrichtsmaterialien), angeleitet durch ein Computerprogramm.

A ist der Leiter des Projekts. A hat bestehende Verpflichtungen, die bereits seine Zeit ausfüllen. Er muß einem anderen Consultant-Trainer die Koordination von fünf Experten anvertrauen, die verantwortlich sind für: (1) Inhalt, (2) Videos, (3) Graphik, (4) EDV Software, (5) Testverfahren.

Das Budget ist begrenzt, weil ein Teil davon schon in vorherigen Phasen ausgegeben wurde.

B soll die Verantwortung dafür übernehmen, die Experten bei der Ausführung ihrer Aufgaben zu koordinieren.

A soll das Projekt an B delegieren, aber eine Supervisionsrolle behalten; außerdem wird er die primäre Kontaktperson mit dem Kunden bleiben.

Die Beobachtungen der jeweiligen verbalen und nonverbalen Kommunikationsmuster, die die Person in der Führungsrolle bei den Rollenspielen zeigte, wurden von den Mitgliedern des Forschungsteams geäußert; dies galt auch für alle Muster, die mit speziellen NLP-Kommunikationsfertigkeiten zusammenhingen, wie zum Beispiel Psychogeographie, stimmliches Markieren, nonverbale Meta-Botschaften, der Gebrauch unterschiedlicher Repräsentationskanäle usw.

Ähnlich wie bei der Studie zur Problemlösung wurde bei den Delegationsaktivitäten darauf geachtet, daß Code-Kongruenz gewährleistet war. Das heißt, die beteiligten Manager wurden auch gebeten, ihre Beobachtungen aus der Sicht innerhalb des Rollenspiels oder als Beobachter zu kommentieren. Als die NLP-Begriffe eingeführt wurden, achteten die Forschungsmitarbeiter darauf, welche aufgenommen und in die Kommentare der Manager eingebaut wurden und welche unbeachtet blieben.

Den Teilnehmern wurden auch direkte Fragen gestellt wie:

a. Sind diese Begriffe effektiv/relevant, um Führungsfähigkeiten zu beschreiben, einzusetzen, zu lernen oder zu vermitteln?
b. Ist dies ein wirksames Instrument, um an das Wesentliche von Führungskunst heranzukommen?
c. »Paßt« es – d.h. erhellt es oder bringt es eine Struktur zum Vorschein, die Ihre Führungsfähigkeiten erweitert oder verbessert?

Muster und Ergebnisse

Man kann im Hinblick auf Führung in Organisationen grundsätzlich zwischen Delegieren a) allgemeiner institutioneller Aufgaben und Delegieren b) besonderer einzelner Tätigkeiten unterscheiden.

Als allgemeine institutionelle Aufgaben bezeichnet man solche mit einem hohen Maß an Redundanz gegenüber dem größeren System – d.h. es sind laufende Aufgaben und Kontexte, die vom ganzen System akzeptiert und verstanden werden. Eines der wichtigsten Ziele für die Führungskräfte im Hinblick auf das Delegieren institutioneller Aufgaben ist die berufliche Entfaltung des Mitarbeiters innerhalb der Einschränkungen der Aufgabe und deren Kontext. Andere Ziele im Umkreis des Delegierens institutioneller Aufgaben sind: (1) technische Aufgaben definieren, (2) Verantwortung definieren und (3) Beziehungen definieren. Allgemein kristallisieren sich die Evidenzverfahren, die zur Erfolgsprüfung des institutionellen Delegierens gebraucht werden, um Zeitkriterien, die mit der Aufgabe und mit der bestehenden institutionellen Aufsicht zusammenhängen.

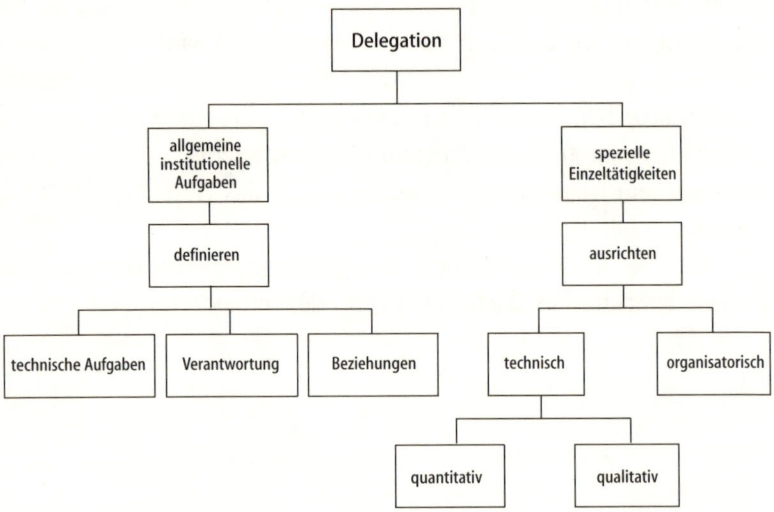

Einige Schlüsselbegriffe und -themen im Zusammenhang mit Delegieren

Einzeltätigkeiten sind entweder als neue oder als einmalige Aufgaben definiert und können weiter unterteilt werden in: (1) technische oder (2) organisatorische

Tätigkeiten. Technische Tätigkeiten können weiter unterteilt werden in solche, die quantitativ sind und sich quantitativ prüfen lassen, und solche, die eher qualitativ sind. Die Evidenzverfahren für das Delegieren von Einzeltätigkeiten müssen eher *ad hoc* durchgeführt werden als bei institutionellen Aufgaben. Wenn man technische Aufgaben definiert, sind Verantwortung und Beziehungen für das Delegieren von Einzeltätigkeiten wichtig, und die Ausrichtung und Übereinstimmung dieser Aufgabe mit dem größeren Rahmen des Systems haben Priorität.

Wesentliche Überlegungen beim Delegieren

Die beiden wichtigsten Prozesse, die zum Delegieren gehören, lassen sich kennzeichnen als (a) das *Definieren* des Problemraums, der mit der zu delegierenden Aufgabe zu tun hat, und (b) das *Ausrichten* der diversen Einzelpersonen und Prozeßebenen, die bei der Aufgabe erforderlich sind. Folgende Überlegungen, die mit diesen Delegationsprozessen zusammenhängen, sind wesentlich:

1. Festlegen von Wissenswertem gegenüber Nicht-Wissenswertem – d.h. wieviel muß der Mitarbeiter, an den man eine Aufgabe delegiert, über den Problemraum einer Situation wissen?

> ***a.*** Zu dem Problemraum, der für das Delegieren relevant ist, können Faktoren gehören wie: der Status der Einzelpersonen, die mit der Aufgabe zu tun haben, das Ausmaß an Risiko (falls vorhanden), mögliche Konkurrenz usw.
> ***b.*** Ein Glaubenssatz vieler Manager, die an der Studie teilnahmen, lautete, daß »es keine geheime Information in einem Unternehmen geben sollte.« Eine Führungskraft betonte: »Wenn mein Mitarbeiter durch einen anderen Kanal als durch mich auf etwas aufmerksam wird, dann verliere ich die Führung.« (Die Führungskraft scheint weniger zu wissen als die Person, an die sie delegiert.) Eine andere Führungskraft fügte hinzu: »Ich muß so arbeiten, als wenn die Leute Bescheid wüßten, selbst wenn dies nicht der Fall ist.«

2. Festlegen, wer sonst im Unternehmen über die Delegation informiert werden soll. Es kann verwirrend und sogar demoralisierend sein, wenn andere Teammitglieder, Mitarbeiter oder Leute in miteinander zusammenhängenden Rollen in einer Organisation überrascht entdecken, daß eine bestimmte Aktivität an jemanden delegiert wurde, ohne daß sie etwas davon wußten. Derjenige, an den etwas delegiert wurde, wird letztlich ein Delegierter mit den dazugehörigen Verantwortlichkeiten und der entsprechenden Autorität. Also ist es wichtig, andere Teile des Systems, die vom Delegieren einer bestimmten Aufgabe betroffen oder beeinflußt werden, zu informieren.

3. Ausrichten der wichtigsten Einzelpersonen und Prozeßebenen, die an der Erledigung der Aufgabe beteiligt sind. Eine der Hauptfunktionen des Delegierens besteht darin, die Ausrichtung auf zwei Parameter zu gewährleisten: (1) den Wahrnehmungsraum der Mitarbeiter oder Teammitglieder auf den Problemraum ausrichten, den die zu erfüllende Aufgabe umfaßt, und (2) die verschiedenen mit der Aufgabe zusammenhängenden Aktivitätsebenen ausrichten, damit sie sich gegenseitig förderlich sind – so daß das Wann und Wo der Aufgabe (Umwelt) mit dem Was (Verhalten) übereinstimmt, und daß das Wie mit dem Warum und dem Wer übereinstimmt, der den Zweck der Aufgabe festgelegt hat. Dies erhöht die Bedeutung der logischen Ebenen im Hinblick auf das Delegieren.

Logische Ebenen

Der Begriff der logischen Ebenen von Lernen und Veränderungen wurde ursprünglich, basierend auf der Arbeit der Mathematiker Russell und Whitehead, von Gregory Bateson (1985) als ein Mechanismus in der Verhaltenswissenschaft formuliert. Der Begriff der neurologischen Ebenen wurde vom Autor formuliert, um Batesons Begriff der logischen Ebenen und der logischen Typen für die menschliche Kommunikation und Veränderung zu operationalisieren.

Logische Ebenen beziehen sich auf eine grundsätzliche Hierarchie von Organisation, wobei jede Ebene zunehmend umfassend und psychologisch einflußreich ist. Jedes System von Aktivität zum Beispiel ist ein Subsystem, das in ein anderes System eingebettet ist, das wieder in ein anderes System eingebettet ist und so fort. Durch diese Art Beziehung zwischen Systemen entstehen – bezogen auf das System, in dem man operiert – unterschiedliche Prozeßebenen.

In unserer Gehirnstruktur, in der Sprache und in unseren Wahrnehmungssystemen bestehen natürliche Hierarchien oder Erfahrungsebenen. Der Effekt einer jeden Ebene ist es, die Informationen auf der Ebene darunter zu strukturieren und zu kontrollieren. Ändert man etwas auf einer oberen Ebene, ändert dies notwendigerweise etwas auf den unteren Ebenen; ändert man etwas auf einer unteren Ebene, kann dies, aber muß nicht, die darüberliegenden Ebenen beeinflussen.

Gregory Bateson erkannte vier Grundebenen von Lernen und Veränderung – jede Ebene abstrakter als die Ebene darunter, wobei jede eine größeres Maß an Einfluß auf den einzelnen hat. Diese Ebenen entsprechen in etwa:

Das umfassendere System	Vision und Sinn	Wer sonst?
Identitätsgefühl und Rolle	Mission	Wer?
Glaubens- und Wertesysteme	Erlaubnis und Motivation	Warum?
Fähigkeiten	Landkarten und Pläne	Wie?
Spezielles Verhalten	Aktionen und Reaktionen	Was?
Umwelt	äußerer Kontext	Wo? Wann?

Die Umweltebene betrifft die jeweiligen äußeren Bedingungen, unter denen unser Verhalten sich abspielt. Aber Verhaltensweisen ohne eine innere Landkarte, ohne Plan oder Strategie, die sie leiten, sind wie spontane Reaktionen, Gewohnheiten oder Rituale. Auf der Fähigkeitsebene können wir eine Klasse von Verhaltensweisen zu einer größeren Bandbreite äußerer Situationen auswählen, abändern oder anpassen. Auf der Ebene von Glaubenssätzen und Werten können wir eine bestimmte Strategie, einen Plan oder eine Denkweise fördern, behindern oder verallgemeinern. Identität vereinigt natürlich die ganzen Systeme von Glaubenssätzen und Werten zu einem Selbstgefühl. Zwar abstrahieren die Ebenen zunehmend von den Details des Verhaltens und der Sinneserfahrung, aber sie haben tatsächlich einen immer umfassenderen Einfluß auf unser Verhalten und unsere Erfahrung. Zusammenfassend läßt sich sagen:

- ***Umweltfaktoren*** bestimmen die äußeren Möglichkeiten oder Einschränkungen, auf die jemand reagieren muß. Antwort auf die Fragen ***Wo?*** und ***Wann?***
- ***Verhalten*** besteht aus den einzelnen Aktionen oder Reaktionen, die innerhalb der Umwelt unternommen werden. Antwort auf die Frage ***Was?***
- ***Fähigkeiten*** lenken Verhaltensweisen mit einer mentalen Landkarte, mit einem Plan oder einer Strategie und sind richtungsweisend für sie. Antwort auf die Frage ***Wie?***
- ***Glaubenssätze und Werte*** stellen die Verstärkung (Motivation und Erlaubnis) dar, die die Fähigkeiten fördert oder verhindert. Antwort auf die Frage ***Warum?***
- ***Identitätsfaktoren*** bestimmen den allgemeinen Sinn (die Mission) und prägen durch unser Selbstgefühl Glaubenssätze und Werte. Antwort auf die Frage ***Wer?***

- ***Systemische*** Fragen beziehen sich auf die Tatsache, daß wir Teil eines größeren Systems sind, das sich über uns selber als Individuen hinaus auf Teams, Gruppen, die berufliche Gemeinschaft und sogar auf globale Systeme erstreckt. Antwort auf die Frage ***Wer sonst?***

Ausrichtung

Ausrichtung ist eine wesentliche Eigenschaft effektiver Planung, Problemlösung und Führung. In einem effektiven System stimmen die Aktionen und Zielsetzungen von einzelnen innerhalb ihrer Mikro-Umwelten mit ihren Strategien und Zielen überein. Diese Ziele wiederum stimmen im Hinblick auf die Makro-Umwelt mit der Kultur und Mission des Systems überein. Mit anderen Worten, es gibt eine innere Ausrichtung des einzelnen auf seine Vision und eine andere Ausrichtungsebene auf die Gemeinschaft, in der jemand versuchen wird, seine Vision zu erreichen.

Es gibt also drei Arten von Ausrichtung: 1) die persönliche Ausrichtung, bei der es um eine Übereinstimmung aller Teile eines Menschen geht, 2) Ausrichtung förderlicher Prozesse im Hinblick auf ein Ziel oder eine Vision, 3) Umweltausrichtung, bei der die Ziele und Aktionen von einzelnen oder Gruppen kongruent und ökologisch in das größere System passen (Umwelt, Organisation, Gemeinschaft, Kultur usw.).

Prozeßebenen in einem System

Systeme bestehen sowohl aus hierarchischen Ebenen als auch aus logischen Ebenen der Interaktion. Demnach gilt für ein intaktes System:

1. Die Beziehung zwischen den Mitgliedern des Systems fördert die zu erfüllende Aufgabe.

2. Es gibt eine gemeinsame Wahrnehmung der Ebenen, Wahrnehmungspositionen und Zeitrahmen, die im Zusammenhang mit der Aufgabe für den Problemraum und für den Lösungsraum relevant sind.

3. Es gibt eine Ausrichtung der verschiedenen logischen Ebenen, die mit der Aufgabe zusammenhängen.

4. Es gibt eine Übereinstimmung und Ausrichtung der Zielvorstellungen der entscheidenden zu dem System gehörenden Akteure. (In einem hierarchischen oder komplementären System findet dies seinen Ausdruck durch die Leichtigkeit, mit der Aufgaben an die entsprechenden Rollen delegiert werden. In einem gleichberechtigten oder symmetrischen System findet dies seinen Ausdruck durch die Leichtigkeit, mit der die Betreffenden in der Lage sind, über Aufgaben und Zielvorstellungen zu verhandeln und Übereinstimmung zu erlangen.)

5. Die Aktionen von einzelnen werden auf die Mission ausgerichtet, die mit ihrer Rolle zusammenhängt.

Mit anderen Worten, es gibt eine Reihe unterschiedlicher Ausrichtungsarten, die mit Aufgabe und Beziehung zusammenhängen. Folgende Ausrichtungsarten hängen mit Aufgaben zusammen:

- Der berufliche und der Wahrnehmungsraum der entscheidenden Akteure auf den betreffenden Problemraum.
- Die Wahrnehmungsräume der entscheidenden Akteure aufeinander.
- Die Ebenen, die mit der Aufgabe oder dem Ziel zu tun haben.
- Die Ebenen der Kommunikation zwischen den entscheidenden Akteuren.

Folgende Ausrichtungsarten hängen mit der Beziehung zusammen:

- Die unterschiedlichen Ebenen einer Person auf ihre Rolle.
- Erfahrungsebenen zwischen Menschen in unterschiedlichen Rollen.
- Ebenen zwischen unterschiedlichen Teilen einer Person.

Um in einem bestimmten System erfolgreich zu sein, muß der oder die einzelne die Beziehung zwischen den diversen Ebenen von Veränderung verstehen und seine oder ihre Aktivitäten so ausrichten, daß sie zu dieser Dynamik passen. Das heißt, Ziele und Aktionen auf einer individuellen Ebene sollten die taktischen Zielsetzungen und die Strategie, die mit der Rolle zusammenhängt, unterstützen, welche wiederum mit der Kultur und Identität und mit der Mission im Hinblick auf die weitere Umwelt übereinstimmen sollten.

Ausrichtung bezieht sich auch darauf, wo in einem System Stabilität und Variabilität gelagert sind. Wenn ein Teil eines Systems stabil gehalten werden muß, müssen notwendigerweise andere Teile sich ändern und anpassen, damit die Stabilität erhalten bleibt. Beständigkeit auf einer Ebene erfordert Flexibilität auf anderen Ebenen.

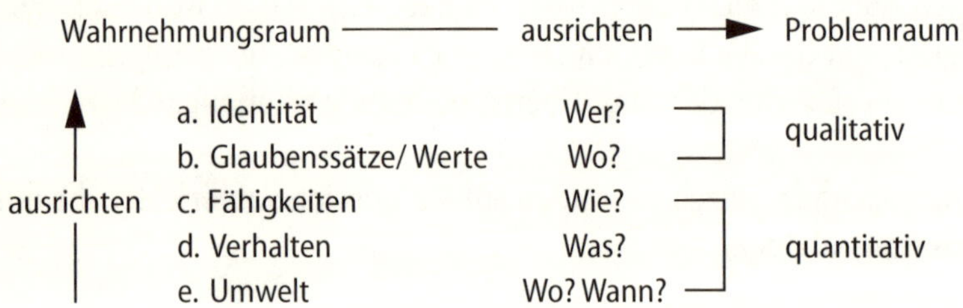

Ausrichtung ist ein Hauptziel gelungenen Delegierens

Daß man Ausrichtung braucht, ist eine ganz natürliche Erfahrung. Wenn die verschiedenen Ebenen der Information, die für eine Aktivität erforderlich ist, nicht beizeiten bestimmt sind, ersuchen die Leute intuitiv und spontan darum. Reflektieren Sie das untenstehende hypothetische Gespräch zwischen einem Manager oder einer Managerin und seinem/ihrem Mitarbeiter.

Manager: Haben Sie Dienstag nachmittags frei, um sich mit mir in meinem Büro zu treffen? (Schlägt *wann* und *wo* vor.)
Mitarbeiter: Ja. Worum soll es bei dem Treffen gehen?

Manager: Ich möchte mich mit Ihnen treffen, um Sie auf Ihre Präsentation nächste Woche vorzubereiten. (Bestimmt, *was* getan werden soll.)
Mitarbeiter: Wie genau möchten Sie dies vorbereiten?
Manager: Ich dachte, wir könnten die Folge der Informationen durchgehen, die wir präsentieren wollen, und sehen, ob wir irgendwelche visuellen Hilfsmittel brauchen. (Bestimmt, *wie* der Prozeß vor sich gehen wird.)
Mitarbeiter: Warum? Meinen Sie, es wird für die Leute schwierig sein, unsere Argumente zu verstehen?
Manager: Also, ich glaube, es ist gut, wesentliche Gedanken auf mehrere unterschiedliche Weisen darzustellen. (Bestimmt die Gründe hinter dem Wie und dem Was.)
Mitarbeiter: Also gut. Wollen Sie, daß ich hauptsächlich die Rolle eines Mitentwicklers spiele, oder sollte ich den Advocatus Diaboli spielen?
Manager: Es wäre eine gute Idee, wenn Sie sich in Ihre Zuhörerschaft hineinversetzen und die Präsentation wahrnehmen würden, als wären Sie einer von ihnen. (Bestimmt *wessen* Perspektiven eingenommen werden sollen.)

Dieses Gespräch ist zwar hypothetisch, aber solche Interaktionen laufen in Unternehmen wahrscheinlich mehrmals am Tag ab. Gelungen zu delegieren würde bedeuten, das Wo, Wann, Was, Wie, Warum, Wer und Wer-sonst im Zusammenhang mit der Aufgabe oder Aktivität, die delegiert werden soll, zu präzisieren. Wenn ein bestimmter Aspekt ausgelassen wird, wird diese Information von dem Mitarbeiter entweder erfragt oder spekulativ angenommen (und wenn diese Vorannahmen unzutreffend sind, kann dies Schwierigkeiten verursachen).

Tatsächlich behaupteten viele der an der Studie beteiligten Führungskräfte, daß die Reife und Erfahrung eines Mitarbeiters wesentlich damit zusammenhängt, welche Prozeßebenen die Führungskraft für den Mitarbeiter bestimmte und welche Ebenen sie dem Mitarbeiter überlassen konnte, so daß er selber damit fertig wurde.

Eine Führungskraft kann das Wo, Wann, Was und Warum einer bestimmten Aktivität zum Beispiel festlegen wollen und den Mitarbeiter das Wie bestimmen lassen. Für einen erfahreneren Mitarbeiter kann die Führungskraft bestimmen, was getan werden soll und welche Rolle der Mitarbeiter bei dieser Aktivität spielen soll (das Wer), und den Mitarbeiter das Wo, Wann, Wie und Warum selbst entscheiden lassen.

Eine der wesentlichsten kognitiven Fertigkeiten beim Delegieren ist die Fähigkeit, die Prozeßebenen zu bestimmen, die bei der jeweiligen Aufgabe oder Aktivität delegiert werden sollen, und dann festzulegen, wieviel von dieser Information dem Mitarbeiter, dem die Aufgabe übertragen wurde, zur Verfügung gestellt wird. Wenn ein erfahrener Mitarbeiter beispielsweise zu viel explizite Anleitung bekommt, kann er sich eingeengt, unterfordert oder sogar demotiviert fühlen.

Die Kommunikationsmatrix

Die wichtigsten interaktiven Fertigkeiten beim Delegieren sind solche, die mit verbaler und nonverbaler Kommunikation zu tun haben. Die *Kommunikationsmatrix* (Dilts, 1998) ist ein einfaches aber nützliches Kommunikationsmodell, das zum besseren Verständnis des Kommunikationsprozesses und zur Entwicklung gelungenerer Kommunikationsfertigkeiten hilfreich ist. Shannon und Weaver (1976) zufolge besteht gelungene Kommunikation aus einer Quelle (dem Sprecher), einem Kodierer (dem vokalen System), einer Botschaft (sprachliche und visuelle Hinweise), einem Kanal (Schallwellen in der Luft), einem Dekodierer (den Ohren des Hörers) und einem Empfänger (dem Hörer). Gelungene Kommunikation muß auch Geräuschfragen ansprechen (statisches Geräusch im Radio; Hintergrundgeräusch bei der persönlichen Kommunikation).

Die Kommunikationsmatrix erfaßt die Grundelemente der Kommunikationstheorie in einem praktischen Modell persönlicher Kommunikation. Nach der Kommunikationsmatrix bedeutet Kommunikation, daß Menschen einander mittels verschiedener Medien Botschaften senden. Demnach umfaßt jeder Kommunikationsprozeß drei Grundelemente: (1) Menschen, (2) Botschaften und (3) das Medium, durch welches die Botschaften übermittelt werden.

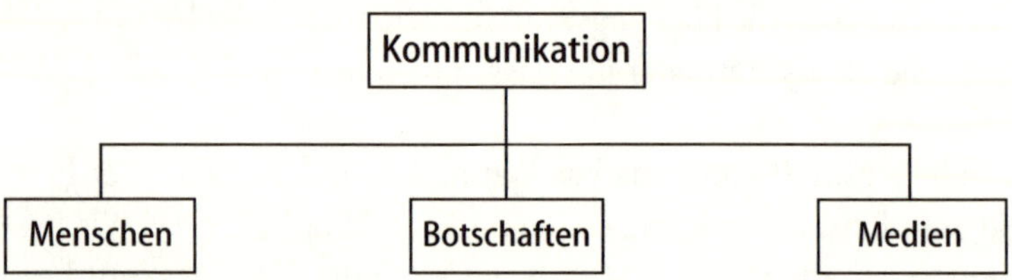

Grundelemente der Kommunikation

Der einfachste Fall von Kommunikation wären beispielsweise zwei Personen, die einander durch das Medium der gesprochenen Sprache Botschaften senden und voneinander empfangen. Die beiden würden gelegentlich wechseln zwischen (a) der Rolle des Senders oder Übermittlers verschiedener Botschaften und (b) der des Empfängers verschiedener Botschaften des anderen. Während die beiden interagieren, könnten sie zusätzlich zur gesprochenen Sprache manchmal als Medien auch Schaubilder zeichnen, gestikulieren oder auf schriftliches Material verweisen, um ihre diversen Botschaften zu übermitteln.

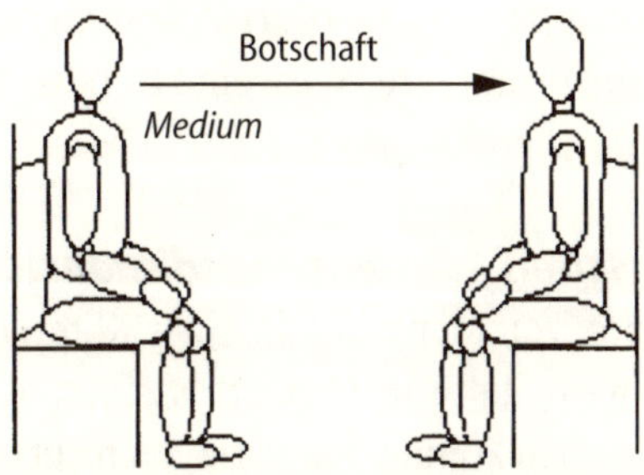

Ein Sender übermittelt eine Botschaft an einen Empfänger.

Menschen – Innendimension

Der interne Aspekt, der die Kommunikation am meisten beeinflußt, ist der Zustand der Menschen. Der innere Zustand von Sender und Empfänger nimmt Einfluß auf den Fluß der Kommunikation. Zustände wirken als Filter und als Voreingenommenheit beim Aufnehmen und Interpretieren von Botschaften. Der innere Zustand eines Menschen ist in der Regel eine Funktion seiner Einstellung und seines Denkstils.

Einstellungen wie Vertrauen, Besorgnis, Offenheit, Enthusiasmus, Neugier usw. sind oft eher vorübergehend und können sich während einer Interaktion ändern. Tatsächlich ist der Zweck einer Kommunikation manchmal, die Einstellung von anderen zu ändern. Einstellungen werden von mentalen ebenso wie von physischen Prozessen beeinflußt und spiegeln sich oft in bestimmten physischen Hinweisen, wie Körperhaltung, Gestik und Kopfhaltung wider.

Denkstile wie Träumer, Realist und Kritiker hängen mehr mit der Persönlichkeit des einzelnen zusammen und sind während einer Interaktion eher konstant.

Unterschiedliche Denkstile sollten in irgendeiner Weise gewürdigt und angesprochen statt verändert werden. Die im NLP sogenannten Metaprogramm-Muster sind kennzeichnend für die unterschiedlichen Denkstile.

Einstellungen und Denkstile bestimmen die Chemie der Interaktion, also ob sie brisant, stabil, träge usw. ist. Oft ist ganz wesentlich, daß die Führungspersönlichkeit nicht nur ihre eigenen inneren Zustände in einer Interaktion erkennt und kontrolliert, sondern daß sie auch die Zustände der anderen berücksichtigt. Es ist etwas ganz anderes, mit einer Gruppe von besorgten Kritikern umzugehen als mit einer Gruppe von begeisterten Träumern. Und je nach der eigenen Zielsetzung stellen beide auf ihre Weise eine Herausforderung dar.

Menschen – Beziehungsdimensionen

Die Beziehungsdimension von Menschen in einer Kommunikationssituation hat mit ihren Rollen oder ihrem Status im Verhältnis zueinander zu tun. In Organisationen und sozialen Systemen können Statusfragen recht einflußreich und zudem gelegentlich ziemlich komplex sein. Es gibt verschiedene Grundtypen von Status: komplementär, symmetrisch und reziprok. In einer *komplementären Beziehung* ergänzt die Rolle einer Person die einer anderen – wie ein Untergebener und der Chef, ein Schüler und der Lehrer oder ein Kind und ein Elternteil. Komplementäre Beziehungen sind oft eine Funktion von organisatorischen oder sozialen Hierarchien. *Symmetrische Beziehungen* sind im wesentlichen partnerschaftliche Beziehungen, in der Menschen in ähnlichen Rollen sind und einander als gleichberechtigt behandeln. In *reziproken Beziehungen* sind Menschen involviert, die während der Interaktion im Wechsel »den Taktstock übergeben« oder die Rollen tauschen. In einer Teaminteraktion können die einzelnen Mitglieder beispielsweise das »Führen« des Teams zu verschiedenen Zeiten aushandeln. In einer reziproken Beziehung kann der einzelne also im Wechsel Chef, Untergebener, Lehrer, Schüler usw. sein.

Es gibt noch einen anderen, in Führungssituationen relevanten Grundtypus von Status, den man als meta-komplementär bezeichnen könnte. Eine meta-komplementäre Beziehung ist beispielsweise wie das Verhältnis zwischen einem Berater und seinem Kunden. Einerseits arbeitet der Berater für den Kunden (und in diesem Sinne ist der Kunde der Chef). Andererseits ist es allerdings die Aufgabe des Beraters, das Verhalten des Kunden zu lenken (und in diesem Sinne ist der Berater gewissermaßen der Chef).

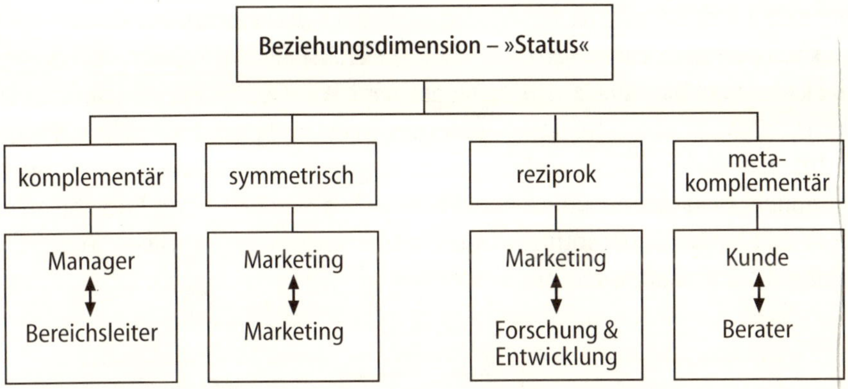

Oft werden unterschiedliche Botschaften und Medien eingesetzt, um unterschiedliche Arten von Status zu würdigen und sich ihnen anzupassen. Viele Sprachen haben beispielsweise sowohl eine formelle wie eine vertraute Anrede, also »Sie« oder »du«, um zwischen komplementären und symmetrischen Beziehungen zu unterscheiden. Andere mündliche Formen zur Klärung von Beziehungen sind der Gebrauch von Wörtern wie Herr oder Frau und der Gebrauch des Vor- oder Nachnamens, um den Status zu kennzeichnen. Ähnlich werden oft unterschiedliche Medien genutzt, um den Status zu kennzeichnen. Ein Telefonanruf läßt auf eine andere Art von Status schließen als ein formell geschriebenes Dokument oder ein Kurierbrief.

Es ist auch wichtig, in einer Kommunikationssituation Zustand und Status gemeinsam zu berücksichtigen. Es ist zum Beispiel eine ganz andere Situation, ob ein begeisterter Untergebener mit einem skeptischen Chef kommuniziert, als wenn ein begeisterter Chef mit einem skeptischen Untergebenen kommuniziert.

Beabsichtigte und empfangene Botschaften

Betrachtet man das Kommunikationselement *Botschaft*, muß man als erstes zwischen der *beabsichtigten* und der *empfangenen* Botschaft unterscheiden. Im NLP gibt es eine Redewendung, daß »ungeachtet dessen, was Sie kommunizieren wollten, die Bedeutung Ihrer Kommunikation die Reaktion ist, die Sie auslösen.« Mit anderen Worten, die *Bedeutung* einer Botschaft ist die Reaktion des Empfängers, unabhängig von der Absicht des Senders. Diese Aussage räumt ein, daß die vom Sender gemeinte Botschaft nicht immer die Botschaft ist, die von den anderen an der Interaktion Beteiligten verstanden wird. Eine der wichtigsten Kommunikationsfähigkeiten in Führungssituationen ist sicherstellen zu können, daß die von Ihnen gemeinte Botschaft auch empfangen wird. Wie eine der Führungskräfte einmal sagte: »Die eigentliche Herausforderung ist es, die Leute dazu zu bringen, das zu tun, was man will, und nicht, was man sagt.« Im wesentlichen ist gelungene Kommunikation eine Feedback-Schleife zwischen Sender(n) und Empfänger(n), durch die eine möglichst optimale Übereinstimmung zwischen beabsichtigten und erhaltenen Botschaften erreicht werden soll.

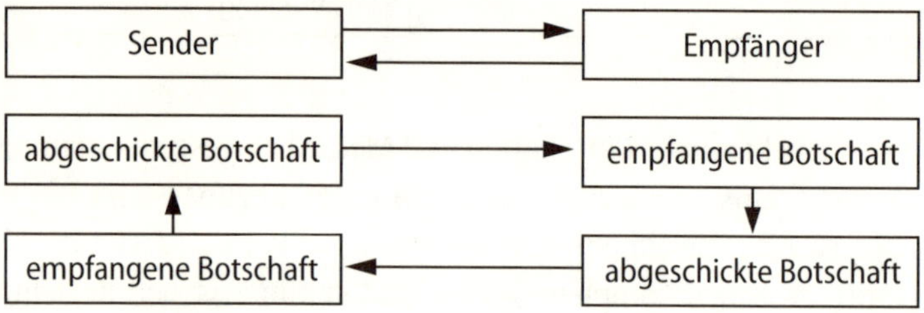

Feedback-Schleife zwischen Sender und Empfänger

Botschaften und Meta-Botschaften

Der Inhalt einer Nachricht wird allgemein von Meta-Botschaften einer höheren Ebene (oft nonverbal) begleitet, die betonen oder Hinweise darauf geben, wie die Botschaft zu interpretieren ist. In vielen Fällen bezieht sich der Inhalt auf die rein verbalen Aspekte der Kommunikation, während Meta-Botschaften sich auf den vonverbalen Anteil der Kommunikation beziehen. Meta-Botschaften sind Botschaften über andere Botschaften. Während zwei Botschaften einander widersprechen können, sind Meta-Botschaften auf einer anderen Ebene als der Inhalt angesiedelt. Eine Führungskraft könnte beispielsweise eine Gruppe bitten, aufzupassen und dabei auf die eigenen Augen zeigen. Diese Geste würde man als *Meta-Botschaft* ansehen, die angibt, wie die Gruppe aufpassen soll (also indem sie hinschauen). Würde die Führungskraft auf die Ohren zeigen, würde dies eine andere Art von Aufmerksamkeit nahelegen.

Mit einem gelben Filzstift die wichtigsten Sätze in einem Text zu markieren ist ein anderes Beispiel für eine Meta-Botschaft. Auch Interpunktion dient als Meta-

Botschaft. Ändert man ein Fragezeichen und macht daraus ein Ausrufezeichen, verändert das die Bedeutung der ganzen Botschaft. Sogar das Medium, durch das eine Botschaft gesendet wird, kann eine Meta-Botschaft sein. Eine per Fax oder Eilboten geschickte Nachricht würde darauf hinweisen, daß die Angelegenheit dringend ist. Ein Telefonanruf oder ein persönliches Treffen würde die Betonung mehr auf die Beziehungsaspekte der Botschaft legen.

Die Funktion einer Meta-Botschaft ist im wesentlichen, den Zuhörer darüber zu informieren, was für eine Art Botschaft übermittelt werden soll oder übermittelt wurde, und wie diese Botschaft am besten aufgenommen wird. Mit anderen Worten, Meta-Botschaften sind notwendig, um die »Bedeutung« einer Botschaft zu dekodieren. Dieselbe Botschaft kann demnach unterschiedliche Bedeutungen haben, je nachdem von welchen Meta-Botschaften sie begleitet ist.

Es ist so, wie wenn ein Computer mit einem anderen kommuniziert: Er muß bestimmte Steuerzeichen mit dem eigentlichen Text, den er übermittelt, mitschikken. Die Steuerzeichen sind Meta-Botschaften, die den anderen Computer darüber informieren, was für Daten gesendet werden und wo sie in seinem Speicher hingehören.

Ebenen von Botschaften

Oftmals ist der Zweck von Meta-Botschaften, klarzustellen, auf welcher Ebene der Inhalt der Botschaft gesendet oder empfangen wurde. Wenn beispielsweise eine Führungskraft einem Mitarbeiter mitteilt: »Sie *haben einen Fehler gemacht*«, könnte diese Botschaft auf verschiedene Weise interpretiert werden. Soll die Botschaft auf die Ebene der Identität oder auf das Verhalten zielen? Mit anderen Worten, will die Führungskraft Enttäuschung über die Person signalisieren oder einfach nur Feedback über ein spezielles Verhalten geben? Diese Art Information ist oft kritisch, wenn es in einer Kommunikationssituation um die richtige Interpretation geht. Die Botschaft »Sie haben einen Fehler gemacht« bekommt ganz offensichtlich eine völlig andere Bedeutung, wenn die Meta-Botschaft lautet: »Ich möchte Ihnen helfen, es besser zu machen«, als wenn die Meta-Botschaft ist: »Ich bin wütend auf Sie.«

Solche Informationen werden oft durch nonverbale Hinweise wie die Betonung vermittelt. Die Aussage: »*Sie* haben einen Fehler gemacht«, wird eher als ein Anzeichen dafür interpretiert werden, daß der Mitarbeiter etwas falsch gemacht hat und nun in Schwierigkeiten ist. Die Aussage »Sie haben einen *Fehler* gemacht«

würde andererseits den Schwerpunkt eher auf ein Ereignis oder auf die Richtigkeit eines Verfahrens als auf die Person legen.

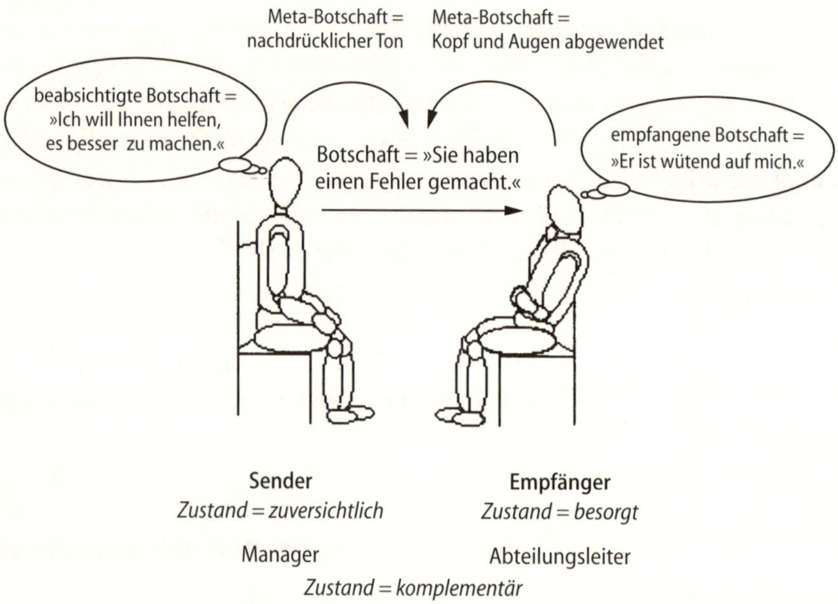

Einflüsse auf die empfangene Botschaft

Weil Meta-Botschaften normalerweise nonverbal kommuniziert werden, bleiben sie Sender und Empfänger oft unbewußt. Wahrscheinlich ist eine der wesentlichsten kommunikativen Fähigkeiten, ein Bewußtsein dafür zu entwickeln, Meta-Botschaften zu lesen und zu beobachten.

Manchmal ist es allerdings notwendig, sehr präzise damit zu sein, welche Prozeßebene in einer Kommunikationssituation gerade angesprochen wird. In diesem Falle ist es wichtig, daß man sich über die unterschiedlichen verbalen Hinweise im klaren ist, die mit den unterschiedlichen Erfahrungsebenen zusammenhängen:

- Identität geht einher mit Formulierungen wie: »Ich bin ein...« oder »Er ist ein...« oder »Sie sind ein...«.
- Äußerungen auf der Glaubensebene sind oftmals Urteile, Regeln und Ursache-Wirkungs-Mechanismen wie »Wenn... dann...«, »Man sollte...«, »Wir müssen...«.
- Die Fähigkeitsebene zeigt sich an Worten wie »wissen«, »wie«, »ich kann«, »meinen« usw.
- Sprache auf der Verhaltensebene bezieht sich auf spezielle Verhaltensweisen und beobachtbare Tätigkeiten, z.B. »tun«, »handeln«, »gehen«, »sagen« usw.
- Sprachliche Äußerungen auf der Umweltebene beziehen sich auf spezielle beobachtbare Merkmale oder Einzelheiten im äußeren Kontext, z.B. »weißes Papier«, »10.30 Uhr morgens«, »großer Saal« usw.

Medien – Kommunikationskanäle

Alle Botschaften müssen selbstverständlich durch irgendeine Art von Medium übermittelt werden. Die verschiedenen Medien, durch die eine Botschaft übertragen werden kann, haben unterschiedliche Stärken und Schwächen, die Einfluß darauf nehmen, wie die Botschaft gesendet und empfangen wird. In Organisationen setzt sich das Medium, durch das eine Botschaft mitgeteilt wird, zusammen aus:

1. dem Kommunikationskanal,
2. dem Kommunikationskontext und
3. dem kulturellen Rahmen, der die Kommunikation umgibt.

Kommunikationskanäle haben mit den unterschiedlichen Sinnesmodalitäten zu tun, durch die sich eine Botschaft repräsentieren läßt. Der Kontext und der kulturelle Rahmen, die die Kommunikation umgeben, beziehen sich auf die Annahmen und Folgerungen, mit deren Hilfe die Kommunikation sinnvoll wird. Gelungene Kommunikation bedeutet, die Sequenz und die Mischung der Kanäle zur Übermittlung der Botschaften entsprechend festzulegen. Darüber hinaus heißt es, die Bedeutung verschiedener Kanäle innerhalb des Kontextes und des kulturellen Rahmens, in denen die Botschaften übermittelt werden, zu berücksichtigen.

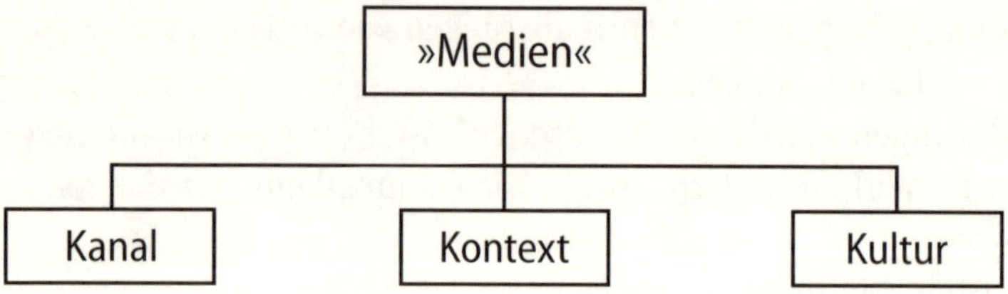

Besonders die Repräsentationskanäle, die für die Kommunikation ausgewählt werden, sind aus NLP-Sicht für das Delegieren wichtig. Daß wir Botschaften vermitteln und verstehen können, resultiert aus unserer Fähigkeit, uns innere Landkarten vorzustellen. Diese mentalen Landkarten entstehen aus den Informationen unserer fünf Sinne oder *Repräsentationssysteme*: Sehen, Hören, Fühlen, Geschmack und Geruch. Unsere Sinne konstituieren Form oder Struktur des Denkens, nicht den Inhalt. Jeglicher Gedanke, den wir haben, wird unabhängig von seinem Inhalt eine Funktion von Bildern, Geräuschen, Gefühlen, Gerüchen oder Geschmack sein und davon, wie diese Repräsentationen miteinander in Beziehung stehen. Wir verbinden dauernd sinnliche Repräsentationen miteinander, um unsere Landkarten von der Wirklichkeit zu erstellen und auf dem laufenden zu halten. Die Grundlage für diese Kartographie ist das Feedback durch unsere Sinneserfahrung.

Der Begriff *Repräsentationskanäle* bezieht sich auf die Sinne und die Art der Sinnesmodalität oder Repräsentation, die eine Person nutzt, um eine Botschaft zu senden oder zu empfangen. Wenn jemand laut spricht, verwendet er oder sie einen mündlichen Kanal äußerer Repräsentation. Zeichnen oder das Vorzeigen von Symbolen und Diagrammen wäre eine eher visuelle oder symbolische Form äußerer Repräsentation. Wenn jemand eine Aktivität interaktiv demonstriert oder »jemand anderen hindurchführt«, nutzt er oder sie einen eher physischen Kommunikationskanal.

Ganz ähnlich kann sich eine Person, wenn sie eine Botschaft erhält, mehr auf Sehen, Hören oder Fühlen verlegen. Die Auswahl des Kommunikationskanals kann sich also nach dem Denkstil und dem Schwerpunkt der Aufmerksamkeit seitens des Empfängers richten.

Die Grundtypen der Repräsentationskanäle, die in der Kommunikation eine Rolle spielen, sind:

◆ mündlich ◆ schriftlich ◆ bildlich ◆ physisch

Jede dieser unterschiedlichen Modalitäten der Repräsentation hat andere Qualitäten. Der mündliche Repräsentationsmodus hat seine Stärken besonders dann, wenn es darum geht, Informationen in logischen Zusammenhängen aneinanderzufügen. Der visuelle Kanal ist oft die beste Art, Information ganzheitlich oder als Gestalt zu erfassen. Eine Idee oder ein Konzept physisch auszuagieren, stellt deren konkrete Aspekte dar.

Die Betonung der unterschiedlichen Kommunikations- und Repräsentationskanäle kann Menschen zu unterschiedlichen Denkstilen hinführen. Der visuelle Kanal beispielsweise regt das Vorstellungsvermögen an. Der verbale Kanal ist oft für logisches oder kritisches Denken am besten geeignet. Liegt schließlich der Schwerpunkt auf den physischen Kanälen, so regt dies die Menschen eher an, handlungsorientiert zu sein.

Unterschiedliche Repräsentationskanäle können auch beeinflussen, welche Beziehung die Beteiligten zur Information haben. Schreibt man beispielsweise etwas auf ein Flip-Chart, fördert dies auf ganz einfache Art Konsens, denn steht eine Idee erst einmal auf dem Papier, so ist derjenige/diejenige, der/die die Idee vorgeschlagen hat, nicht mehr so eng mit ihr verbunden. Eine Idee zu externalisieren erlaubt also, das Was vom Wer zu trennen.

Anwendungen und Werkzeuge

Die folgende Übung ist geeignet, einige wesentliche kognitive, interaktive und linguistische Führungsfähigkeiten im Kontext des Delegierens zu proben. Die Übung beinhaltet die Anwendung verschiedener Aspekte der Kommunikationsmatrix, indem eine bestimmte Botschaft ausdrücklich so formuliert wird, daß verschiedene Informationsebenen einbezogen werden, daß die Information jemand anderem mitgeteilt wird und daß dann die verschiedenen Ebenen der Botschaft, die die Person empfangen hat, mit den beabsichtigten Botschaften verglichen werden.

Übung Kommunikation/Delegieren

Der Kommunikator soll eine Aufgabe oder Aktivität benennen, die ihm wichtig ist, um anderen etwas gelungen zu vermitteln oder zu delegieren.

Phase I

Der Kommunikator soll eine Präsentation planen, indem er seine beabsichtigte Botschaft unter Berücksichtigung folgender Informationsebenen definiert:

a. Wo – der Kontext oder die Umgebung, in der die Aufgabe oder Aktivität ausgeführt werden soll.
b. Wann – der Zeitrahmen, in dem die Aufgabe oder Aktivität abgeschlossen werden soll.
c. Was – die Aktionen oder Ziele, welche die Aufgabe oder Aktivität erfordert.
d. Wie – konzeptionelle oder strategische Richtlinien zur Durchführung der Aufgabe oder Aktivität.
e. Warum – die Kriterien, Werte oder Glaubenssätze, welche die Motive für die Aufgabe sind und die von der Aufgabe oder Aktivität gewahrt werden müssen.
f. Wer – Informationen über Hauptrollen, Rollenidentität oder Statusfragen im Bezug zu der Aufgabe oder Aktivität.

Der Kommunikator soll außerdem überlegen, welche nonverbalen Zeichen die Evidenz sein werden, daß die Botschaften auf den beabsichtigten Ebenen empfangen wurden.

Phase II

Der Kommunikator hat 5-10 Minuten Zeit, um dem/den Rollenspieler/n, der/die die beabsichtigten Empfänger darstellt/darstellen, die Aufgabe oder Aktivität zu präsentieren. Wenn der Kommunikator seine Präsentation beendet hat, notiert/notieren der/die Empfänger die »empfangene« Botschaft, indem das untenstehende Informationsblatt ausgefüllt wird.

a. *Welches ist der Kontext oder die Umgebung, in der die Aufgabe oder Aktivität ausgeführt wird? (Wo?)*
b. *Welches ist der Zeitrahmen, in dem die Aufgabe oder Aktivität abgeschlossen werden soll? (Wann?)*
c. *Welches sind die Verhaltensweisen oder Ziele, welche die Aufgabe oder Aktivität erfordert? (Was?)*
d. *Welches sind die konzeptionellen oder strategischen Richtlinien zur Durchführung der Aufgabe oder Aktivität? (Wie?)*
e. *Welche Kriterien, Werte oder Glaubenssätze sind die Motive für die Aufgabe und sollen von der Aufgabe oder Aktivität gewahrt werden? (Warum?)*
f. *Welches sind die Hauptrollen, die Rollenidentität oder Statusfragen im Bezug zu der Aufgabe oder Aktivität? (Wer?)*

Phase III

Kommunikator und Empfänger vergleichen die beabsichtigten und die empfangenen Botschaften und besprechen die Gründe für eventuelle Unterschiede. Die Gruppe sollte den Einfluß sowohl verbaler wie nonverbaler Kommunikationsmuster bedenken und besprechen, welche sonstigen Repräsentationskanäle gebraucht werden könnten, um die Aufgabe oder Aktivität mitzuteilen. Sie können sich auch überlegen, wie der Zustand des Kommunikators und der Empfänger die Interpretation der diversen Botschaften und Hinweise beeinflußten.

Kommunikationsstrategien

Wenn mehr als eine Person in das Delegieren involviert ist, so wie wenn ein Teamleiter eine Aufgabe an ein ganzes Team delegiert, geht es bei den sozialen Kompetenzen um seine Kommunikationsstrategie.

Es gibt mehrere Arten von Aktivitäten, die mit der Kommunikationsstrategie zusammenhängen:

1. Die allgemeine Botschaft bestimmen und sie in die inhaltlichen Elemente und die Meta-Botschaften herunterchunken.

2. Den aktuellen und den erwünschten Zustand, Status und Kontext, in denen die Botschaften und Meta-Botschaften gesendet werden sollen, etablieren.

3. Festlegen, durch welche Kanäle die Elemente der Botschaft und der Meta-Botschaften am besten übermittelt werden.

4. Feedback darüber, wie Botschaften und Meta-Botschaften von anderen empfangen werden, erkennen und darauf reagieren.

Zu einer Kommunikationsstrategie gehören Elemente, die im voraus geplant sind, und Aspekte, die als Reaktion auf Feedback ausgewählt oder angenommen werden. Die im voraus geplanten Aspekte einer Kommunikationsstrategie beziehen sich im wesentlichen darauf, wie Informationen aufbereitet und übermittelt werden. Beispielsweise ist eine Meta-Botschaft darüber, wie wichtig eine Botschaft ist, ob diese Botschaft als schriftlicher Bericht oder auf einer Folie vorliegt. Ob gedruckte Materialien zu Beginn oder im Verlauf einer Besprechung ausgehändigt werden, ist eine Meta-Botschaft darüber, wie diese Informationen im Hinblick auf andere präsentierte Informationen verstanden werden sollen.

Der dynamische Aspekt im Umgang mit Botschaften bedeutet, andauernd zu beobachten, wie Botschaften gesendet und empfangen werden – d.h. die Fähigkeit, die eigenen Botschaften und Meta-Botschaften entsprechend den Reaktionen, die man als Reaktion auf andere Botschaften erhält, anzupassen. Botschaften können angepaßt werden:

1. indem man Beobachtungsfähigkeit und Feedback gebraucht, um Verzerrungen zwischen beabsichtigten und empfangenen Botschaften zu verringern;
2. indem man die Auswahl und Kombination von Botschaften und Meta-Botschaften bestimmt,
3. indem man gewährleistet, daß die Mikro-Botschaften die größere Botschaft unterstützen und in Richtung auf das Kommunikationsziel führen.

Übung Kommunikationsstrategien

Die folgende Übung ist geeignet, einige der verschiedenen Aspekte der Entwicklung einer Kommunikationsstrategie zu proben und zu explorieren. Dazu gehört, daß beabsichtigte und empfangene verbale Botschaften und nonverbale Meta-Botschaften einander gegenübergestellt werden. Folgende Schritte gehören zu der Übung:

1. Bilden Sie Gruppen zu viert und verteilen Sie die Rollen für ein Rollenspiel, in dem ein (a) Teamleiter, ein (b) Träumer, ein (c) Realist und ein (d) Kritiker mitwirken.

Zum Beispiel:

Marketing: Teamleiter
Forschung: Träumer
Produktion: Realist
Finanzen: Kritiker

2. Das generelle Ziel für den Teamleiter (der während des Rollenspiels im wesentlichen der Kommunikator sein soll) ist es, den anderen Teammitgliedern ein Projekt effektiv und klar zu beschreiben. Ehe das Rollenspiel beginnt, sollte der Teamleiter ein Projekt auswählen (z.B. ein neues Fahrrad, ein Trainingsprogramm, ein Computer-Spiel usw.) und sich einige Minuten Zeit nehmen, um das *Arbeitsblatt Beabsichtigte Botschaft* auszufüllen.

3. Der Leiter hat dann 5 bis 10 Minuten Zeit, um den Empfängern das Projekt zu beschreiben.

4. Wenn der Teamleiter mit der Beschreibung des Projektes fertig ist, soll jedes Teammitglied für sich notieren, welche Botschaft und welche Meta-Botschaften sie empfangen haben, indem sie das *Arbeitsblatt Empfangene Botschaft* ausfüllen.

Arbeitsblatt Beabsichtigte Botschaft

a. *Wo – der Kontext oder die Umgebung, in der die Aufgabe oder Aktivität ausgeführt wird.*
b. *Wann – der Zeitrahmen, in dem die Aufgabe oder Aktivität abgeschlossen werden soll.*
c. *Was – die Aktionen oder Ziele, welche die Aufgabe oder Aktivität erfordert.*
d. *Wie – konzeptionelle oder strategische Richtlinien zur Durchführung der Aufgabe oder Aktivität.*
e. *Warum – die Kriterien, Werte oder Glaubenssätze, welche die Motive für die Aufgabe sind und die von der Aufgabe oder Aktivität gewahrt werden sollen.*
f. *Wer – Informationen bezüglich der Hauptrollen, der Rollenidentität oder der Statusfragen, die mit der Aufgabe oder Aktivität zusammenhängen.*

Beabsichtigte Meta-Botschaften

Zustand – *In welchem Zustand wollen Sie /wollten Sie als Teamleiter sein?*
Wichtigste nonverbale Hinweise:

Status – *Was für eine Beziehung wollen Sie / wollten Sie zu dem Team haben?*
Wichtigste nonverbale Hinweise:

Ebene der Aufmerksamkeit – *Welche logische/n Ebene/n wollen Sie /wollten Sie am meisten betonen?*
Wichtigste nonverbale Hinweise:

Kontext – *Was für Werte und/oder Kriterien sind am bedeutendsten für das Gelingen des Projektes?*
Wichtigste nonverbale Hinweise:

Arbeitsblatt Empfangene Botschaft

a. Welches ist der Kontext oder die Umgebung, in der die Aufgabe oder Aktivität ausgeführt werden soll? (Wo?)
b. Welches ist der Zeitrahmen, in dem die Aufgabe oder Aktivität abgeschlossen werden soll? (Wann?)
c. Welches sind die Verhaltensweisen oder Ziele, die die Aufgabe oder Aktivität erfordert? (Was?)
d. Welches sind die konzeptionellen oder strategischen Richtlinien für die Durchführung der Aufgabe oder Aktivität? (Wie?)
e. Welche Kriterien, Werte oder Glaubenssätze sind die Motive für die Aufgabe und sollen von der Aufgabe oder Aktivität gewahrt werden? (Warum?)
f. Welches sind die Hauptrollen, die Rollenidentität oder die Statusfragen im Bezug zu der Aufgabe oder Aktivität? (Wer?)

Empfangene Meta-Botschaft

Zustand – *In welchem Zustand ist die Führungskraft?*
Wichtigste nonverbale Hinweise:

Status – *Was für eine Beziehung will die Führungskraft mit dem Team haben?*
Wichtigste nonverbale Hinweise:

Ebene der Aufmerksamkeit – *Welche logische Ebene hat die Führungskraft am meisten betont?*
Wichtigste nonverbale Hinweise:

Kontext – *Welche Werte und /oder Kriterien sind am bedeutendsten für das Gelingen des Projektes?*
Wichtigste nonverbale Hinweise:

5. Wenn der Teamleiter und die Gruppenmitglieder die beabsichtigten und empfangenen Botschaften verglichen haben, soll die ganze Gruppe über die Präsentation des Teamleiters nachdenken und besprechen, welche Aspekte seiner Kommunikationsstrategie am effektivsten waren.

ACHT

Modeling von Führungsfähigkeiten für *Training on the Job*

Überblick über Kapitel 8

- Methodik zum Sammeln von Informationen
- Muster und Ergebnisse

  Zusammenfassung wesentlicher Führungsfähigkeiten
  Grundlegende Wahrnehmungspositionen in Kommunikation und Beziehungen
  Psychogeographie

- Anwendungen und Werkzeuge

  Die Meta-Landkarte
  Entwerfen einer Meta-Landkarte für Führungszwecke
  Führungssimulation / Rollenspielübung

Training on the Job ist definiert worden als ein Prozeß permanenter Fortbildung, was impliziert, daß es eine nie endende Tätigkeit ist. Training on the Job ist eine komplexe Aktivität, die eine Kombination von Führungsfähigkeiten wie interaktive, kognitive und linguistische Fähigkeiten umfaßt. Um einen Mitarbeiter effektiv zu trainieren, muß die Führungskraft im Wechsel als Lehrer, Coach und Rollenvorbild handeln. Eine der Herausforderungen beim Training on the Job ist es, daß weitere wichtige Führungsfähigkeiten wie Problemlösung und Delegieren dazugehören. Das Ziel dieses Teils der Forschungsstudie zu Führungsfähigkeiten war es, festzustellen, wie Führungskräfte: (1) die Aufgabe, Mitarbeiter am Arbeitsplatz zu schulen, konzeptionell auffaßten und angingen und (2) wie sie bestimmte Ziele erreichten, die für das *Training on the Job* als wichtig erachtet werden.

Ein bestimmter Bereich sollte beim Modeling von Führungsfähigkeiten im Hinblick auf *Training on the Job* angesprochen werden, der sich von der Untersuchung von Problemlösung und Delegieren unterschied; und zwar betraf dies Fragen im Zusammenhang mit der Schnittstelle zwischen (a) der Führungskraft und ihren Mitarbeitern und (b) anderen Rollen, Gruppen und Funktionen innerhalb des größeren Systems der Organisation.

Methodik zum Sammeln von Informationen

Der Modeling-Prozeß und die Sequenz der Modeling-Aktivitäten für die Untersuchung von Training on the Job entsprachen mit wenigen Ausnahmen im wesentlichen denen, die für Problemlösung und Delegieren durchlaufen wurden. Anstelle von schriftlichen Szenarios wurden die Teilnehmer gebeten, einen zusätzlichen Fragebogen auszufüllen, worin bestimmte Ziele spezifiziert werden sollten, die im Bezug zu Training on the Job aufgetaucht waren. Diese Ziele waren von den Interviews abgeleitet, die in der Startphase des Führungsforschungsprojektes durchgeführt wurden. Außerdem wurde mehr Wert auf die interaktiven Rollenspiele gelegt. Die beteiligten Manager wurden aufgefordert, die Rollenspiele und Simulationen zu entwickeln, mit denen die Führungsfähigkeiten im Zusammenhang mit dieser Fähigkeit exploriert werden sollten.

Die Sequenz der Modeling-Aktivitäten umfaßte demnach folgende Schritte:

Erster Fragebogen

1. Geben Sie eine kurze schriftliche Beschreibung eines typischen Beispiels für eine Job-Trainings-Situation im Kontext Ihrer Rolle im Unternehmen.

2. Welches sind die Ziele oder Zielvorstellungen, die Ihr Handeln leiten, wenn Sie in einem solchen Kontext und in einer solchen Situation sind? (Listen Sie sie in kurzen Sätzen oder Schlüsselworten auf.)

3. Was ist typischerweise Ihre Evidenz dafür, daß Sie diese Ziele erreichen?

4. Was tun Sie typischerweise, um ans Ziel zu gelangen – welches sind einzelne Schritte und Aktivitäten, mit denen Sie Ihre Job-Trainings-Ziele in diesem Kontext erreichen?

5. Welche besonderen Aktivitäten oder Schritte wählen Sie, wenn Sie in diesem Kontext beim Erreichen Ihrer Ziele unerwarteten Problemen oder Schwierigkeiten begegnen?

6. Welche dieser Job-Trainings-Ziele, Evidenzverfahren oder Aktivitäten würden sich – gegebenenfalls – ändern, wenn der Kontext der Job-Trainings-Situation eine Interaktion mit einer kleinen Gruppe von Untergebenen statt mit einem einzigen Untergebenen wäre? Wie genau würden sie sich ändern?

Zweiter Fragebogen

Im folgenden finden Sie eine Liste von Zielen und Zielvorstellungen für das Training eines Mitarbeiters am Arbeitsplatz. Diese Ziele sind Interviews mit anderen erfolgreichen Führungskräften in der Studie entnommen. Bitte, geben Sie eine kurze schriftliche Beschreibung, wie genau Sie jedes dieser Ziele (vorausgesetzt es trifft zu) im Kontext Ihrer Rolle im Unternehmen erreichen. Beschreiben Sie auch kurz,

a. woran Sie erkennen, wann Sie in Aktion treten sollen, und
b. wodurch Sie wissen, daß Sie mit diesem Handeln erfolgreich waren.

1. **Ziel:** Vermitteln Ihrer Werte und Ihres Ethos als Führungskraft.
   Tätigkeiten:
   Evidenz:

2. **Ziel:** Arbeitsaufnahme – dem Mitarbeiter zeigen, was zu tun ist.
   Tätigkeiten:
   Evidenz:

3. **Ziel:** Präzisieren von Job-Kriterien
   Tätigkeiten:
   Evidenz:

4. **Ziel:** Unterrichtskontext – d.h. Grenzen setzen und sie in die Welt einführen, in der sie arbeiten werden.
   Tätigkeiten
   Evidenz:

5. **Ziel:** Beobachten der Arbeitseffektivität
   Tätigkeiten:
   Evidenz:

6. **Ziel:** Verstärkungen geben (positive und negative)
   Tätigkeiten:
   Evidenz:

Rollenspiele und Simulationen für Training on the Job

Die Teilnehmer wurden gebeten, Rollenspiele und Simulationen zu entwickeln und zu spielen, die für Training on the Job in ihren eigenen Führungskontexten relevant waren. Wie bei den vorherigen Themen der Studie wurden die Rollenspiele und Simulationen im *Fishbowl*-Stil durchgeführt, und zwar zuerst mit der ganzen Gruppe als Zuschauer und dann aufgeteilt in kleinere Experimentiergruppen.

Es ist interessant, daß die Rollenspiele, die von den Managern spontan entwickelt wurden, um Führungsfähigkeiten in diesem Kontext zu explorieren, eine besondere Struktur hatten. Alle Rollenspiele waren am Ende aus drei aufeinanderfolgenden Phasen aufgebaut. In der ersten Phase mußte die Führungskraft mit ihrem Mitarbeiter zusammenkommen, um an den Betreffenden zu delegieren und ihn zu trainieren, mit einer bestimmten Aufgabe oder Aktivität umzugehen. In der zweiten Phase mußte die Führungskraft den Raum verlassen, und der Mitarbeiter wurde in eine Situation gebracht, die mit der von der Führungskraft in der ersten Phase präsentierten Aufgabe oder Aktivität zusammenhing. Der Erfolg des Mitarbeiters in dieser Situation maß sich an der Effektivität, mit der die Führungskraft den Mitarbeiter angemessen vorbereitet oder trainiert hatte. In der dritten Phase des Rollenspieles wurde die Führungskraft wieder zurück in den Raum gebracht und mußte unvorbereitet mit einer unerwarteten Herausforderung umgehen, die die Teilnahme ihres Mitarbeiters betraf. Wie leicht oder schwer der Herausforderung begegnet wurde, maß sich an den Ergebnissen der Führungsfähigkeit, mit der der Mitarbeiter entsprechend trainiert worden war.

Die folgenden Beispiele zeigen, was für Rollenspiele/Simulationen die Manager entwickelten.

Rollenspiel 1 – Führungsfähigkeiten umsetzen

Rollen:

1. Chef
2. Leiter der Marketingabteilung
3. Produktmanager

Kontext:

Dem Chef ist die Aufgabe gestellt worden, einen neuen Führungsstil innerhalb seiner Organisation umzusetzen. Der Chef soll seinen Mitarbeiter, den Marketingleiter, in seinem Stil trainieren. Der Marketingleiter soll seinerseits seinen Mitarbeiter, den Produktmanager, trainieren. Dem Chef wird dann die Aufgabe gestellt, innerhalb von 10 Tagen einen Plan zu entwickeln, wie ein neuer Markt für das Produkt des Produktmanagers, das nicht besonders gewinnträchtig ist, erschlossen werden kann. Dies erfordert die Zuteilung bestimmter Ressourcen, die mit den Budgetbeschränkungen des Marketingleiters in Konflikt geraten.

Alle drei müssen sich treffen, um die Umsetzung zu planen.

Wenn alle drei in der Lage sind, dem neuen Führungsstil/der neuen Führungsfähigkeit zuzustimmen, sollte die Besprechung glatter über die Bühne gehen. Der Chef steht unter dem Druck, dem neuen Stil, den er eingeführt hat, zu entsprechen.

Phasen:

I. Chef trainiert den Marketingmanager in einem neuen Führungsstil/einer neuen Führungsfähigkeit und delegiert die Aufgabe, dies mit dem Produktmanager umzusetzen.
II. Der Marketingmanager trainiert seinen Produktmanager in derselben Fähigkeit/im selben Stil.
III. Die drei treffen sich, um das Problem des Implementierungsplanes zu lösen.

(Das Problem des Implementierungsplanes wird erst in der letzten Phase des Rollenspieles gestellt.)

Rollenspiel 2 – Präsentation eines Trainingsplanes

Rollen:

1. Personalchef
2. Mitarbeiter des Personalleiters
3. Produktionsleiter

Kontext:

In der Produktion hat es Schwierigkeiten mit defekten Materialien gegeben (ungefähr 100.000 Dollar pro Jahr) und hohe Fehlzeiten. Das Topmanagement hat um eine Intervention der Personalabteilung gebeten, um das Problem anzusprechen.

Der Produktionsleiter steht wegen starker Nachfrage unter Zeitdruck und neigt dazu, die technischen Aspekte des Problems herauszustellen. Außerdem ist er besorgt, daß der Plan zu viel von seinem eigenen Budget verbraucht, und will wenn möglich die Kosten teilen.

Der Personalchef will längerfristige Trainings einrichten, um den Standard im Laufe der Zeit zu gewährleisten (was auch für das Topmanagement ein strategisches Ziel ist).

Der Mitarbeiter ist neu im Personal und hat erst eine kurze Zeit mitgearbeitet; er will vor seinem neuen Chef einen guten Eindruck machen.

Phasen:

I. Der Personalchef delegiert die Aufgabe, einen Trainingsplan für den Produktionsleiter festzulegen, an den Mitarbeiter.
II. Der Mitarbeiter verhandelt mit dem Produktionsleiter, um einen Plan festzulegen.
III. Alle drei treffen sich unter Zeitdruck, um zu versuchen, zu einer Übereinkunft über den Interventionsplan zu kommen.

Das folgende Transkript des oben beschriebenen Rollenspiels soll Ihnen ein Gefühl für das Wesen und die Dynamik des Rollenspiels, das während des Modeling-Prozesses durchgeführt wurde, vermitteln:

PC = Personalchef
M = Mitarbeiter
PL = Produktionsleiter

Phase I (Personalchef und sein Mitarbeiter)

Der Personalchef hat zu Beginn dargelegt, daß es immer schwieriger wird, Menschen zu motivieren, und daß der Arbeitskontext im Unternehmen sich verändert. Dabei hat er auf die Bedeutung von Konsens und auf die Notwendigkeit von Training hingewiesen. Außerdem hat er eingeräumt, daß dies der erste Auftrag sei, der dem Mitarbeiter gegeben werde.

Personalchef: Wie sind Sie bisher zurechtgekommen?
Mitarbeiter: Ich finde mich zurecht.
PC: Ich weiß, daß Sie die Fertigkeiten dazu haben. Lassen Sie mich die Kriterien wiederholen und Ihnen dann Raum für Fragen geben. Dann ist es Ihre Aufgabe, mir und dem Produktionsleiter einen Plan vorzulegen.

Es sollen Probleme vermieden werden, die der Produktion durch diesen Plan entstehen könnten, da sie durch eine Zeit starker Anforderung gehen. Aber wir können es uns nicht leisten, zu warten.
Der Klient ist das Unternehmen – um den Standard im Laufe der Zeit zu halten, brauchen wir Trainings. Dies ist das strategische Ziel des Topmanagements.

M: Hat das Topmanagement irgendwelche Dokumentationen über dieses Problem erstellt?

PC: Es besteht der Verdacht, daß es mit dem Mangel an Kenntnissen über sich wiederholende Aufgaben in dem Prozeß zu tun hat. Wir sollten den Leuten zu mehr Bewußtheit verhelfen – wenn alle sich auf dieselbe Art verhalten, wird dies Qualität gewährleisten.

M: Kann das Problem mit Motivation zu tun haben?

PC: Was ist das professionelle Problem – Beziehungen zwischen Arbeitsgruppen und die Kommunikation zwischen ihnen? Analysieren Sie das Problem mit dem Produktionsleiter.

M: Was ist, wenn ich ihm sage, daß etwas in der Produktion nicht funktioniert?... Gehe ich als Partner zu ihm oder was?

PC: Er ist sich der Probleme bewußt. Weil er Produktionsleiter ist, wird er diesen Trainingsplan kurzfristig realisieren wollen. Ich bin interessiert daran, ihn zu überzeugen und kurzfristig sein Einverständnis zu erhalten, so daß er sich nicht einmischt, wenn wir mit dem Plan beginnen.

M: Mein Problem geht von einer gemeinsamen Basis aus. Ich würde gern die bereits gemeinsam bekannten Dokumente durchgehen.

PC: Er ist sich darüber im klaren, daß es eine Menge defektes Material gibt, das den Test nicht besteht, und daß es ein großes Problem mit Fehlzeiten gibt.

M: Perfekt! (Erhebt sich, als wolle er gehen.)

(Nach der Interaktion kommentierte der Personalchef zur Gruppe, daß der Mitarbeiter zu schnell »perfekt!« sagte – der Mitarbeiter mochte sich in der Situation wohl gefühlt haben, aber er nicht.)

Phase II (Mitarbeiter und Produktionsleiter)

Produktionsleiter: Willkommen. Sie erleichtern mir meine Arbeit. Wenn Sie Training befürworten, werden Sie sehen, daß ich froh darüber bin. Ich habe auf diesem Gebiet keine Erfahrung. Was schlagen Sie vor?

Mitarbeiter: Ich habe Informationen von meinem Chef, aber ich würde gerne Ihre Ansicht hören.

PL: Also hat Ihr Chef Ihnen meine Ansicht nicht mitgeteilt?

M: Ich weiß, daß es Probleme mit reklamierten und unvollständigen Materialien und eine hohe Rate an Fehlzeiten gibt. Dies könnte durch zwei Dinge verursacht sein: 1) Motivation und Engagement oder 2) professionelle Qualifikation für bestimmte Aufgaben.

PL: Dies ist eine umfassende Sicht der Dinge. Warum haben Sie nicht das Feld erweitert und die Führungskräfte mit einbezogen?

M: Die Führungskräfte mit einzubeziehen, halte ich auch für richtig.

PL: Ich bin ganz Ihrer Meinung – verbessern Sie die Teamleiter. Haben Sie auf diesem Gebiet Erfahrung?

M: Natürlich...nicht auf diesem speziellen Gebiet, weil ich neu bin.

PL: Aber Ihre Funktion hat sie?

M: Natürlich, denke ich schon.

PL: Unter diesen Bedingungen meine ich, daß wir da etwas tun können, weil dies meiner Meinung nach ein klassisches Problem ist.

M: Ich werde Ihnen die Dokumentation zukommen lassen. Aber wenn Sie mich an dem Projekt teilnehmen lassen, kann ich Interviews machen, Fragen stellen und Ihnen einen Plan samt Analyse vorlegen. Können Sie mir die wichtigen Leute nennen?

PL: Warten Sie einen Moment. Ich will wissen, wie viel das kosten würde, welcher Gewinn in Relation zu den Verlusten entstünde usw., bevor ich andere daran beteilige. Erst wenn ich entschieden habe, können wir ein endgültiges Budget und einen Plan erstellen.

(Der Mitarbeiter sollte letztendlich einen hypothetischen Plan erstellen, damit das Rollenspiel weitergehen und er seinem Chef ein Ergebnis vorlegen konnte.)

M: Ich habe einen Plan entwickelt. Kann ich Ihnen den zeigen? (Der Mitarbeiter versucht, sich neben den Produktionsleiter zu stellen.)

PL: (Nimmt dem Mitarbeiter den Plan aus den Händen.) Danke... (schaut auf den Plan)... Ich habe eine Anmerkung... umfassend... wohlformuliert und durchdacht ... aber er scheint mir im Bezug zu dem Ziel unausgewogen.

M: Könnten Sie etwas genauer sein? Sie sagten umfassend?

PL: Lassen Sie es mich in zwei Worten sagen: Ausschuß 100.000 Dollar, Plan 300.000 Dollar.

Wenn dieser Plan sich nur darauf bezieht, Ausschuß zu verhindern, würde ich drei Jahre brauchen, um das zurückzubekommen.
Zugegebenermaßen ist das langfristig interessant... aber es wäre kein Problem von Ausschuß? Sondern ein Problem der Unternehmenspolitik. Ich muß mit Ihrem Chef reden.
Der Plan geht davon aus, daß die Firma noch viele Jahre bestehen wird und daß dies im allgemeinen Interesse ist.

M: Lassen Sie mich etwas sagen. Wenn wir darüber mit meinem Chef sprechen und mit ihm gemeinsam eine Lösung finden wollten, wäre es nützlich, unsere Funktionen zu harmonisieren. Wir sollten mit mehreren Lösungsvorschlägen zu dieser Besprechung gehen. Vielleicht können wir die Kosten ein wenig senken, wenn wir nicht alle trainieren, sondern nur einige.

PL: Ich verstehe, es ist wichtig, eine gemeinsame Lösung zu finden, aber wollen Sie sagen, daß dieser Plan eingeschränkt werden kann und noch immer mit meinem Ziel übereinstimmt? Ich hatte einen gezielten Plan erwartet. Ich muß annehmen, daß er einige Ziele umfaßt, die nichts damit zu tun haben, worum ich gebeten habe.

M: Ich schlage ja nur vor, daß wir versuchen sollten, die Effektivität mit dem Budget in Einklang zu bringen...wir könnten eine Lösung finden.

PL: Ich verstehe immer noch nicht. Es scheint, Sie haben die Gelegenheit wahrgenommen, mit diesem Plan mehr zu tun als nötig war. Warum sollte ich die Effektivität senken? Ich habe um das Minimum gebeten, um Effektivität zu garantieren. Lassen Sie uns zum Chef gehen.

Phase III (Produktionsleiter, Personalchef und Mitarbeiter treffen sich in einem Raum.)

Mitarbeiter: (Versucht, sich neben seinen Chef zu setzen) Soll ich hier sitzen?

Personalchef: Was machen Sie? Setzen Sie sich da (gegenüber vom Produktionsleiter).

Produktionsleiter: Ihr Mitarbeiter ist zu mir gekommen und hat mir einen Plan vorgelegt, der über mein Budget hinausgeht. Ich kann ihn mir im Verhältnis zu unserem kurzfristigen Ziel nicht leisten.

PC: Entschuldigen Sie. Ich hatte noch nicht Gelegenheit, mit meinem Mitarbeiter darüber zu sprechen. Welcher Plan war das?

M: Der Plan betraf die Vorarbeiter und ihren Umgang mit Personalfragen, Führungsfähigkeiten und Managementfähigkeiten.

PC: (zum Mitarbeiter) Sind daraus irgendwelche neuen Kurse entstanden?

M: Nein, unser erster Eindruck hat sich bestätigt.

PL: Alles ist in Ordnung... schön... aber ich hatte $ 100.000 Ausschuß. Und einen Plan, der dreimal so viel kostet. Er sagt, es sei ein organisatorischer Plan, der »die Firma der Zukunft« ermöglicht. Wird sie überleben? Wenn es die Kosten und den Entwurf wert ist, dann müssen wir das Geld auftreiben, aber nicht alles aus meiner Tasche.

PC: Es lohnt sich, weil wir uns stabilisieren müssen.
Sie haben auf das Geldproblem angespielt, und es ist offensichtlich, daß sich dies als eine Budgetfrage darstellt. In dem Augenblick, in dem wir uns für die Umsetzung entscheiden, werden wir die finanzielle Deckung aufbringen müssen, die darüber hinausgeht – wir werden es aus dem Budget finanzieren oder andere Wege finden müssen.
Was Ihre Ziele betrifft, könnte dies Ihr Tempo herunterfahren, denn wir müssen die Leute für die Trainings immer noch aus dem Betrieb herausholen. Aber meinen Sie, daß dieser Plan Ihre Probleme mittelfristig anspricht?

PL: Wenn mein Ziel bloß ist, die Menge defekter Materialien zu begrenzen, dann stimmt dies nicht überein – zu viel Zeit, zu viel Personal, zu hohe Kosten. Aber wenn wir von Ausschuß zu Trainings kommen...

PC: Lassen Sie uns eine andere Unterscheidung machen: Ausschuß ist nur eine Seite – Fehlzeiten ist eine andere. Wir meinen, daß Training die Leute motiviert, weil sie das Gefühl haben, mehr zum Unternehmens zu gehören.

PL: Ja, aber ich möchte, daß der Plan als Teil der Unternehmenspolitik erachtet wird und daß das Budget anderswo gedeckt wird.

Ende des Rollenspiels

Nach dem Rollenspiel kommentierte der »Personalchef« der Gruppe gegenüber, daß, obwohl der Mitarbeiter es so gut anstellte, wie man erwarten konnte, er sich in seiner Sorge bestätigt fühlte, daß der Mitarbeiter zu schnell »perfekt« sagte. Nach einigem Nachdenken wurde beschlossen, daß der Kommentar mehr eine Art Meta-Botschaft über den Wunsch des Mitarbeiters war, kompetent zu wirken und seinem Chef zu gefallen als eine Botschaft, daß der Mitarbeiter den Problemraum der Situation verstanden hätte (d.h., es war eher eine Meta-Botschaft auf der Ebene des Wer als über die Klarheit des Was und Wie). Diese Beobachtungen führten zu einer Diskussion darüber, wie wichtig es ist, solche Hinweise zu erkennen und die Perspektiven und Intentionen anderer besser zu verstehen.

Der »Personalchef« bemerkte auch, es wäre wichtig gewesen, daß er auf die Bedürfnisse und Probleme des Produktionsleiters konzentriert blieb und dem Mitarbeiter gegenüber nicht kritisch wirkte. Er erklärte, daß er seinen Mitarbeiter aufgefordert hatte, dem Produktionsleiter gegenüber zu sitzen statt neben ihm selber, damit der Mitarbeiter besser beobachten und modellieren könnte, wie er (der Personalchef) mit der Situation umging (ob der Mitarbeiter sich darüber bewußt war, daß dies geschah oder nicht). Dies führte zu einer Diskussion über die Relevanz des physischen Standortes (oder der *Psychogeographie*) beim Training on the Job und in anderen Führungssituationen.

Muster und Ergebnisse

Das grundsätzliche Ziel von *Training on the Job* ist es, »Menschen in einem System zu aktivieren«. Der Prozeß des Training on the Job läßt sich in zwei Grundphasen teilen: 1) Grundlagentraining und 2) längerfristiges Training.

Zu den Zielen für Grundlagentraining gehört die Übermittlung von Informationen zum Zwecke des Umgangs mit Problemen; d.h. 1) Wissen, 2) Einstellung, 3) Methoden und 4) technische Unterstützung.

Zu den Zielen für längerfristige Trainings gehört berufliche Fortbildung und die Erweiterung von Freiraum für den Mitarbeiter im Hinblick auf:

1. Management von Situationen
2. Verinnerlichen von Konzepten
3. Innovativen Gebrauch von Werkzeugen und Instrumenten
4. Erreichen einer gemeinsamen Zielvorstellung mit jemand anderem, der von einer anderen Voraussetzung ausgeht

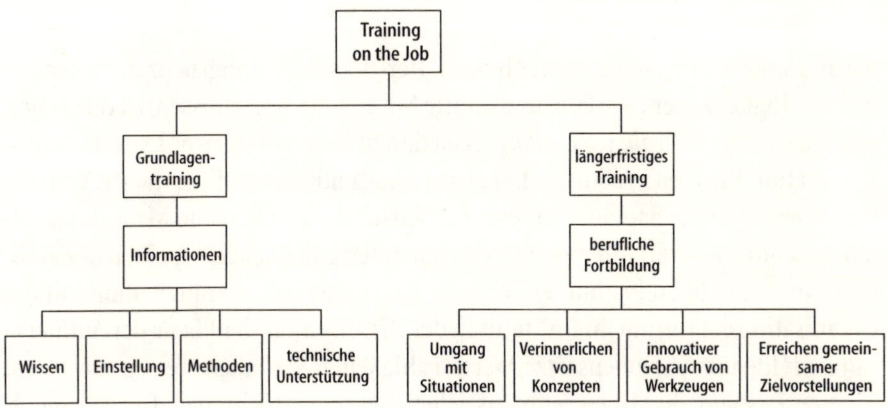

Zu *Training on the Job* gehört sowohl die Bereitstellung von Informationen wie die Förderung beruflicher Fortbildung.

Tätigkeiten im Zusammenhang mit Führungsfähigkeiten, die zu *Training on the Job* gehören, hängen im wesentlichen mit dem Delegieren von Zielen zusammen und mit den Kriterien, die das erfolgreiche Erreichen dieser Ziele definieren. Ziele sind in der Regel der greifbarste Ausdruck von Werten. So setzt zum Beispiel das Ziel, Gewinn zu steigern, voraus, daß man Gewinn für einen Wert hält. Das Ziel, »eine Übereinstimmung zu erreichen«, legt andererseits offensichtlich Wert auf Übereinstimmung.

Training on the Job umfaßt in vielerlei Hinsicht, Menschen darin zu unterrichten oder ihnen zu zeigen, wie sie in ganz unterschiedlichen Kontexten Kernwerte manifestieren oder danach handeln. Werte wie Qualität, Anerkennung, Kooperation usw. zeigen sich in unterschiedlichen Kontexten und unter unterschiedlichen Bedingungen nicht in gleicher Weise. Oftmals heißt Training on the Job, daß die Bedeutung solcher Werteaussagen durch bestimmte Referenzerfahrungen zum Ausdruck gebracht werden (daß sie denominalisiert werden).

Führungskräfte vermitteln und lehren Werte vor allem durch:

1. das, worauf Führungskräfte im Laufe der Zeit ihre Aufmerksamkeit richten,
2. die Reaktionen von Führungskräften auf kritische Ereignisse,
3. Rollen-Modeling von Verhaltensweisen, die in unterschiedlichen Situationen mit Werten zusammenhängen.

All dies sind Formen sogenannter Botschafter-Botschaft-Kongruenz. Eine der primären Möglichkeiten, wie Führungskräfte Mitarbeiter beeinflussen, ist durch Beispiel zu lehren *(to »walk your talk«)*. Es ist darauf hingewiesen worden, daß »Kommunikation Kurzzeitlernen« und »Lernen Langzeitkommunikation« ist. Um vertrauenswürdig und glaubhaft zu sein, müssen die Botschaften und Meta-Botschaften der Führungskraft mit möglichst vielen unterschiedlichen Aspekten des aktuellen Kontextes übereinstimmen. Was die Führungskraft vermittelt, muß mit der Organisationskultur, mit ihrem Status in der Organisation, der Ebene der Aufmerksamkeit (Identität, Glaubenssätze, Werte, Fähigkeiten, Verhaltensweisen usw.), dem inneren Zustand, den Unternehmenszielen usw. übereinstimmen. Durch jede offenkundige Inkongruenz verliert die Führungskraft an Glaubwürdigkeit.

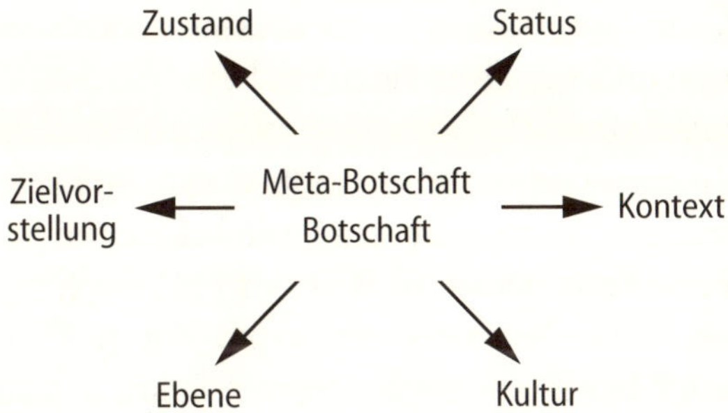

Referenzpunkte für die Kongruenz von Botschafter und Botschaft

Zusammenfassung wesentlicher Führungsfähigkeiten

Insgesamt gehört zu Führungskunst im Hinblick auf Training on the Job die Entwicklung folgender Fähigkeiten:

- Im Hinblick auf die Realität kongruent und kohärent sein (d.h. nicht übermäßig idealistisch oder negativ). Man muß Führung mit dem aktuellen Kontext verbinden – Inhalt, Problemsituationen, Werten usw.
- Verständlich und klar sein – ein guter Kommunikator.
- Konsens fördern.
- Mit Macht umgehen – d.h. wissen, wie man sie übernimmt, zum eigenen Vorteil einsetzt und nutzt.
- Eine umfassendere Landkarte der Situation herstellen und erhalten.
- Die eigene Denkgeschwindigkeit erhöhen. Dazu gehört Kreativität und sich Lösungen schneller als andere Menschen vorstellen zu können. Dazu gehört auch die Fähigkeit, Menschen zu überzeugen, diese Geschwindigkeit anzunehmen, so daß sie bereit sind, Lösungen zu prüfen.
- Situationen vereinfachen. Eine umfassendere Landkarte zu entwickeln und die Denkgeschwindigkeit zu erhöhen bedeutet die Fähigkeit, die Dinge zu vereinfachen.
- Allen das Gefühl vermitteln, daß sie wichtig und relevant sind, daß sie sich entfalten können und existieren; d.h. Mitarbeiter wertschätzen und sie spüren lassen, daß man sie wertschätzt.

- Sich die Überzeugung bewahren – es ist etwas anderes, Ideen oder Verhaltensweisen zu verkaufen als an sie zu glauben.
- Auf Bedürfnisse eingehen – Menschen haben unterschiedlichen Bedürfnisse: beruflich, situationsbedingt, individuell. »Um im Laufe der Zeit effektiv zu sein, müssen die Menschen etwas davon haben.« Führungskunst bedeutet, sich über die Entwicklung von Bedürfnissen beim einzelnen klar zu sein. »Um eine langfristige Beziehung zu gewährleisten, muß man investieren.«
- Sich über seine Beziehung mit der eigenen Führungsinstanz bewußt sein und damit umgehen.

Diese Fähigkeiten könnte man folgendermaßen als »die sieben Ks der Führungskunst« zusammenfassen:

1) Konviktion / Überzeugung
2) Konsens – Engagement
3) Klarheit
4) Kommunikation
5) Konsistenz
6) Kongruenz
7) Kreativität

Grundlegende Wahrnehmungspositionen in Kommunikation und Beziehungen

Viele der an der Studie beteiligten Manager erwähnten, daß es für eine Führungskraft wichtig sei, die Eigenarten ihrer Mitarbeiter zu verstehen, indem sie sich auf irgendeine Weise in den Standpunkt oder den Gefühlsraum der Betreffenden hineinversetzten. Einige Führungskräfte wiesen darauf hin, daß »man jemanden, den man nicht versteht, nicht führen kann. Man kann ihm vielleicht befehlen, ihn zwingen, bestechen, beschwatzen oder drängen; aber man kann andere nur führen, wenn man ein Gefühl davon hat, wer sie sind.«

Wenn man mit Menschen umgeht und sie besser verstehen möchte, ist es wichtig, sich in sie hineinzuversetzen. Dies dient dazu, die eigene Wahrnehmungsposition im Hinblick auf die Situation zu verändern.

Unsere Wahrnehmung von Situationen und Erfahrungen werden sicherlich stark von dem Standpunkt oder der Perspektive beeinflußt, von wo aus wir sie betrachten. Außer in den Schuhen von jemand anderem zu stehen, gibt es mehrere grundlegende Wahrnehmungspositionen, von denen aus sich eine Interaktion sehen läßt. Wahrnehmungspositionen beziehen sich auf die grundlegenden Standpunkte, die jemand hinsichtlich der Beziehung zwischen sich selber und einer anderen Person einnehmen kann:

***Erste Position*:** Mit Ihrem Standpunkt, Ihren Überzeugungen und Annahmen assoziiert, sehen Sie die äußere Welt mit eigenen Augen – eine Ich-Position.

***Zweite Position*:** Mit dem Standpunkt, den Überzeugungen und Annahmen von jemand anderem assoziiert, sehen Sie die äußere Welt mit seinen oder ihren Augen – eine Du/Sie-Position.

***Dritte Position*:** Assoziiert mit einem Standpunkt außerhalb der Beziehung zwischen sich selbst und dem anderen – eine Sie-Position.

***Vierte Position*:** Assoziiert mit der Perspektive des ganzen Systems – eine Wir-Position. Eine Führungspersönlichkeit nannte dies »Denkvision des Systems«.

Die obigen Beschreibungen zeigen, daß Wahrnehmungspositionen durch Schlüsselworte gekennzeichnet und ausgedrückt werden – Ich, du/Sie, sie und wir. Diese Schlüsselworte sind gewissermaßen eine Meta-Botschaft, mit deren Hilfe Sie die Wahrnehmungspositionen, die die Gesprächspartner in einer Interaktionssituation jeweils einnehmen, erkennen und lenken können. Wenn jemand häufig das Wort »ich« gebraucht, ist es wahrscheinlicher, daß er oder sie vom eigenen Standpunkt aus spricht, als eine Person, die in Wir-Form über Ideen und Vorschläge spricht. Wenn eine Person in einer Sichtweise festgefahren ist, kann man sie mit solchen subtilen sprachlichen Mitteln pacen, d.h. sich ihnen angleichen, und dann dahin leaden, i.e. sie dahin führen, die Wahrnehmungsposition zu wechseln.

Angenommen, ein Mitarbeiter in einem Projektteam ist gegenüber einer Idee oder einem Plan überkritisch und sagt etwa: »Ich glaube nicht, daß das je klappt« und weist somit auf eine starke Reaktion in der ersten Position hin. Die Führungskraft könnte denjenigen »pacen« und ihn zu einer systemischeren Position »leaden«, indem sie sagt: »Ich verstehe, daß Sie sich große Sorgen wegen dieses Planes machen. Wie meinen Sie, können wir ihn so angehen, daß es klappt?«

Um die Person in eine Beobachterposition zu bringen, könnte die Führungskraft vorschlagen: »Wenn Sie dieses Team beraten würden, was würden Sie *ihm* zur Verbesserung der Zusammenarbeit vorschlagen?« Um den kritisch Eingestellten zu veranlassen, in die zweite Position zu gehen, könnte die Führungskraft sagen: »Versetzen Sie sich einmal kurz in meine Lage (oder in die von jemand anderem aus dem Team). Wie, meinen Sie, würde ich auf *Ihre* Besorgnis reagieren?«

Sicher ist eine der wichtigsten Beziehungskompetenzen, die eine Führungspersönlichkeit für sich entwickeln kann, die Fähigkeit, den Standpunkt zu wechseln und vielfältige Perspektiven einer Situation oder Erfahrung einzunehmen.

Psychogeographie

Psychogeographie bezieht sich auf den Einfluß, den mikrogeographische Arrangements und Beziehungen auf die psychischen Prozesse und zwischenmenschlichen Interaktionen ausüben. Der Begriff Psychogeographie stammt aus dem Psychodrama und der Arbeit von J. Moreno. Mitte der 80er Jahre hat der Autor den Begriff im NLP eingeführt, und zwar im Zusammenhang mit dem räumlichen Ankern bei NLP-Techniken.

Psychogeographie bezieht sich auf die Tatsache, daß die geographischen Beziehungen zwischen den Mitgliedern einer Gruppe einen wichtigen nonverbalen Einfluß auf den Gruppenprozeß und auf die gemeinsamen Interaktionen nehmen. Die räumlichen Beziehungen zwischen Menschen und ihre Orientierung zueinander beeinflussen sowohl physisch als auch symbolisch die Interaktion zwischen den Gruppenmitgliedern. Psychogeographie schafft eine Art Beziehungsschaltkreis zwischen Menschen, der Art und Qualität der Interaktion prägt.

Stellen Sie sich den einfachsten Fall vor, in dem zwei Personen miteinander interagieren. Wenn sie in geringer Entfernung einander gegenüber stehen, wird diese Psychogeographie eine direkte – und wahrscheinlich intensive – Interaktion zwischen den beiden schaffen und fördern (entweder positiv oder negativ). Wenn die beiden sich weiter voneinander entfernen, wird sich die Intensität der Interaktion vermutlich vermindern. Wenn die beiden Seite an Seite stehen, wird sich die Art der Beziehung und Interaktion höchstwahrscheinlich etwas ändern. Sie werden eher zu Partnern oder Mitgliedern eines Teams werden, konzentriert auf eine gemeinsame Richtung oder Aufgabe statt aufeinander. Wenn eine Person etwas seitlich hinter dem anderen steht, wird er oder sie höchstwahrscheinlich allmählich die Rolle eines Förderers oder Mentors für den anderen einnehmen.

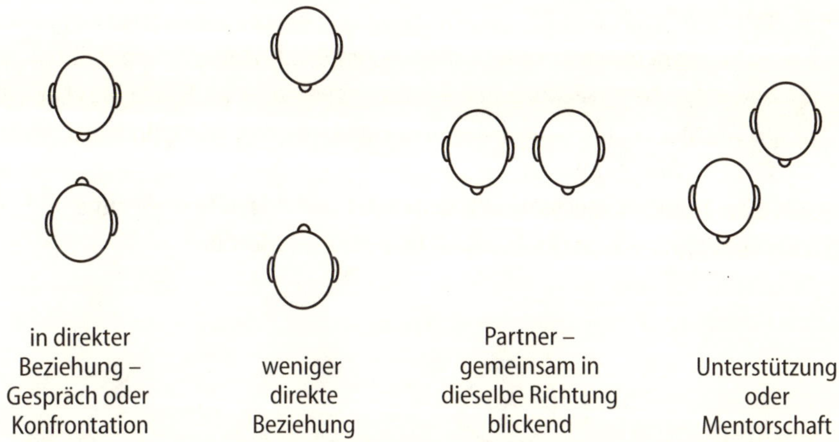

Psychogeographie beeinflußt die Qualität der Beziehung und Interaktion zwischen Menschen und bringt diese zum Ausdruck.

Dieselben Arrangements sogenannter Schaltkreise beeinflussen das Verhalten größerer Gruppen und spiegeln sich darin. Stellen Sie sich die Konstellation oder den Schaltkreis vor, der durch die folgende Interaktion dargestellt wird. Die jeweilige Psychogeographie sagt eine Menge über die Qualität der Interaktion und der Beziehungen zwischen den diversen Einzelpersonen.

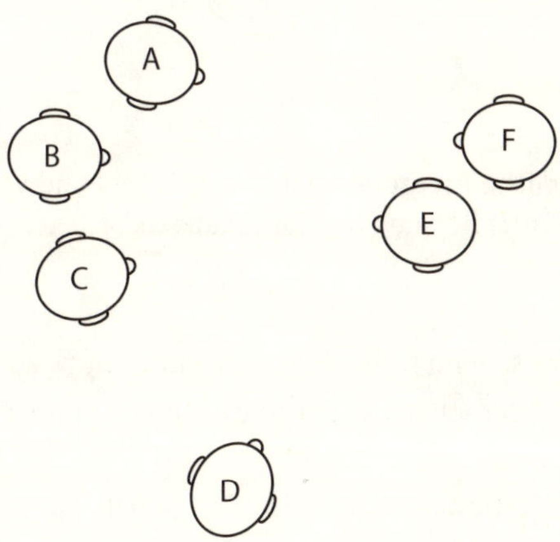

Die Psychogeographie einer Gruppe spiegelt ihre wechselseitigen Beziehungen und Interaktionen.

Offensichtlich stellen A, B und C eine Gruppe dar, E und F eine andere Gruppe und D scheint eher ein Beobachter zu sein. Die Aufmerksamkeit aller Gruppenmitglieder scheint allerdings hauptsächlich auf E konzentriert zu sein. E scheint eher eine Führungsrolle innezuhaben mit F als einer Unterstützung. A, B und C wirken andererseits im Status eher gleich.

Achten Sie auf den Unterschied zwischen der vorherigen Gruppierung und der folgenden Gruppierung, in der F seinen Standort geändert hat.

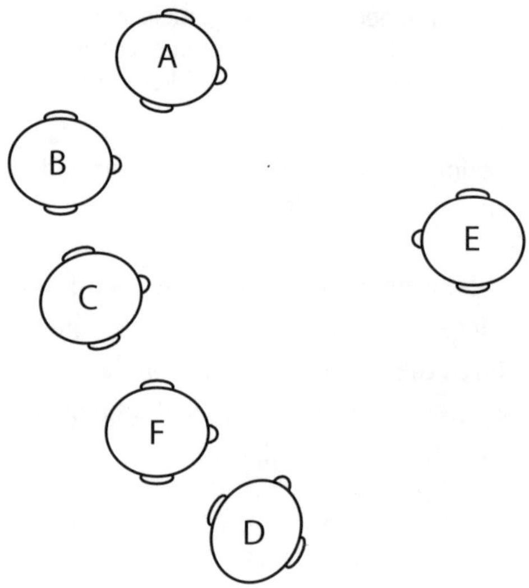

Unterschiedliche Psychogeographien spiegeln und verstärken unterschiedliche Interaktionen und Beziehungen.

In dieser Aufstellung scheinen alle Personen eine Gruppe zu sein, wobei E die Gruppe irgendwie lenkt oder leitet. Die Aufmerksamkeit von F scheint allerdings nicht auf E gerichtet zu sein.

Die Psychogeographie hat wichtige Implikationen für Führungssituationen und Gruppendynamik. Wie man einen Konferenzraum einrichtet, ist beispielsweise eine Meta-Botschaft darüber, wie die Beteiligten erwartungsgemäß miteinander umgehen werden. Im Kreis zu sitzen wie bei einem Runden-Tisch-Gespräch fördert andere Arten von Feedback und Interaktionen zwischen den Gruppenmitgliedern als an einem rechteckigen Tisch oder wie im Theater aufgereiht zu sitzen. Ein runder Tisch vermittelt eine Art symbolische Beziehung innerhalb einer Gruppe. Wenn jemand zum Beispiel in einen Raum kommt, in dem vorne eine Tafel steht und Stühle, die nach vorne ausgerichtet wie im Theater aufgestellt sind, wird er oder sie dies wahrscheinlich für einen Kontext einer Präsentation halten und sich darauf einstellen, passiv dazusitzen und zuzuhören. Wenn diese Person in einen Raum kommt, in dem eine kleine Gruppe von Stühlen aufgestellt ist, die in einem Runden-Tischformat einander gegenüber stehen, wird sie dies höchstwahrscheinlich als einen Kontext für Diskussionen interpretieren und bereit sein, proaktiver und beteiligter zu sein.

Eine kreisförmige Psychogeographie wird die Leute eher auf ihre zwischenmenschlichen Beziehungen verweisen, was die Aufmerksamkeit gleichmäßig zwischen allen Gruppenmitgliedern verteilt, und einen zwischen allen gleichberechtigten Status implizieren. Um einen rechteckigen Tisch zu sitzen schafft andererseits ein Gefühl von Hierarchie. Die Aufmerksamkeit wird in der Regel auf das Kopfende des Tisches gelenkt, und wer am Kopfende sitzt, ist normalerweise die Person mit dem höchsten Status, gefolgt von der Person, die am nächsten rechts von ihr und dann links von ihr sitzt.

In einem Halbkreis zu sitzen würde die Aufmerksamkeit der Gruppenmitglieder auf das lenken, was an der Frontseite des Halbkreises ist. Diese Aufstellung impliziert Statusgleichheit unter den einzelnen in dem Halbkreis, daß sie daran arbeiten, in Aktion zu treten oder einen Konsens zu erreichen im Hinblick auf alles, was im Mittelpunkt ihrer gemeinsamen Aufmerksamkeit steht. Eine Gruppe, die Seite an Seite in einer geraden Linie sitzt, würde ebenso einen gemeinsamen Fokus für alle Gruppenmitglieder nahelegen, aber würde die Interaktion zwischen den Beteiligten stark vermindern. Sie würden agieren, aber nicht als Gruppe interagieren. Unterschiedliche Psychogeographien können konstruiert und genutzt werden, um unterschiedliche Arten von Gruppenprozessen zu fördern. Ein Kreis ist zum Beispiel eine wirkungsvolle Psychogeographie zum Träumen oder für Brainstorming, weil er die Interaktion zwischen den Gruppenmitgliedern verstärkt. Er impliziert, daß alle Mitglieder und damit auch alle Ideen gleichwertig sind und daß die Beteiligten Ideen rasch aneinander testen und den Ideen von anderen schnell etwas hinzufügen können, ohne übermäßig auf einen einzelnen oder eine Idee konzentriert zu sein.

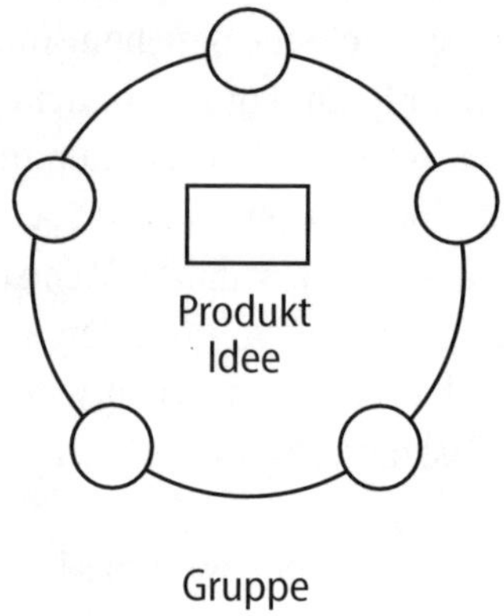

Wirkungsvolle Psychogeographie zum Träumen oder für Brainstorming

Ein Halbkreis ist eine wirkungsvollere Psychogeographie zum Realisieren oder zum Planen, wie ein bestimmtes Ziel oder ein bestimmter Traum sich umsetzen läßt. In einem Halbkreis sind die Leute nach wie vor als Partner angesehen, aber ihre Aufmerksamkeit ist mehr auf einen bestimmten Punkt gelenkt. Die Idee oder der Plan ist losgelöst von einem bestimmten Gruppenmitglied und der gemeinsame Fokus von jedem in der Gruppe. Dies impliziert, daß die Gruppe viel konzentrierter auf ihre Aufgabe als auf ihre Beziehung ist und daß sie sich auf einen Konsens zubewegen.

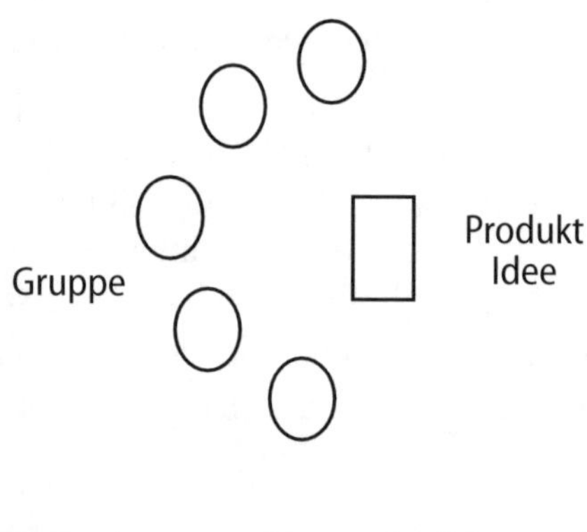

Gelungene Psychogeographie zum Realisieren oder Planen

Eine Psychogeographie, in der die Gruppenmitglieder alle in einer Reihe nebeneinander sitzen, als wären sie ein Panel und schauten auf das Ziel oder die Idee, ist eine recht gelungene Psychogeographie zum Kritisieren oder Bewerten. Dabei geht ihre gegenseitige Nähe davon aus, daß jede Person Teil derselben Gruppe ist. Die einzelnen werden allerdings viel eher dazu neigen, in Übereinstimmung mit ihrer eigenen Sichtweise zu reagieren, statt die Reaktionen anderer Gruppenmitglieder zu berücksichtigen.

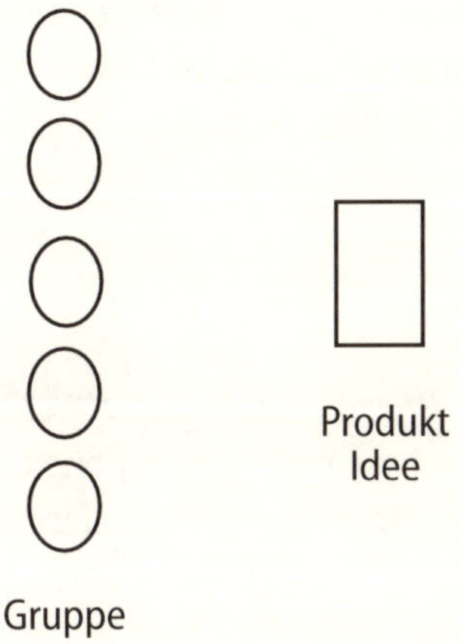

Gelungene Psychogeographie zum Kritisieren oder Bewerten

Anwendungen und Werkzeuge

Die folgenden Übungen sind geeignet, einige wichtige kognitive, interaktive und linguistische Führungsfähigkeiten im Kontext von Training on the Job zu proben. Zu den Übungen gehört die Vorbereitung auf herausfordernde Situationen mit wichtigen Bezugspersonen. Es werden dabei mehrere Wahrnehmungspositionen und das Bewußtsein für die Psychogeographie sowie verschiedene Aspekte der Kommunikationsmatrix angewendet, so daß man solche Situationen auf die angemessenste und kongruenteste Weise antizipieren und vorbereiten kann.

Der Zweck der Übungen ist es, die notwendigen Fertigkeiten zu entwickeln, um eine umfassendere Landkarte von Führungssituationen zu bekommen und schneller und effektiver vorauszudenken.

Die Meta-Landkarte

Die Meta-Landkarte ist ein Prozeß, der Ende der 80er Jahre vom Autor als ein Mittel entwickelt wurde, herausfordernde Interaktionen, Situationen und Beziehungen aufzuzeichnen und in ihnen erfolgreich zu intervenieren. Die Meta-Landkarte ist eine Erweiterung der Meta-Mirror-Technik (Dilts, 1993), die vom Autor infolge der Anwendung des Konzeptes der Wahrnehmungspositionen (DeLozier & Grinder, 1995) auf zwischenmenschliche Kommunikation erarbeitet worden war. Zur Meta-Landkarte gehören außer den Wahrnehmungspositionen die Psychogeographie, Eigenschaftsadjektive, systemisches Denken und die verschiedenen Begriffe der Kommunikationsmatrix.

Zweck der Meta-Landkarte ist es, daß man Merkmale der Kommunikationsschleifen, die zu einer problematischen Interaktion führen oder diese aufrechterhalten, leichter erkennen und dann ändern kann. Wenn wir in der Kommunikation mit anderen in Schwierigkeiten geraten, halten wir uns an unserem eigenen Standpunkt fest. Die Meta-Landkarte beginnt damit, diese Perspektive zu würdigen, aber bietet uns dann die Möglichkeit, die Interaktionen von anderen Standpunkten aus zu sehen. Außer unsichtbare (d.h. innere und nicht-physische) Einflüsse auf die Situation zu erkennen, erlaubt die Meta-Landkarte uns zu sehen, wie wir möglicherweise zu unseren eigenen Schwierigkeiten beitragen.

Die Grundschritte der Meta-Landkarte sind folgende: (a) Identifizieren einer schwierigen oder herausfordernden Kommunikationssituation; (b) Aufzeichnen der Dynamik, die zwischen einem selbst, der anderen Person in der Interaktion und dem inneren Beobachter besteht; (c) Einnehmen der Perspektive des anderen und sehen der Situation aus seiner Sicht; (d) Etablieren einer Meta-Position, aus der sowohl die mentalen wie die physischen Muster innerhalb der Interaktion beobachtet werden können, die möglicherweise zu dem Problem beitragen; und (e) Explorieren möglicher Veränderungen in der Kommunikationssituation, in der Einstellung oder in den Vorannahmen, die die Interaktion angenehmer und produktiver machen könnten.

Außer daß die Meta-Landkarte eine nützliche Strategie darstellt, um über eine schwierige Besprechung oder Interaktion zu reflektieren oder sich darauf vorzubereiten, kann sie auch als Coaching- oder Beratungstechnik eingesetzt werden. Es gibt verschiedene Abwandlungen der Meta-Landkarte, je nach der Situation, für die sie angewendet werden soll. Auf folgende Weise läßt sich die Meta-Landkarte für eine herausfordernde Kommunikationssituation anwenden.

Entwerfen einer Meta-Landkarte für Führungszwecke

Einer der reizvollsten Aspekte dieses Teils der Führungsstudie ergab sich bei dem dreiteiligen Rollenspiel; allerdings nicht beim eigentlichen Rollenspiel. Es hat mit der Zeit zu tun, die die einzelnen, die im Rollenspiel die »Führungskräfte« sein sollten, draußen vor dem Raum warten mußten, während ihre »Mitarbeiter« den zweiten Teil des Rollenspiels spielten. Die »Führungskraft« wußte, daß sie in eine herausfordernde und im wesentlichen unberechenbare interaktive Situation zurückkommen würde. Nach den Rollenspielen wurden die Personen, die in der Führungsposition gewesen waren, danach gefragt, wie sie sich mental darauf vorbereitet hatten, den Herausforderungen zu begegnen. Eine häufige Antwort war:

> Ich dachte über die an der Situation beteiligten Leute nach und stellte mir ihre möglichen Aktionen vor, die zu Problemen führen könnten. Dann schaute ich mich selber an und versuchte zu sehen, was ich als Reaktion darauf tun könnte und ob ich mich damit wohl fühlte. Ich versuchte auch, die Situation aus der Perspektive der anderen Person zu sehen und ein Gefühl dafür zu bekommen, was für Motive hinter ihrem Handeln stehen könnten. Dann sah ich mir die Situation aus der Unternehmensperspektive an, um zu sehen, wie man mit der Situation für alle Beteiligten am besten umgehen könnte. Wenn ich meine Hausaufgaben getan hatte, dachte ich schließlich darüber nach, in welchem inneren Zustand ich sein wollte und welcher Zustand mir helfen würde, am kreativsten und angemessensten zu reagieren. Ich

> stellte mir vor, daß ich, wenn ich im falschen Zustand wäre, nicht in der Lage sein würde, richtig zu reagieren, egal was passierte; wäre ich aber im richtigen Zustand, hätte ich die Inspiration, selbst wenn etwas passieren würde, worauf ich nicht vorbereitet wäre.

Folgende Abwandlung der Meta-Landkarte, die auf den Strategien erfolgreicher Führungskräfte basiert, läßt sich anwenden, um über eine herausfordernde Führungssituation zu reflektieren oder sie zu planen.

Zeigen Sie für jede wichtige Person/Rolle in der Interaktion den Problemraum und den Lösungsraum auf, indem Sie folgende Schritte durchgehen:

A. Legen Sie den Problemraum fest

1. Stellen Sie sich vor, daß die Person genau vor Ihnen steht und mit Ihnen interagiert. Stellen Sie sich die Bandbreite möglicher Verhaltensweisen vor, die zu Problemen führen könnten.

2. Nehmen Sie einen Beobachterstandpunkt hinsichtlich der Interaktion ein und nehmen Sie sie so wahr, als würden Sie sie aus der Sicht von jemandem außerhalb der Beziehung sehen (Unternehmensposition). Stellen Sie sich ihr eigenes Verhalten als Reaktion auf den anderen vor und bewerten Sie Ihren Zustand und Status (z.B. ein frustrierter Chef und ein nervöser Mitarbeiter).

- *a.* Ist die Beziehung symmetrisch, komplementär oder reziprok?
- *b.* Welches ist der Zustand oder die Einstellung der anderen Person und von Ihnen selbst im Bezug zu der anderen Person? Sind sie polarisiert? Auf derselben Ebene? Zusammenpassend?
- *c.* Ist es ein stabiles, eskalierendes oder deeskalierendes System? Verstärkt das Verhalten der anderen Person im System die Art, wie Sie handeln, oder löst es diese aus?

3. Treten Sie nun einen Schritt zur Seite und sehen Sie sich an, wie Sie mit sich selbst in dieser Interaktion umgehen. Was ist für Sie das Ziel der Interaktion? Besteht eine Übereinstimmung zwischen Ihrem beruflichen und Ihrem persönlichen Selbst?

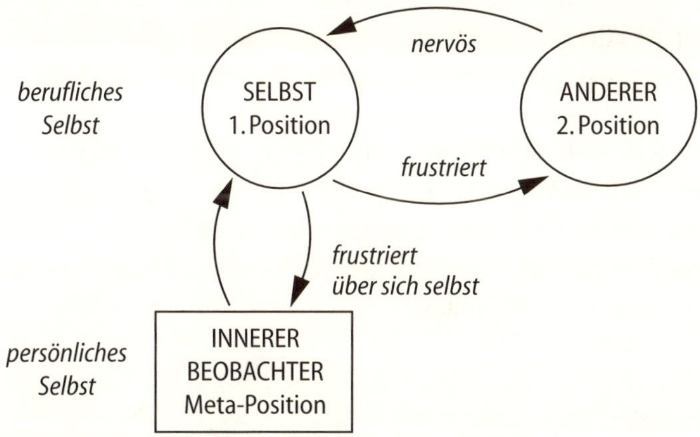

Für eine Meta-Landkarte wird die eigene persönliche und berufliche Kongruenz geprüft.

a. Wie beeinflußt Ihre innere Kongruenz (oder der Mangel an Kongruenz) das ganze System der Kommunikation? Würde es die Interaktion beeinflussen, wenn Sie Ihre Reaktion auf sich selbst änderten?

b. Was wäre erforderlich, um Ihre persönliche und berufliche Identität auszurichten, wenn Sie nicht kongruent sind?

4. Versetzen Sie sich jetzt in die Rolle des anderen – stellen Sie sich vor, Sie stünden »in den Schuhen dieser Person«. Wie erleben Sie Ihr eigenes Verhalten aus dieser Perspektive?

a. Gibt es andere Einflüsse auf diese Person von außerhalb der physischen Sphäre der Interaktion, die Sie beachten und der Landkarte hinzufügen sollten?

b. Welches wäre Ihre Absicht in dieser Interaktion, wenn Sie sich in der Weltsicht dieser anderen Person befinden würden?

5. Gehen Sie zu der Beobachterperspektive zurück und bedenken Sie, welches der Grund/die Gründe wäre/n, wenn die problematischen Verhaltensweisen in dieser Interaktion nur ein Symptom wäre.

a. Unterscheiden Sie die Botschaften von den Meta-Botschaften in der Kommunikationssituation. Werden die beabsichtigten Botschaften empfangen? Wenn nicht, was für Botschaften werden empfangen?
b. Achten Sie darauf, auf welcher logischen Ebene (Verhalten, Fähigkeiten, Glaubenssätze, Identität) die unterschiedlichen Reaktionen wirken.
c. Welche Denkstile (Träumer, Realist, Kritiker) sind am Werke?
d. Wie beeinflußt Ihr physischer Standort (die Psychogeographie) die Art und Weise, wie die Kommunikation interpretiert wird?
e. Wo im System besteht die Unsicherheit? Identität? Rolle? Firmenpolitik? Werte? Verfahren? Ziele? Kontext?

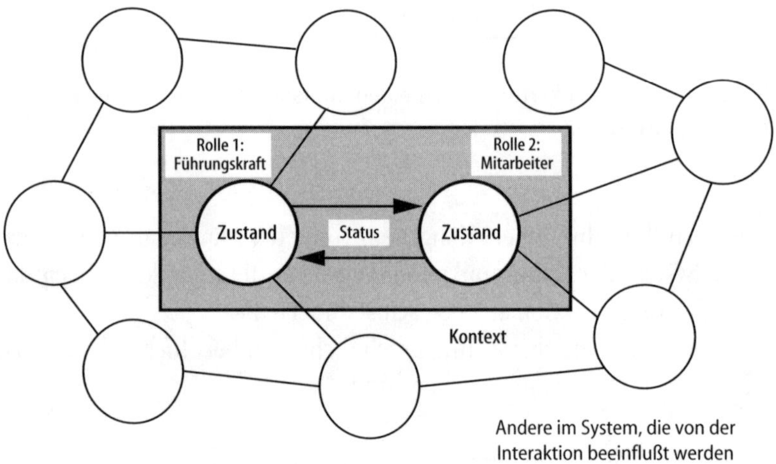

Eine Meta-Landkarte identifiziert so viel wie möglich vom Problemraum der Interaktion.

B. Machen Sie Ihren Lösungsraum so groß wie möglich

1. Welches ist das angemessenste langfristige Ergebnis dieser Interaktion aus Unternehmenssicht, wenn Sie mit den Kriterien der Führungskunst an den Problemraum herangehen?

1) Konviktion/Überzeugung
2) Konsens
3) Klarheit
4) Kommunikation
5) Konsistenz
6) Kongruenz
7) Kreativität

2. Welche Ressourcen haben Sie als Führungskraft, um den ganzen Problemraum so anzusprechen, daß Sie dieses Ergebnis besser erreichen?

3. Stellen Sie sich vor, wie Sie die entsprechenden Änderungen an Botschaften, Meta-Botschaften, logischen Ebenen, Meta-Programmen und physischer Positionierung vornehmen könnten, um die Interaktion innerhalb des ganzen Lösungsraums zu klären, auszurichten oder auszugleichen.

a. Beziehen Sie sich auf vergangene erfolgreiche Erfahrungen oder Mentoren, um eine Antwort zu finden.

b. Wie können Sie alle relevanten Perspektiven und Intentionen einbeziehen, um ein gemeinsames Ziel festzulegen und zu erreichen?

4. Bestimmen Sie alle Informationen, die Sie über die Situation gesammelt haben, und berücksichtigen Sie, welcher *innere Zustand* Ihnen helfen würde, am ressourcenreichsten und angemessensten zu reagieren, und versetzen Sie sich so vollkommen wie möglich in diesen Zustand.

5. Versetzen Sie sich im Hinblick auf Ihre Interaktion mit dem anderen zurück in Ihre eigene erste Position. Achten Sie darauf, wie Ihre Reaktionen und Ansichten sich verändert haben.

6. Versetzen Sie sich in die Perspektive der anderen Person (zweite Position) und achten Sie darauf, welche Veränderung in der Reaktion Sie aus dieser Sicht im Hinblick auf die Interaktion erleben.

7. Ändern Sie Ihre Wahrnehmungsposition, Ihre logische Ebene, die Meta-Programm-Muster und die Psychogeographie innerhalb des Lösungsraums weiter, bis Sie bei einer neuen Lösung für das ursprüngliche Problem angekommen sind und ein Future Pace, d.h. einen Schritt in die Zukunft, damit durchgeführt haben.

Führungssimulation/Rollenspielübung

In der folgenden Übung soll eine herausfordernde Führungssituation bestimmt und dann mit einem Gemisch von Führungsfähigkeiten neue Lösungen erkundet werden.

Beginnen Sie damit, eine herausfordernde Situation zu benennen, in der Sie Ihre Fähigkeit zu führen oder eine andere Person oder Gruppe in positiver Weise zu beeinflussen stärken oder verbessern möchten.

1. Suchen Sie sich einen Partner, der als Ihr Coach auftritt. Definieren Sie den Problemraum der Situation, indem Sie die folgenden Fragen explorieren.

a. Welches ist der äußere Kontext der Situation?
Ist der Kontext Teil dessen, wodurch die Situation herausfordernd wird? Wenn ja, können Sie den Kontext ändern oder was können Sie tun, um den Einfluß des Kontextes auf Ihre Interaktion zu verringern?

b. Wer ist die andere Person? Welches ist die Rolle oder Beziehung dieser Person im Hinblick auf Sie in diesem Kontext?
Ist Ihre Rolle oder Beziehung mit der anderen Person Ihnen beiden klar? Haben Sie beide dieselbe Wahrnehmung Ihrer Rolle oder Beziehung? Ist die Wahrnehmung Ihrer Rolle oder Beziehung Teil dessen, wodurch die Situation herausfordernd wird? Wenn ja, auf welche Weise können Sie die Wahrnehmung Ihrer Rolle oder Beziehung ändern oder klären oder was können Sie tun, um den Einfluß der Rolle oder Beziehung auf Ihre Interaktion zu verringern?

c. Welches ist der vereinbarte Zweck der Interaktion?
Ist der Zweck der Interaktion Ihnen beiden klar? Trägt die Wahrnehmung des Zwecks der Situation dazu bei, daß die Situation herausfordernd ist? Wenn ja, auf welche Weise können Sie die Wahrnehmung des Zwecks der Interaktion ändern oder klären?

d. Welches sind die wesentlichen Eigenschaften der anderen Person? (Wählen Sie, wenn mehr als einer beteiligt ist, zum Explorieren ein Gruppenmitglied als Vertreter; d.h. eine Person, welche die Gruppe symbolisiert oder darstellt.) Schaffen Sie einen Standort, der die Stellung der anderen Person repräsentiert, und gehen Sie in die zweite Position, indem Sie sich physisch in die Schuhe dieser Person stellen. Stellen Sie wesentliche Merkmale des inneren Zustands, der physischen Verhaltensweisen, der kognitiven Muster und der Glaubenssätze und Werte dieser Person fest.

Innerer Zustand	wesentliche Verhaltensweisen
kognitiver Stil (Träumer, Realist, Kritiker usw.)	Werte und Glaubenssätze

Durch welche wesentlichen Eigenschaften der anderen Person wird die Situation herausfordernd? Welches könnte die positive Absicht hinter diesen einzelnen Eigenschaften sein? Was könnte helfen, diese Eigenschaften zu ändern oder umzulenken? Welchen Führungsstil (oder welche Kombination von Stilen) haben Sie bereits mit dieser Person ausprobiert? Weshalb konnte dies nicht wirksam sein?

e. Was ist, angesichts der oben definierten Information, in dieser Situation Ihr Ziel im Hinblick auf Sie selbst? Welchen inneren Zustand möchten Sie erhalten, unabhängig davon, was die andere Person tut?
Welches wird Ihre Evidenz sein, daß Sie dieses Ziel erreicht haben? Welche speziellen Hinweise in Ihrer Haltung, Gestik, Stimmlage, in Ihren Gefühlen usw. werden Ihnen deutlich machen, daß Sie Ihren erwünschten Zustand erreichen?

f. Welches ist Ihr Ziel für die andere Person in dieser Situation? (Denken Sie an den inneren Zustand und die Denkprozesse der anderen Person sowie an ihr Verhalten.)
Welches wird Ihre Evidenz sein, daß Sie dieses Ziel im Hinblick auf die andere Person erreicht haben?

Bedenken Sie auch:

Was für ein Ziel hat die andere Person für sich selbst? Und was für ein Ziel haben Sie für sich selbst?

2. Tun Sie sich mit einem anderen Paar zusammen und bilden Sie eine Vierergruppe: eine Führungskraft, ihr Coach, ein Rollenspieler und ein Beobachter/eine Meta-Person. Die Führungskraft und der Rollenspieler werden eine Führungsinteraktion simulieren, während die anderen beobachten.

3. Das Ziel der Führungskraft ist es, ihre verbalen und nonverbalen Kommunikationsfähigkeiten und ihre Kenntnis der anderen Person zu nutzen, um den Wahrnehmungsraum des Rollenspielers zu erweitern und zu versuchen, die Ziele für diese Situation zu erreichen. Spielen Sie zehn Minuten lang die Simulation.

Folgende Kommunikationsfähigkeiten sollten von der Führungskraft eingesetzt werden:

- Wiederholen
- Einwände und Kritik in Wie-Fragen umformulieren
- Positive Absichten erkennen
- Hochchunken, um gemeinsame Kriterien zu finden
- Wahrnehmungspositionen, Zeitrahmen und logische Ebenen klären

4. Nach dem Rollenspiel soll die ganze Gruppe in eine Beobachterposition gehen und besprechen, welche der Fähigkeiten von der Führungskraft wirksam eingesetzt wurden. Die Gruppenmitglieder sollen äußern, was ihnen an den Führungsfähigkeiten gefiel, und etwas vorschlagen, was die Führungskraft vermehrt oder anders tun kann (höchstens zehn Minuten).

NEUN
Schlußbemerkung

Die Fiat-Führungsstudie war in vielerlei Hinsicht erfolgreich. Außer wichtige Fähigkeiten zu identifizieren, die in die Fiat-Trainings-Seminare für Führungskräfte aufgenommen wurden, wurden viele in der Studie modellierte Fähigkeiten Teil des Grundlagen-Trainingsprogramms für Manager bei Fiat.

Infolge dieser Beiträge wurden zwei weitere experimentelle Seminare zu anderen Führungsaspekten organisiert. Im November 1990 wurde mit denselben Führungskräften, die an dem Ausgangsprojekt teilgenommen hatten, ein zweites Modeling-Seminar mit dem Schwerpunkt auf systemischen Denkfähigkeiten durchgeführt. Der Zweck dieses Programms war es, spezielle systemische Denkfähigkeiten und -strategien zu identifizieren, die von erfolgreichen Managern im Bezug zu konkreten und dynamischen Führungssituationen angewendet werden. Die Forschung umfaßte das Identifizieren der mentalen Landkarten, Vorannahmen und Fragen, die die Führungskräfte gebrauchten, um in Situationen mit einem hohen Grad von Komplexität und Unsicherheit Ziele zu erreichen und Probleme zu lösen.

Im November 1991 wurde ein drittes Modeling-Seminar mit Schwerpunkt auf den Umgang mit Glaubenssätzen und Werten durchgeführt. Der Zweck dieser Studie war es, die Werkzeuge des NLP anzuwenden, um die speziellen Fertigkeiten zu untersuchen, die von erfolgreichen Führungskräften eingesetzt werden, um mit Glaubenssätzen und Werten umzugehen. Der Schwerpunkt lag insbesondere auf Fragen, die im Zusammenhang mit Mitarbeitern, Gruppen und Teams in herausfordernden Führungssituationen, die die Erledigung eines speziellen Jobs oder einer speziellen Aufgabe betrafen, aufkamen.

Die Ergebnisse dieser Studien waren sowohl faszinierend als auch wertvoll, sprengen aber den Rahmen dieses Buches. Einige der Muster, die bei diesen Programmen entdeckt wurden, werden in *Von der Vision zur Aktion. Visionäre Führungskunst* behandelt. Das übrige muß allerdings auf spätere Bände warten.

Fiat hat es erfolgreich durch die »Wachablösung« geschafft, und dies war eine sehr dankbare Aufgabe, weil viele der jüngeren Manager, die an den experimentellen Modeling-Seminaren teilgenommen hatten, in Senior-Positionen aufsteigen konnten. Ich bin seither im letzten Jahrzehnt weiter aktiv an anderen Projekten bei Fiat beteiligt gewesen, und derzeit bin ich Gastprofessor für die ISVOR Fiat School of Management.

NLP hat sich in den vergangenen beiden Jahrzehnten enorm entwickelt, und zwar vor allem infolge der fortgesetzten Anwendung des Modeling in vielen Bereichen. Diese Entwicklungen lassen sich am besten durch das NLP-Community-Führungsprojekt exemplifizieren. Im Juni 1997 trafen sich 190 NLP-Trainer, Entwickler, Autoren und Gründer in Santa Cruz, Kalifornien, um gemeinsam in die Zukunft zu blicken. Das Ziel war,

- eine positive Zukunftsvision und die Rolle, die NLP in dieser Zukunft spielt, zu schaffen,
- festzulegen, wie NLP zu den Gemeinschaften und Systemen, zu denen wir gehören, beitragen kann,
- spezifische Projekte und Pläne zu formulieren, die in diese Zukunft führen.

Die Veranstaltung wurde von mir selbst, Judith DeLozier und Teresa Epstein von der NLP University organisiert; außerdem von Tim Hallbom und Suzi Smith von Anchor Point Productions und von Lara Ewing von NLP Comprehensive. Es gab dreiundzwanzig Projektgruppen, die sich mit vielen Gebieten befaßten, die unser Leben prägen werden; dazu gehörten:

- Umwelt
- Kommunikation und Networking
- Familie und Kommune
- Interkulturelle Beziehungen
- Medien
- Technologie
- Business, Management
- Politik
- Gesundheit
- Forschung
- Epistemologie und Modeling
- Menschenrechte

- Pädagogik
- Führungsfähigkeiten
- Kunst und Kreativität

Jede Gruppe entwarf ein Statement zu ihrer Vision und einen Plan zur Umsetzung, die in einer über hundertseitigen Broschüre zusammengestellt wurde; diese Broschüre wurde veröffentlicht und den NLP-Anwendern und Instituten auf der ganzen Welt zugänglich gemacht. Eine Internet Website mit Informationen zu den Plänen und Teilnehmern des NLP-Community Leadership Project wurde unter http://www.nlpu.com eingerichtet. Dies bietet jedem Interessenten die Möglichkeit, sich daran zu beteiligen, unsere Zukunft und die Zukunft des NLP zu erschaffen.

Der Geist von Kreativität und Kooperation und das selbstlose Engagement der Teilnehmer am NLP Community Leadership Project, einen Beitrag zur weiteren Gemeinschaft zu leisten, war wirklich eine Inspiration für die künftigen Möglichkeiten des NLP. Weitere Treffen des NLP Community Leadership Project sind für das Jahr 2000 geplant und sollen im nächsten Jahrtausend weitergehen.

Für weitere Informationen über das NLP Community Leadership Project und Seminare zu NLP, Modeling und Führungsfähigkeiten wenden Sie sich bitte an:

NLP University
P.O.Box 1112
Ben Lomond, California 95005, USA
Telefon: 001-408-336-3457
Fax: 001-408-336-5854
http://www.nlpu.com

Nachwort

Ich hoffe, dieser Ausflug ins Modeling mit NLP hat Ihnen Spaß gemacht. Wenn Sie daran interessiert sind, Modeling oder NLP eingehender zu explorieren, gibt es weitere Werkzeuge und Ressourcen, um die auf diesen Seiten beschriebenen Modelle, Strategien und Fertigkeiten weiterzuentwickeln und anzuwenden.

Die **NLP University** ist eine Organisation, die hervorragende NLP-Trainings auf dem Grundlagen- und Fortgeschrittenenniveau anbietet und die Entwicklung neuer Modelle und Anwendungen von NLP in den Bereichen Gesundheit, Unternehmen und Organisationen, Kreativität und Lernen fördert. Jeden Sommer veranstaltet die NLP University an der University of California in Santa Cruz Ferienakademien, zu denen auch ausführliche Kurse zu Modeling und Führungskunst gehören. Wenn Sie weitere Informationen darüber wünschen, bitte, wenden Sie sich an:

NLP University, P.O.Box 1112, Ben Lomond, California 95005, USA
Telefon: 001-408-336-3457; Fax: 001-408-336-5854; http://www.nlpu.com

Systemic Solutions International (SSI) ist ein Trainings- und Consulting-Unternehmen, das Firmen und Organisationen darin unterstützt, erwünschte Zustände zu bestimmen und zu erreichen – und zwar mit Werkzeugen und Methoden, die auf NLP basieren. Die Mission von SSI ist es, die Materialien bereitzustellen und die notwendige Unterstützung zu geben, um in sozialen Systemen effektive und ökologische Veränderungen herbeizuführen. Der Kern von Systemic Solutions International sind ausgearbeitete Materialien für mittlere bis große Organisationen, die aus Forschungsprojekten und Trainingsinterventionen bei Unternehmen wie Fiat, IBM, Apple Computer, Lucasfilms und der staatlichen italienischen Eisenbahn hervorgehen. Ein wesentliches Merkmal der SSI-Produkte ist ein Ansatz, der eine Kombination von Seminaren, Selbst-Lernprogrammen und angeleiteten Lernprogrammen für systemische Veränderungen anbietet. Wenn Sie mehr Informationen über die speziellen Produkte und Dienstleistungen von Systemic Solutions International wünschen, bitte, wenden Sie sich an die folgende Adresse:

Systemic Solutions International

343 Soquel Ave., # 149
Santa Cruz, Ca.95062, USA
Telefon: 001-408-662-6685
Fax: 001-408-426-8345

Die *Global NLP Training and Consulting Community* (GTC) wurde eingerichtet, um erfahrenen NLP-Praktikern und Entwicklern weitere Möglichkeiten zu bieten, sich zu vernetzen und zusammenzuarbeiten. Die Vision der GTC ist ein weltweites Netzwerk kompetenter Trainer, Berater, Entwickler und Sponsoren mit der gemeinsamen Mission, sozialen Systemen, Organisationen, Gruppen und Individuen die Voraussetzungen und Praktiken des NLP zu vermitteln. Dies wird durch die Einrichtung eines einzigartigen Trainingswegs erreicht, der die Kernfertigkeiten umfaßt, die beim Beraten und Trainieren erforderlich sind – wie Präsentation, Coaching, Unterrichtsentwurf, Informationssammlung, Problemlösung, Test und Praxis-Management. Die Struktur der Global NLP Training und Consulting Community bietet ihren Mitgliedern Unterstützung und Netzwerkmöglichkeiten sowie die Einrichtung eines internationalen Überweisungsnetzwerkes. Dazu gehören auch eine Internet-Website und ein internationales Verzeichnis der Mitglieder, die die Zertifizierung erworben haben bei: http://www.nlpu.com/GTC.htm

Anhang A

Das R.O.L.E.-Modell

Der Begriff R.O.L.E.-Modell wurde 1987 von Robert Dilts in Umlauf gebracht, um die vier NLP-Grundelemente zu beschreiben, die beim Modeling von kognitiven Strategien eine Rolle spielen. Das Ziel des R.O.L.E.-Modeling-Prozesses ist es, die wesentlichen Elemente des Denkens und des Verhaltens zu erkennen, mit denen eine bestimmte Reaktion oder Zielvorstellung erreicht wird. Dies bedeutet, die kritischen Schritte der mentalen Strategie und die Rolle, die jeder Schritt in dem gesamten neurologischen Programm spielt, zu identifizieren. Diese Rolle wird durch die vier folgenden Faktoren bestimmt; die vier Buchstaben, aus denen der Name des **R.O.L.E.**-Modells besteht, stehen für: **R**epräsentationssysteme, **O**rientierung, **L***inks*/Verbindungen, **E***ffect*/Folge.

Repräsentationssysteme beziehen sich darauf, welcher der fünf Sinne für den jeweiligen mentalen Schritt in der Strategie vorherrschend ist: **v**isuell (Sehen), **a**uditiv (Hören), **k**inästhetisch (Fühlen/Berühren), **o**lfaktorisch (Geruch), **g**ustatorisch (Geschmack).

Jedes Repräsentationssystem ist so angelegt, daß damit bestimmte Grundqualitäten der Erfahrungen wahrgenommen werden können. Dazu gehören Merkmale wie *Farbe, Helligkeit, Ton, Lautstärke, Temperatur, Druck* usw. Diese Qualitäten werden im NLP Submodalitäten genannt, da sie Subkomponenten eines jeden Repräsentationssystems sind.

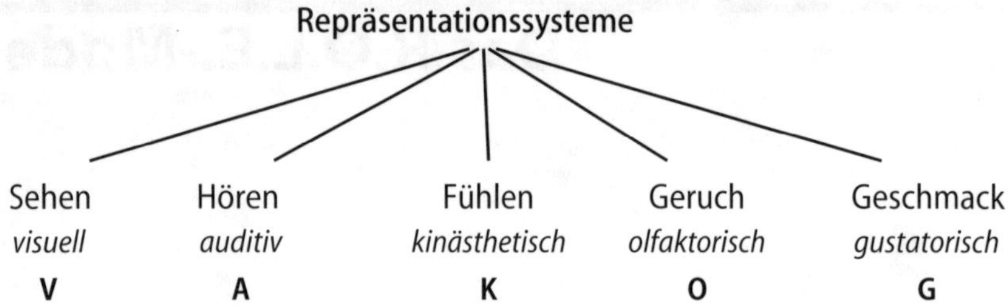

Unsere Repräsentationssysteme stehen in Beziehung zu unseren fünf Sinnen.

Orientierung hat damit zu tun, ob eine bestimmte sinnliche Repräsentation extern auf die äußere Welt orientiert ist oder intern auf erinnerte oder konstruierte Erfahrungen. Ist zum Beispiel etwas, das Sie sehen, in der Außenwelt, in Ihrer Erinnerung oder in Ihrer Phantasie?

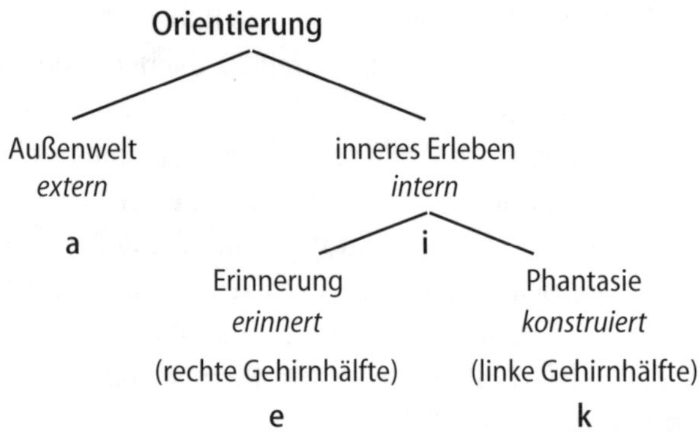

Verbindungen (links) haben damit zu tun, wie ein bestimmter Schritt oder eine sinnliche Repräsentation mit anderen Repräsentationen verbunden ist. Wird zum Beispiel etwas, das in der äußeren Umwelt gesehen wird, mit inneren Gefühlen, mit erinnerten Bildern oder mit Worten in Verbindung gebracht? Ist ein bestimmtes Gefühl mit konstruierten Bildern, mit Erinnerungen an Geräusche oder an andere Gefühle verbunden?

Repräsentationen können grundsätzlich auf zweierlei Weise miteinander verbunden sein: sequentiell und simultan. Sequentielle Verbindungen wirken als Anker oder Auslöser, so daß die Repräsentationen einander in einer linearen Ereigniskette folgen.

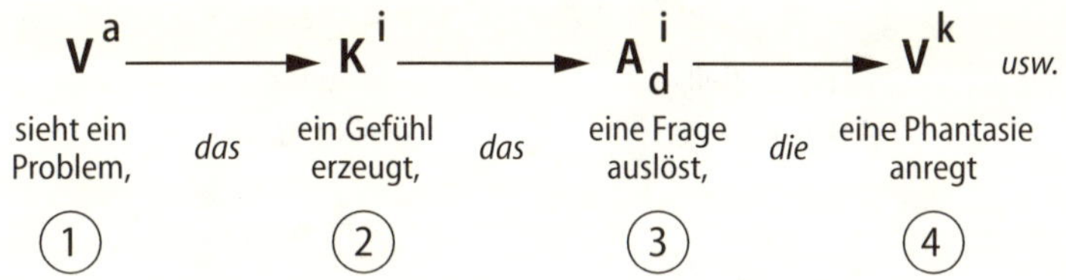

sequentielle Verbindungen

Simultane Verbindungen stellen sich als Synästhesien dar. Synästhesien haben mit der andauernden Überlappung zwischen sinnlichen Repräsentationen zu tun. Gewisse Qualitäten von Gefühlen können mit gewissen Qualitäten der bildlichen Vorstellung verbunden sein – zum Beispiel, die Form eines Lautes zu visualisieren oder eine Farbe zu hören.

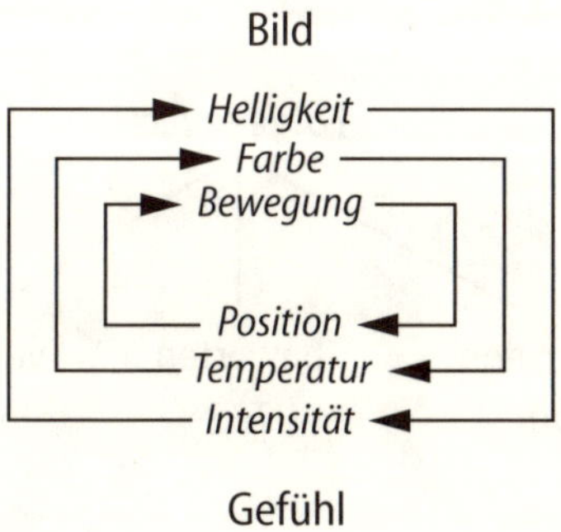

synästhetische Verbindungen

Sicherlich sind beide Arten von Verbindungen für Denken, Lernen, Kreativität und die allgemeine Organisation unserer Erfahrungen wesentlich.

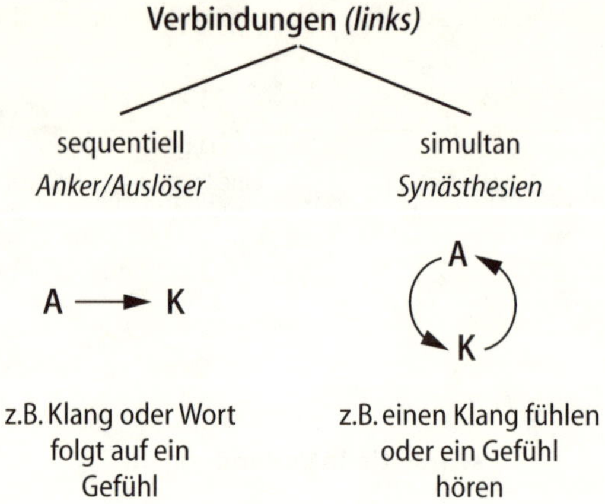

Die **Folge** ***(effect)*** hat mit dem Ergebnis, der Folge oder dem Zweck eines jeden Schrittes in dem Gedankenprozeß zu tun. Die Funktion des Schrittes könnte beispielsweise sein, eine sinnliche Repräsentation zu schaffen oder einzugeben, eine bestimmte sinnliche Repräsentation zu prüfen oder zu bewerten oder zu handeln, um einen Teil einer Erfahrung oder eines Verhaltens im Verhältnis zu einer sinnlichen Repräsentation zu ändern.

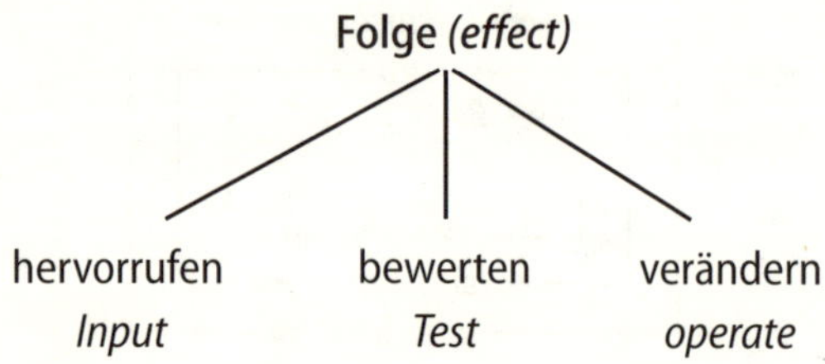

Physiologische Hinweise: das R.O.L.E.-Modell zu einem B.A.G.E.L. machen

Die Elemente des R.O.L.E.-Modells betreffen in erster Linie kognitive Prozesse. Um zu funktionieren, brauchen diese mentalen Programme allerdings die Hilfe gewisser körperlicher und physiologischer Prozesse, um sich zu konsolidieren und zum Ausdruck zu kommen. Diese physischen Reaktionen sind wichtig für das Lehren und die Entwicklung gewisser mentaler Prozesse ebenso wie für ihre äußere

Beobachtung und Bestätigung. Die primären Verhaltenselemente beim R.O.L.E.-Modeling sind folgende:

Body Posture	–	Körperhaltung
Accessing cues	–	Zugangshinweise
Gestures	–	Gestik
Eye movements	–	Augenbewegungen/
Language Patterns	–	Sprachmuster

1. Körperhaltung

Die Menschen nehmen, wenn sie in Gedanken versunken sind, oft gewohnheitsmäßige Haltungen ein, die oft eine Menge über das Repräsentationssystem der betreffenden Person aussagen. Dies sind einige typische Beispiele:

a. **visuell:** *Zurückgelehnt mit Kopf und Schultern aufrecht oder rund, flache Atmung.*
b. **auditiv:** *Körper nach vorne gelehnt, Kopf schräg, Schultern zurück, Arme verschränkt.*
c. **kinästhetisch:** *Kopf und Schultern nach unten, tiefe Atmung.*

2. Zugangshinweise

Wenn die Menschen nachdenken, lösen sie gewisse Arten von Repräsentationen auf ganz unterschiedliche Weise aus, wie Atemgeschwindigkeit, nonverbale Laute, Gesichtsausdruck, Fingerschnippen, Kopfkratzen usw. Manches ist hier für den einzelnen idiosynkratisch und muß bei der betreffenden Person kalibriert werden. Viele dieser Hinweise sind aber mit bestimmten Sinnesprozessen verbunden.

a. **visuell**: hohe flache Atmung, Augenzwinkern, höhere Stimmlage und schnellere Geschwindigkeit.
b. **auditiv**: Zwerchfellatmung, gerunzelte Stirn, Stimmlage und Tempo veränderlich.
c. **kinästhetisch**: tiefe Bauchatmung, tiefe rauchige Stimme in einem langsameren Tempo.

3. Gestik

Die Menschen berühren oft etwas, zeigen darauf oder gestikulieren, was auf das Sinnesorgan hinweist, mit dem sie denken. Hier einige typische Beispiele:

- *a.* **visuell:** *Berühren der Augen oder darauf zeigen: Gesten oberhalb der Augenhöhe*
- *b.* **auditiv:** *Zeigen auf die Ohren oder in deren Nähe gestikulieren: den Mund oder das Kinn berühren.*
- *c.* **kinästhetisch:** *Berühren von Brust oder Magengegend; Gesten unterhalb des Halses.*

4. Augenbewegungen

Automatische, unbewußte Augenbewegungen begleiten oft bestimmte Denkprozesse, was darauf hinweist, welches Repräsentationssystem gebraucht wird. Im NLP werden diese Hinweise mit folgendem Muster dargestellt:

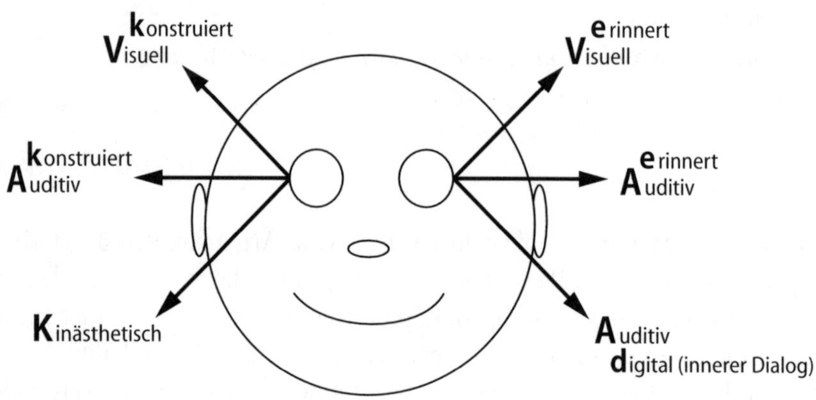

NLP-Augenbewegungskarte

5. Sprachmuster

Eine wichtige Methode neurolinguistischer Analyse ist die Suche nach bestimmten linguistischen Mustern, wie Prädikate, die auf ein bestimmtes neurologisches Repräsentationssystem oder eine Submodalität hinweisen, und wie dieses System oder diese Qualität in dem Gesamtprogramm des Denkens gebraucht wird. Prädikate sind Worte, so wie Verben, Adverbien und Adjektive, die Handeln oder Eigenschaften beschreiben, und keine Dinge. Eine solche Sprache entsteht typischerweise auf einer unbewußten Ebene und reflektiert demnach die unterschwellige unbewußte Struktur, die sie hervorbrachte. Nachstehend finden Sie ein Liste gebräuchlicher Prädikate, die auf sinnlicher Wahrnehmung basieren:

visuell	**auditiv**	**kinästhetisch**
sehen	hören	begreifen
schauen	zuhören	berühren
Blick	Klang	Gefühl
klar	wohlklingend	fest
hell	laut	schwer
Bild	Wort	Umgang
verschwommen	lärmend	rauh
bringt ans Licht	klingt vertraut	verbindet
zeigen	erzählen	bewegen

Anhang B
Meta-Programm-Muster

Meta-Programme kamen im NLP Ende der 70er Jahre auf. Anfangs wurden von Richard Bandler eine Reihe von Mustern vorgeschlagen, denen zufolge sich Menschen in ihrer mentalen Programmierung Kohärenz bewahrten (wie der Referenzstrahl in einem optischen Hologramm). Die weitere Forschung zu diesen und anderen Mustern wurde von Leslie Cameron-Bandler (zusammen mit David Gordon, Robert Dilts und Maribeth Meyers-Anderson) angeführt. Wie der Name impliziert, geht es bei Meta-Programmen um andere Programme. Es sind die Programme, die andere Denkprozesse lenken und leiten. Insbesondere definieren sie weitverbreitete oder typische Muster bei Strategien oder Denkstilen eines speziellen Individuums, einer Gruppe oder Kultur.

Sowohl die Meta-Programme als auch viel von der aktuellen NLP-Submodalitäten-Arbeit ergaben sich aus dem Versuch, das Funktionieren kognitiver Strategien besser zu verstehen. Vor allem entwickelten sie sich als ein Weg, um zu erklären, wie Individuen mit derselben kognitiven Struktur in ihren Strategien manchmal zu völlig unterschiedlichen Ergebnissen kommen können. Zwei Leute mögen beispielsweise dieselbe Entscheidungsstrategie mit der Struktur Vc→Ki haben (also Gefühle aus konstruierten Bildern ableiten, um eine Entscheidung zu fällen).

Jemand mag aber berichten: »Ich stelle mir verschiedene Optionen vor und entscheide mich für diejenige, die sich für mich richtig anfühlt.« Der andere könnte sich hingegen beklagen: »Ich stelle mir verschiedene Optionen vor und fühle mich dann von ihnen überwältigt und verwirrt.« Der Begriff Meta-Programm entstand aus dem Bemühen, herauszufinden, wie es zu solch unterschiedlichen Reaktionen kommen kann. Weil die allgemeine Repräsentationsstruktur im wesentlichen dieselbe war, wurde behauptet, daß der Unterschied durch Muster außerhalb – oder »meta zu« – der Strategie (oder internen Programmen) entstehen müsse: d.h. aus einem Meta-Programm.

Meta-Programme und Submodalitäten bestimmen die Qualitäten von und die Beziehungen zwischen Erfahrungen und Informationen, die in einer bestimmten kognitiven Strategie repräsentiert sind. Sie sprechen Merkmale an, die mit dem Erfahrungswert eines bestimmten Bildes, Wortgefüges oder Gefühlszustands in Zusammenhang stehen. Sie beeinflussen, wie Erfahrungen repräsentiert, ausgewählt und gewichtet werden. Sie bestimmen auch, wohin wir unsere Aufmerksamkeit wenden, indem sie als ein zusätzliches Filter-Set für unsere Erfahrung wirken.

Meta-Programme sind (im Gegensatz zu Submodalitäten) abstrakter als unsere speziellen Denkstrategien und bestimmen, wie wir generell an ein bestimmtes Problem herangehen, und nicht die Einzelheiten unseres Denkprozesses. Meta-Programme sind Beschreibungen dessen, wie unterschiedlich mit einem Problemraum oder Elementen eines Problemraums umgegangen werden kann.

Wie bei anderen NLP-Begriffen kann jemand dasselbe Meta-Programm-Muster unabhängig vom Inhalt und Kontext einer Situation anwenden. Außerdem sind es keine Alles-oder-nichts-Begriffe; sie können in unterschiedlichem Verhältnis zueinander gemeinsam auftreten.

Überblick über Meta-Programm-Muster

Im Umgang mit einem Problem oder Ziel kann man betonen, sich *auf* etwas *Positives hin* zu bewegen oder *von* etwas *Negativem weg* oder eine Kombination von beidem. Sich auf Positives zuzubewegen bedeutet, erwünschte Visionen, Zielvorstellungen oder Träume erreichen zu wollen, und fördert Unternehmergeist und »Proaktivität«. Negatives zu vermeiden bedeutet, mögliche Fehler und Probleme vermeiden zu wollen, und geht einher mit einem vorsichtigeren, konservativen und reaktiven Umgang mit Planung, Entscheidungen und Problemlösung. Wer sich aber ausschließlich *hin zu* etwas bewegt, kann Entscheidungen fällen, die naiv und möglicherweise riskant sind. Wer sich nur *weg von* etwas bewegt, kann übermäßig pessimistisch oder paranoid wirken. Gute Entscheidungen und Pläne erfordern im allgemeinen eine Kombination von beidem.

Das Meta-Programm der *Chunk-Größe* bezieht sich auf die Ebene der Genauigkeit oder Allgemeinheit, mit der eine Person oder Gruppe ein Problem oder einen Problemraum analysiert. Man kann Situationen mit einem unterschiedlichen Ausmaß an *Einzelheiten* (Mikro-Chunks von Information) und *Allgemeinheiten* (Makro-Chunks von Information) analysieren. Auch hier gilt, daß zu viel Betonung auf Einzelheiten die Menschen dazu bringen kann, den Blick für das große Bild zu verlieren. Ganz ähnlich gilt, daß eine Überbetonung von Allgemeinheiten die Fähigkeit, etwas zu Ende zu bringen, gefährdet und schwächt, weil man die einzelnen Schritte nicht sehen kann.

Ziele oder Problemsituationen können im Verhältnis zu unterschiedlichen *Zeitrahmen* betrachtet werden: d.h. langfristige, mittelfristige und kurzfristige Folgen. Der Zeitrahmen der Betrachtung kann stark beeinflussen, wie man ein Problem oder eine Zielvorstellung interpretiert und angeht. Legt man beispielsweise zu viel Betonung auf *kurzfristigen* Erfolg, kann dies zu Problemen bei der langfristigen Ökologie führen (d.h. man kann »die Schlacht gewinnen, aber den Krieg verlieren«). Andererseits kann Blindheit für kurzfristige und *mittelfristige* Bedürfnisse und Herausforderungen den Erfolg *langfristiger* Ziele bedrohen. (»Die Kette ist nur so stark wie ihr schwächstes Glied«).

Zielvorstellungen und Probleme können auch in bezug zu *Vergangenheit, Gegenwart* oder *Zukunft* definiert werden. Manchmal versuchen die Menschen, Erfolge zu wiederholen oder Probleme zu vermeiden, die sich kürzlich ereignet haben, und sind frisch im Geiste. Zu anderen Zeiten versuchen die Menschen, ferner in der Zukunft liegende Zielvorstellungen oder Probleme zu erreichen oder zu vermeiden. Manche Menschen schauen eher in der Geschichte als in der Zukunft nach Lösungen. Ein gutes Beispiel dafür ist der Unterschied zwischen dem ehemaligen sowjetischen Führer Michail Gorbatschov und dem Volk, das ihn Anfang der 90er Jahre vor der Auflösung der Sowjetunion stürzen wollte. Der eine versuchte, sich auf die Zukunft vorzubereiten, während die anderen versuchten, die Vergangenheit zu bewahren.

Die *Kontrollinstanz* ist ein weiteres wichtiges Meta-Programm-Muster. Der NLP-Begriff *innere Referenz* beschreibt den Prozeß, mit dem jemand die inneren Gefühle, Repräsentationen und Kriterien als primäre Quelle des Handelns und zur Bewertung des Erfolgs dieses Handelns verwendet. Innere Referenz kann *externer Referenz* gegenübergestellt werden, bei der die Kontrolle oder der Beweis von Erfolg im Hinblick auf ein bestimmtes Handeln oder eine bestimmte Entscheidung außerhalb des Individuums liegt. Sich beispielsweise aufgrund innerer Referenz für einen Job zu entscheiden, würde bedeuten, die eigenen persönlichen Bedürfnisse und Wünsche zu bestimmen und eine Stellung zu suchen, die diesen Bedürfnissen und Interessen entspricht. Sich aufgrund externer Referenz für einen Job zu entscheiden würde bedeuten, den Job zu wählen, der jemand anderem gefällt oder weil es die einzige verfügbare Stelle ist. Demnach heißt das zu tun, was man »will«, mehr intern bezogen zu sein. Zu tun, was man »tun muß« oder was man »tun soll«, ist hingegen eher extern bezogen. Erfolgreiche Beweise und Beweisverfahren umfassen in der Regel eine Kombination von internen und externen Referenzen.

Erfolg im Hinblick darauf, ein Ziel zu erreichen oder ein Problem zu vermeiden, kann entweder durch *matching (*nach Ähnlichkeiten suchen) oder durch *mismatching* (nach Unterschieden suchen) zwischen dem gegenwärtigen und dem Zielzustand bewertet werden. *Matching* lenkt die Aufmerksamkeit darauf, was erreicht wurde. *Mismatching* betont, was fehlt. *Matching* unterstützt eher die Wahrnehmung von Einheit und Konsens, während *mismatching* zu Vielfalt und Innovation ermutigen kann. Zu viel *matching* kann einen Menschen allerdings unaufrichtig und leicht von den Meinungen anderer beeinflußbar machen. Durch zu viel *mismatching* wirkt ein Mensch unangenehm und überkritisch.

Probleme und Zielvorstellungen lassen sich im Bezug zum Erreichen einer *Aufgabe* oder im Hinblick auf Fragen der *Beziehung* wie Macht oder Zugehörigkeit sehen. Betonung auf Aufgabe oder Beziehung kann eine wichtige Unterscheidung sein, um kulturelle und geschlechtsspezifische Unterschiede zu verstehen. Männer sind zum Beispiel oft eher aufgabenorientiert, während Frauen häufig mehr auf Beziehungen achten. Die Frage eines ausgeglichenen Fokus auf Aufgabe und Beziehung ist oftmals im Hinblick auf die Arbeit mit Gruppen und Teams wesentlich. Beim Erreichen einer Aufgabe können entweder Ziele, Verfahren oder Optionen betont werden. (Dies kann selber wieder zu bedeutsamen Unterschieden führen, wie jemand an Problemlösung oder Planung herangeht; eine *verfahrensorientierte* Strategie wird beispielsweise betonen, etwas nach Lehrbuch zu tun, während man bei einem *optionenorientierten* Ansatz versuchen würde, so viele Variationen wie möglich zu finden.). Mit Beziehungsfragen kann man mit einer unterschiedlichen Betonung auf dem eigenen Standpunkt, auf dem der anderen oder auf dem des umfassenderen Systems (des Unternehmens, des Marktes usw.) umgehen.

Strategien zum Umgang mit Problemen können unterschiedliche Kombinationen von *Vision, Aktion, Logik* oder *Gefühl* hervorheben. Eine bestimmte Betonung einer dieser kognitiven Strategien kann auf der Ebene einer Gruppe oder Kultur zu einem allgemeinen *Denkstil* führen. Vision, Aktion, Logik und Gefühl sind allgemeinere Ausdrucksformen der Elemente einer bestimmten kognitiven Strategie: d.h. Visualisierung, Bewegung, Verbalisierung und Fühlen. Denkstil entspricht dem NLP-Begriff des primären oder bevorzugten Repräsentationssystems.

Zusammenfassung der wichtigsten Meta-Programm-Muster

1. Umgang mit Problemen
   a. hin zum Positiven
   b. weg vom Negativen

2. Zeitrahmen
   a. kurzfristig – langfristig
   b. Vergangenheit – Gegenwart – Zukunft

3. Chunk-Größe
   a. große Chunks – Allgemeinheiten
   b. kleine Chunks – Einzelheiten

4. Kontrollinstanz
   a. interne oder Selbst-Referenz – proaktiv
   b. externe oder Fremd-Referenz - reaktiv

5. Vergleichsmodus
   a. *Match* (Ähnlichkeiten) – Konsens
   b. *Mismatch* (Unterschiede) – Konfrontation

6. Umgang mit Problemlösung
   a. Aufgabe (Leistung)
      1) Wahlmöglichkeiten – Ziele
      2) Verfahren – Operationen
   b. Beziehung (Macht, Zugehörigkeit)
      1) Selbst – *ich, mein*
      2) Andere – *du/Sie, sein, dein/Ihr*
      3) Kontext – *wir, das Unternehmen, der Markt*

7. Denkstil
   a. Vision
   b. Aktion
   c. Logik
   d. Gefühl

Literatur

Bagley, D. & Reese, E.: *Die neue Dimension im Verkauf. Wie Sie Ihre persönliche Wirksamkeit entfalten*. Freiburg (VAK), 1990.

Bandler, R. & Grinder, J.: *Metasprache und Psychotherapie. Struktur der Magie I.* Paderborn (Junfermann), 1981 [9]1998.

Bandler, R. & Grinder, J.: *Neue Wege der Kurzzeit-Therapie. Neurolinguistische Programme.* Paderborn (Junfermann), 1981, [12]1997.

Bateson, G.: *Geist und Natur. Eine notwendige Vielfalt.* Frankfurt (Suhrkamp), 1982.

Bateson, G.: *Ökologie des Geistes. Anthropologische, psychologische, biologische und epistemologische Perspektiven*. Frankfurt (Suhrkamp) 1985.

Cameron-Bandler, L., et al.: *Die EMPRINT-Methode. Ressourcen- und Kompetenztraining*. Paderborn (Junfermann), 1995.

Chomsky, N.: *Sprache und Geist*. Frankfurt (Suhrkamp), 1970.

Chomsky, N.: *Strukturen der Syntax*. Den Haag (Mouton), 1973.

Dilts, R., Bandler, R., Grinder, J. & DeLozier, J.: *Strukturen subjektiver Erfahrung. Ihre Erforschung und Veränderung durch NLP*. Paderborn (Junfermann), 1985, [5]1994.

Dilts, R.: *Die Veränderung von Glaubenssystemen. NLP-Glaubensarbeit*. Paderborn (Junfermann), 1993.

Dilts, R., Hallbom, T. & Smith, S.: *Identität, Glaubenssysteme und Gesundheit. NLP-Veränderungsarbeit*. Paderborn (Junfermann), 1993, [3]1998.

Dilts, R.: Einstein. *Geniale Denkstrukturen und NLP*. Paderborn (Junfermann), 1992, [2]1994.

Dilts, R. Epstein & Dilts: *Know-how für Träumer*. Paderborn (Junfermann), 1994.

Dilts, R.: *Kommunikation in Gruppen & Teams. Lehren und Lernen effektiver Präsentationstechniken*. Paderborn (Junfermann), 1997.

X Dilts, R.: *Von der Vision zur Aktion. Visionäre Führungskunst*. Paderborn (Junfermann), 1998.

Grinder, J., & DeLozier, J.: *Der Reigen der Daimonen. Vorbedingungen persönlichen Genies*. Paderborn (Junfermann), 1995.

Laborde, G.: *Kompetenz und Integrität*. Paderborn (Junfermann), 1991, [4]1998.

LeBeau, M.: *Negotiation: Winning More Than Money*. San Rafael (Future Pace), 1987.

Nicholls, J.: »Leadership in Organizations: Meta, Macro and Micro« In: *European Management Journal*, 1, Frühjahr 1988.

O´Connor, J. & Seymour, J.: *Neurolinguistisches Programmieren: Gelungene Kommunikation und persönliche Entfaltung*. Freiburg (VAK), 1992.

Pile, S.: *Vision into Action: Creating a Generative Internal Model of Transformational-Transactional Leadership*. Masters Thesis. Pepperdine University 1988.

Richardson, J.: *Erfolgreich kommunizieren*. München (Kösel), 1992.

Senge, P.: *Die fünfte Disziplin*. Stuttgart (Klett-Cotta), 1996.

Shannon, Claude Elwood & Weaver, Warren: *Mathematische Grundlagen der Informationstheorie*. München (Oldenbourg), 1976.

Smith, S. & Hallbom, T.: *Augmenting the One Minute Manager*. The NLP Connection 1988.

Zierden, W.E.: *Leading Through the Follower's Point of View*. Organizational Dynamics, Frühjahr 1980.

Zolno, S.: *Scoring a Place in OD: Skills for Transition*. ASTD, Winter 1992.

Personen- und Sachregister